高中物理课堂教学创新研究

卢亚秋 著

湘潭大学出版社
XIANGTAN UNIVERSITY PRESS

图书在版编目(CIP)数据

高中物理课堂教学创新研究 / 卢亚秋著. -- 湘潭 : 湘潭大学出版社, 2024. 8. -- ISBN 978-7-5687-1635-2
Ⅰ. G633.72
中国国家版本馆 CIP 数据核字第 2024VA1672 号

高中物理课堂教学创新研究

GAOZHONG WULI KETANG JIAOXUE CHUANGXIN YANJIU

卢亚秋 著

策划编辑:丁立松
责任编辑:丁立松
封面设计:万典文化
出版发行:湘潭大学出版社
社　　址:湖南省湘潭大学工程训练大楼
电　　话:0731-58298960 0731-58298966(传真)
邮　　编:411105
网　　址:http://press.xtu.edu.cn/
印　　刷:长沙创峰印刷有限公司
经　　销:湖南省新华书店
开　　本:787 mm×1092 mm 1/16
印　　张:12
字　　数:263 千字
版　　次:2024 年 8 月第 1 版
印　　次:2024 年 8 月第 1 次印刷
书　　号:ISBN 978-7-5687-1635-2
定　　价:58.00 元

PREFACE 前　言

本书是一本关于如何改进和优化高中物理课堂教学的图书，将深入探讨高中物理课堂教学的现状，分析存在的问题，并提出一系列创新的教学方法和策略。本书旨在提高教学效果，激发学生的学习兴趣，培养他们的创新思维和科学素养。

高中物理是中学教育中至关重要的一门学科，它不仅为学生提供了深入了解自然界的知识，而且培养了学生的科学思维和解决问题的能力。然而，传统的物理课堂教学方式往往过于注重知识的灌输，忽视了对学生主动参与和创新思维的培养。因此，为了适应现代教育的发展需求，需要对高中物理课堂教学进行改革和创新。

本书的目标是为高中物理教师提供一套系统的创新教学方法和策略，以帮助他们更好地组织和开展课堂教学。书中将介绍一些新的教学理念和技术，如项目式学习、问题解决教学、合作学习等，这些方法可以帮助学生更加深入地理解和掌握物理知识，并培养他们的创新思维和解决问题的能力。

此外，本书还将提供一些实用的物理教学资源和案例，供物理教师参考和借鉴。这些资源和案例涵盖了不同的物理概念和知识点，可以帮助物理教师更好地设计和组织课堂教学，提高教学效果。

总之，本书是一本关于高中物理课堂教学创新的实用指南，希望能够为高中物理教育的发展做出贡献，为培养更多的优秀科学家和工程师打下坚实的基础。

卢亚秋

2024 年 4 月

CONTENTS

目　录

第一章　高中物理课堂教学概述

第一节　物理课堂教学的艺术和探索

物理教学的艺术性体现在如何通过教学方法和技巧，有效地传授物理知识，激发学生的兴趣，以及培养他们的科学思维和创新能力。这种艺术性不仅要求教师具备扎实的物理专业知识和教学技能，还需要教师能够灵活运用各种教学策略，以及具备良好的沟通能力和课堂管理能力。

一、物理课堂教学艺术的概念界定

物理是一门研究物质运动规律和基本结构的自然科学，它以实验为基础，涉及力、热、声、光、电和原子核等多个领域。物理学不仅是其他自然科学学科的基础，也与工业、农业等领域的发展以及人类文明的进步紧密相关。

高中物理是高中理科教育中的基础学科，分为必修部分和选修部分。它涵盖了宏观低速领域的物理知识和现象，是初中物理和大学物理之间的桥梁。高中物理的学习不仅要求学生掌握知识的广度和深度，还强调物理知识的应用能力培养，旨在形成学生的基本物理观念，提升学生分析和解决实际问题的能力。

课堂教学是一种有计划、有组织、有互动的教学活动，是教师传授知识和师生交流的主要场所。高效课堂教学应具备促进学生个体发展、完备的教学环境、清晰的结构、浓厚的学习气氛、多样化的教学方法、明确的期望和有意义的师生交流等特征。其最终目的是通过教学活动，使学生享受学习过程，培养能力，实现终身学习。

高中物理课堂教学遵循《普通高中物理课程标准》的教学目标，在特定的教学环境和时间安排下进行。教师应通过演示实验、学生操作实验等方式引导学生积极参与，培养探究意识；坚持教师主导、学生主体的教学理念，营造平等、民主、和谐的课堂氛围；采取适当的互动交流方式，促进师生、生生间的协作，提高学生的学习热情和合作精神，确保每名学生都能取得进步和发展。

二、物理课堂教学的导入艺术

物理教学的导入艺术是指教师在开始一堂新课或一个新课题时，采用各种方法和技巧来吸引学生的注意力，激发他们的学习兴趣，为新知识的学习创造良好的开端。有效的导入可以帮助学生建立新旧知识之间的联系，降低学习难度，提高教学效果。

（一）导入的含义

物理课堂的导入是教师在开展新的教学内容或活动时，运用多样化的教学资源，构建吸引人的物理学习场景，以吸引学生的专注力，点燃他们对学习的热情，激活他们的思维，并搭建知识之间的桥梁。这是一种将学生带入学习氛围的教学策略。心理学研究显示，思维模式的转变需要时间。在课程伊始，学生从课间活动的激动状态过渡到专注学习状态，需要一定的适应期，而教师与学生之间也可能存在心理距离。因此，如何在课程开始前的几分钟内，迅速集中学生的注意力，填补课堂的空白期，是教师需要深思的问题。在这种情况下，教师应巧妙运用课堂导入技巧，以激发、鼓舞学生的智力情绪。独特巧妙的导入技巧能够一开始就抓住学生的注意力，唤起他们强烈的探求欲望，使整个课堂充满活力，教学效果自然更加出色。可以说，精湛的课堂导入技巧是一种创新，是教师智慧的体现，它为整堂课的成功打下了坚实的基础。

在物理课堂的开始阶段，教师会经历几个关键步骤，包括准备、开场和正式导入，整个过程大约需要 5 分钟，具体时间可以根据实际情况调整。当预备铃响起，教师充满活力地进入教室，尚未开口说话，便通过眼神、面部表情和适当的身体动作，向学生传达准备上课的信号，促使他们在物质和心理上做好准备。学生看到教师和蔼可亲的面容和整洁的着装，往往会产生愉悦的情绪，教室内的嘈杂声迅速平息，学生迅速进入上课状态。随后，师生互致问候并落座，教师会进行简短的开场白，为课程揭开序幕。这个开场白是为了让学生对接下来的内容产生期待，教师可能会用几句话或几个动作来设置悬念、引发兴趣、吸引注意力、启发思考，使即将学习的内容成为学生关注的中心。开场白之后，教师会正式进入导入环节的主体部分。通过这一环节，教师将进一步集中学生的注意力，激发他们的学习兴趣、活跃思维，并为新知识的学习打下坚实的基础。

（二）课堂导入对物理课堂的作用

作为物理课堂教学的起点，导入环节对于整节课的成效有着直接的影响。有效的导入不仅能迅速带领学生进入学习状态，激发他们的兴趣，还有助于他们把握课程的主线。因此，课堂导入在物理教学中扮演着至关重要的角色，良好的导入能够唤起学生的求知欲，为成功的教学奠定基础。导入的主要功能包括以下方面。

1. 集中学生的注意力

注意力是心理活动对特定事物的指向和集中。由于人们无法同时关注所有事物，课堂导入的设计和实施应努力将学生的心理活动引导到教学行为上，减少与教学无关的干扰。研究表明，中学生的思维活跃期通常在上课后的5~20分钟，之后可能会出现注意力下降。学生的注意力集中不仅与学习兴趣有关，还受到多种因素（教师的言行、身体状况、已有知识、期待心理等）的影响。在课程开始时，大部分学生可能还处于课间的放松状态，教师应通过引人入胜的导入，迅速将学生的注意力转移到物理课堂上。教师在导入时应考虑以下几点：让学生认识到本节课的重要性；使用富有刺激性的材料；讲话时注意语音、语调的变化，动作要协调优雅；尽量减少无关的干扰；着装要得体，避免过于鲜艳或奇特；准确把握教具展示的最佳时机等。此外，教师还应培养学生上课时集中注意力的习惯。

2. 培养和激发学生的学习动机

教育界越来越重视教会学生如何学习，学习动机和兴趣等非智力因素对学生学习的影响受到广泛关注。学习动机是激励和维持学生朝向学习目标的行为动力。在物理新课教学中，学习动机具有以下功能：①唤起功能：在导入环节，当学生对新课程产生强烈的学习需求时，会引发学习内驱力，激发内在的激动状态，引发学习行为。②定向功能：以学习需要和期待为出发点，引导学生从一开始就专注于教学目标。③维持功能：在导入环节激发学习动机，使学生在整节课中保持认真的态度和学习的意志力。④互动功能：加强师生互动，提高教学效率，确保教学任务顺利完成。因此，在物理课堂的导入环节，应注意激发和强化学生内在的学习动机。

学习兴趣是学习动机中最活跃的心理成分。心理学研究显示，浓厚的学习兴趣能够使大脑和感官处于最活跃的状态，更好地接收教学信息。对物理学习感兴趣的学生会将学习物理视为一种内在满足，而不是负担，从而取得更好的学习效果。好的导入应能激发学生对所学知识的兴趣，使其积极主动地学习，满足对知识的渴望，并产生积极的情绪。因此，教师在教学伊始就应针对学生的个别差异，根据学生的年龄特征、知识基础、新课内容等，激发学生的求知欲和积极的学习情绪。

3. 明确教学目的

教学目的是课程的灵魂，是课堂教学的起点和终点。课堂导入应使学生一开始就明确本节课的教学目的，使后续教学活动紧紧围绕这一目的进行。通过导入，让学生明确本节课的教学目标和内容，并自觉以此为方向来监控、调整自己的思维和行为，提高学生的学习心向。

4. 承上启下，为学习新知识做铺垫

课堂导入的目的不仅是吸引学生的注意力，更是为了承上启下，使学生有准备、有目

的地进入新知识的学习。教师在设计导入时，要了解学生已有的知识和能力基础，以其所知喻其所不知。从学生的实际情况出发，发挥教师的主导作用和学生的主体作用，温故而知新。如果一堂课在一开始就简单地讲授新知识，很难激发学生的学习兴趣，尤其是较难的知识，学生可能会感到困惑。相反，如果能够通过情境化、多样化的导入，引导学生联系已有的知识和经验，发现新知识不是凭空出现，学生就可以更自然地进入新知识的学习。导入在学生已有知识与新知识之间架设桥梁，使新知识与学生原有的认知结构建立实质性的联系。

5. 启发思维，加深审美体验

启发学生思维，加深学生的审美体验是课堂导入的一个重要作用。让学生经历从不知到知，从知之甚少到知之较多的过程，通过一定的情境或问题，启发学生积极思考，在课程开始时，就引导学生将学习与思考结合起来，使学生能尽快进入良好的学习状态，做好学习新知识的心理准备。同时，通过丰富多彩的课堂导入，让学生体会知识的美感，加深其审美体验。通过感受、观察、思考、体验，丰富学生的情感积累，为学生学习物理知识奠定坚实的情感基础，同时也使其成为学生学习物理的心理动力，提高学生的创造力。

（三）物理课堂导入的设计原则

在物理教学中，课堂导入是一个至关重要的环节，它不仅关系到学生的学习兴趣和注意力，还会影响整节课的教学效果。以下是对课堂导入的一些原则性指导。

1. 系统性原则

导入不应被视为孤立的教学环节，而应与教学过程中的其他环节（如呈现、理解、巩固和结束）紧密结合，形成一个有机的整体。教师在设计导入时，应深入挖掘新知识与学生已有知识之间的联系，利用已有知识作为“先行组织者”，为新知识的学习奠定基础。

2. 科学性原则

物理作为一门以实验为基础的学科，导入环节应注重教学的科学性。无论是描述物理现象、概念、规律，还是设置实验内容和操作，都应确保准确无误。导入的内容应遵循科学性原则，以事实为依据，避免虚构。

3. 针对性原则

课堂导入应具有针对性，从教学内容、教学对象、课型、上课时段等方面进行考虑。对于不同班级的学生，教师应采用不同的导入方法和语言。根据课程的不同，设计相应的导入方法，以确保导入的有效性。

4. 启发性原则

启发式教学强调学生的主体地位和教师的主导作用。在导入环节，教师应引导学生进行积极的思维活动，发展其思维能力。通过启发性的导入，学生能够发现与物理相关的问题，并学会从物理学的角度表述这些问题。

5. 贴近生活、联系实际的原则

物理教学应贴近学生的生活实际，联系社会实际。在导入环节，教师可以创设教学情境，引入现实生活和大自然的美，让学生更贴近艺术的源泉——生活。

6. 趣味性原则

课堂导入的一个重要目的是激发学生的学习兴趣。通过新颖有趣的导入，学生的大脑和各种感官处于活跃状态，从而能更好地接收教学信息。

7. 审美性原则

物理教学中包含了许多美学因素，如物理知识的智慧美、物理公式的对称美等。在导入环节，教师应将这些美的因素外显出来，使物理教学成为一种艺术享受。

8. 简洁性原则

在有限的时间内，教师需要完成多项教学任务和内容，因此，导入应简洁明了。导入的设计应短小精悍，避免复杂烦琐，以免影响教学效果。

9. 多样性原则

课堂导入的方法和形式应多样化，不同的方法和方式都有自己的特点和优点。教师应根据实际情况，选用多样的导入方式和方法，以保持学生的新鲜感和兴趣。

总之，课堂导入是物理教学中的一个关键环节，教师应遵循上述原则，精心设计导入内容和方法，以激发学生的学习兴趣，提高教学效果。

（四）有效的物理课堂导入方法

在高中物理教学中，课堂导入是激发学生兴趣和参与度的关键环节。以下是对不同导入方法的概述，旨在保持原文大意而不重复原文内容。

1. 实验导入法

通过实验引入新知识，将观察和实验的方法与物理学习相结合，能够有效提升学生的探究能力和问题解决能力。教师导入的实验可以是教材中的实验，也可以根据实际情况对教材实验进行改编，或者鼓励学生和教师一起自制教具进行实验，以增强教学效果和学生的学习兴趣。

2. 资料导入法

利用各种资料（如物理学史、科学家的趣事、幽默故事等）来引入新课。这种方法可以帮助学生了解物理知识的发展过程，培养他们的钻研精神，并激发他们对新知识的学习兴趣。

3. 问题导入法

通过设置具有启发性的问题来引导学生思考，可以是与日常生活相关的问题，也可以是能够引起学生认知冲突的问题，以提高学生的思维能力和问题解决能力。

4. 复习导入法

在新课开始时，教师可以引导学生复习相关旧知识，将新旧知识有机结合，帮助学生将新知识置于整个学科体系中，激发学生的求知欲和培养逻辑思维能力。

5. 文娱导入法

通过游戏、魔术、谜语、诗歌等方式来引入新课，这种方法具有参与度高、互动性和趣味性强的特点，能够活跃课堂气氛，让学生在轻松愉快的环境中投入学习。

6. 利用生活实例导入

在课堂导入中，联系实际生活，创设教学情境，引入现实生活和大自然的美，不仅丰富了导入的艺术形式和内容，还给学生提供了学以致用的机会，增强了物理教学与生活、社会的联系。

总之，在实际教学中，教师应根据具体情况灵活选择和运用不同的导入方法，注意多种方法的交叉使用，避免生搬硬套，以创造性地设计和实施课堂导入，提升教学效果。

三、物理课堂教学的语言艺术

“语言艺术”是艺术领域的一个分支，是使用语言来创造审美形象的一种艺术形式。这种艺术能够唤起美感与愉悦感，促进高质量的交流与沟通。语言艺术充满情感，能够触动人心；它具有创新性，能够以独特的方式表达思想，吸引听众的注意力，引发共鸣；它还具有灵活性，不受形式的限制，能够精准、有效地传达信息。

艺术与科学不同，科学展现为理论体系，而艺术则体现为一系列的方式、方法、技能和技巧。科学的传播需要将其转化为公众易于理解的形式，这一过程需要科学与艺术的巧妙结合。

“课堂教学语言艺术”是教师在教学中创造性地运用语言的一种艺术实践，是教学艺术的核心组成部分，也是教师的主要教学工具。这种艺术不仅具备语言艺术的一般特点，还有其独特性：它传递科学知识，必须是准确和规范的；它旨在促进学习，应生动有趣，具有启发性和教育性；它在课堂环境中使用，应该是简洁的。通过艺术性的语言表达科学知识，学生可以在愉悦的学习氛围中增长知识、启发思维，并对学习充满信心。教师掌握了课堂教学语言艺术，就像拥有了一根“点金棒”，能够将知识如金子般散布在课堂上；而学生在这种艺术性的课堂教学中，感受到的是美、喜悦和丰硕的成果。

（一）高中物理课堂教学中语言艺术的实施原则

在高中物理课堂教学中，教师运用语言艺术时应遵循一系列原则，这些原则包括科学性、启发性、简明性、教育性、针对性、生动性和整体性。

1. 科学性原则

教师在教学中的语言表达必须精确、简洁、逻辑性强且系统化，以确保传递的科学知识准确无误，避免模糊不清的信息。这要求教师在描述物理概念、原理、规则和结论时，语言规范、逻辑清晰、结构有序。

2. 启发性原则

教师在教学过程中应增强学生的独立思考和解决问题的能力。通过关注学生的反应，教师应使用启发性的语言来引导学生，唤起学生的好奇心和求知欲，帮助学生突破学习障碍，拓展思维。

3. 简明性原则

教师应使用简洁明了的语言来表达丰富的内容。教师需要在有限的教学时间内，将知识高效地传授给学生，因此要避免冗长和复杂的表述，确保教学内容重点突出，学生学习积极性高涨。

4. 教育性原则

教师的语言应包含正面的思想品德教育，以培养学生的德行为最高目标。这要求教师在教学中使用积极健康、导向正确的语言，以影响学生的思想观念和立场。

5. 针对性原则

教师应根据学生的思维、认知和心理特点，使用针对性的语言进行教学，以确保每个学生都能在课堂中有所收获。这包括根据班级氛围、学生能力和教学内容的不同，灵活采用不同的语言形式。

6. 生动性原则

教师应通过生动形象的语言将知识具体化、趣味化，以激发学生的求知欲望和学习兴趣。通过比喻、类比等方法，教师可以使课堂气氛更加活跃，提高教学效果。

7. 整体性原则

教师应将有声语言和无声语言（如手势、动作、表情等）视为一个整体，相互融合、相互制约，以实现教学语言艺术的最佳效果。这要求教师在教学中有意识地结合这两种语言形式，以达到更完美的教学效果。

这些原则共同构成了高中物理课堂教学中语言艺术实施的基础框架，教师应根据具体情况灵活运用，以创造一个高效、互动、充满活力的学习环境。

（二）高中物理课堂教学中语言艺术的实施策略

在实施高中物理课堂教学语言艺术时，教师需遵循一系列策略，这些策略基于理论研究和教学原则，旨在通过口头语、体态语和书面语的有效运用，提升教学效果。

1. 物理课堂教学的口头语

口头语在课堂教学中扮演着重要角色，包括导入语、讲授语、过渡语、提问语、评价语和小结语。其中，讲授语是核心，它通过正确、生动的语言对教学内容进行叙述、解释和分析，具有科学性、层次性和生动性。导入语前文已经论述，这里不再详述。

（1）准确生动的讲授语

讲授语是课堂教学的主要语言形式，它通过清晰、连贯、简练的语言将知识传递给学生，同时启发思维和情感影响。教师在讲授时要注意语言的启发性、通俗易懂和形象生动。

（2）承上启下的过渡语

过渡语是教学各部分之间的桥梁，它通过简练、概括的语言激活不同教学内容的实质性信息，使教学形成连贯的整体。过渡语的使用要自然、灵活，确保教学内容上下贯通。

（3）启迪智慧的提问语

提问语是教师根据教学内容向学生提出问题，以促进他们深入理解和积极思考。提问语应简洁、适量、适时，面向全体学生，具有针对性和开放性，以调动学生的兴趣和参与度。

（4）恰当巧妙的评价语

评价语是教师对学生的学习过程和行为进行价值判断的语言，它应准确、幽默、简洁、机智和具有激励性。评价语的使用要尊重学生差异，真诚地促进每名学生的发展。

（5）简明扼要的小结语

小结语用于一节课结束时对所学内容进行巩固和强化，它应准确、简洁，突出重点和难点。通过小结语，教师可以引导学生整理知识，巩固记忆，启发思维。

这些策略的实施要求教师在教学过程中不断实践和反思，以形成适合自己教学风格的有效语言表达方法，从而提高教学质量，促进学生的全面发展。

2. 物理课堂教学的体态语

在高中物理课堂教学中，体态语是一种重要的教学手段，它包括手语、面势语、身姿语和仪表语。这些语言形式的有效运用可以增强教学效果，提升学生的学习体验。

（1）真实自然的手语

手语是教师通过手势传递情感和信息的重要方式。它应鲜明、醒目，有助于强调重点、维持课堂秩序和表达情感。教师在使用手语时要注意手势的正面性、自然得体、与教学内容协调以及简洁清晰，确保大部分学生能理解其含义。鼓掌等手语的使用不宜过多，以免降低表扬的价值。

（2）生动直观的面势语

面势语通过眼神和面部表情传达教师的心理情感状态，是体态语中最直观的一种。教师应适度使用面势语，避免过多或不当的眼神和表情，以免分散学生注意力或造成负面影响。亲切的目光和微笑可以营造良好的学习氛围，而严肃的表情则可以传达权威。

（3）端庄大方的身姿语

身姿语包括站姿语和行姿语，它们与有声语言相结合，可以增强表达效果。教师的站姿应得体、规范，挺拔而稳重；行姿应适时适当，保持腰身挺拔和步态稳定，以营造积极向上的课堂氛围。

（4）自然得体的仪表语

仪表语通过教师的服装、发型和妆容等传递信息，反映教师的教养和审美观。教师的仪表应端庄大方、自然得体，以免影响学生的学习状态和效果。

教师在课堂中的仪表要注意，女教师应避免穿着过于时尚、紧身或宽大的衣服，宜穿西装或夹克，应穿着稳重大方的服饰；男教师不应穿过大、过小或过短的衣服。在发型和妆容的选择上，应保持整洁、保守、自然，不能过于时尚，男教师最好刮干净胡须；女教师不宜化浓妆或留长指甲，以免分散学生的注意力。

总之，体态语的恰当运用对于创造一个积极、互动的课堂环境至关重要，教师应根据具体情况灵活运用，以达到最佳教学效果。

3. 物理课堂教学的书面语

在高中物理教学中，书面语是一种通过文字、符号或图像来传递信息的重要教学语言形式，主要包括板书语言和课件语言。

板书语言在课堂教学中分为文字板书和板画，优秀的板书能够吸引学生的注意力，对教学起到画龙点睛的作用。板书应条理清晰、字迹流畅，能够体现出教师对教材的深入挖掘和授课特色。板书不是简单地将所有知识罗列，而是提取和展示重点知识。

文字板书语言的实施策略包括以下几点：

（1）突出重点。教师在书写板书时，不应将所有内容都写在黑板上，而应提示教学重点，帮助学生理解和记忆。

（2）条理清晰。板书语言要科学简明，将主要内容有条不紊地列出，方便学生理解和记录，以及课后复习。

板画语言的实施策略包括以下几点：

（1）清晰明了，重点突出。教师应以简练的笔法快速绘制，构图简单而巧妙，避免过于简单导致学生误解。

（2）比例协调，科学规范。板画图要正确表示数量和位置关系，比例恰当，以确保学生正确理解和推导。

（3）生动形象，启发思维。板画要将抽象的物理问题具体化，生动地展现在黑板上，吸引学生注意力，启发思维，提高解题效率。

课件语言通过形象的方式展现抽象概念和理论，给学生多种感官体验，吸引兴趣，获得最佳教学效果。课件语言可以创设情景，启发思维，但不可完全替代板书语言，二者应结合使用。

总之，书面语的恰当运用，特别是板书和课件语言的艺术，对于提高物理教学效果至关重要，教师应根据教学需要灵活运用，以促进学生理解和兴趣的发展。

第二节　物理课堂“三点”教学法

“千教万教教人求真，千学万学学做真人”。多年来，物理课堂教学实际上就是引导青少年追寻真理。因此，物理课堂教学的特点可以总结为三句话：追根溯源真一点；实验研究多一点；能力要求高一点，简称为“三点”教学法。利用“三点”教学法，明显提高了学生的素质和能力，为学生在高考和物理竞赛中取得优异成绩打下了扎实的基础。

一、追根溯源真一点

在高中物理教学中，物理定律的教学是学生接触物理学的起点，因此，如何有效地教授物理定律，是每位物理教师需要深思的问题。为了加深学生对物理定律的理解，可以采用“溯源”教学法，即在教授某一物理定律时，有意识地补充大量与定律建立过程相关的内容。

物理定律的建立往往经历了漫长而艰辛的探索过程。这些定律之所以能够确立，是因为科学家们运用了正确的科学研究和推理思维方法。这些方法不仅是物理学科的核心，也是人类知识财富的一部分，更是物理教学中的宝贵资源。

以牛顿的万有引力定律为例，教师应从第谷对行星数十年的观测和积累的第一手资料讲起，然后介绍开普勒如何在这些数据的基础上，通过大量计算总结出描述天体运动的经验规律——开普勒定律，最后，讲述牛顿如何运用定量的动力学原理对这些规律进行解释，从而发现了具有普遍意义的万有引力定律。在学习万有引力定律的过程中，特别要向学生介绍“归纳法”、“理想化”和“间接验证”这三种重要的科学研究方法。

此外，在讲授牛顿运动定律时，介绍“理想实验”、“推理”和“实验研究”等方法；

在讲授气体定律时，引入“分析法”；在讲授能量转化和守恒定律时，采用“综合法”。通过这些教学，学生能够系统地学习和掌握一些重要的科学研究方法，这不仅有助于他们理解物理定律，也为他们将来在科学研究中应用这些方法打下了坚实的基础。

总之，通过“溯源”教学法和各种科学研究方法，能够激发学生对物理定律的兴趣，帮助他们更深入地理解物理定律背后的科学原理，并培养他们运用科学方法进行研究和解决问题的能力。这样的教学方式不仅丰富了物理教学内容，也提高了物理教学的效果。

二、实验研究多一点

物理学作为一门实验科学，其概念和规律的发现与确立在很大程度上依赖于实验。因此，在物理教学中强化学生的实验训练，是提高教学质量的关键途径。目前中学物理教学大纲虽然安排了学生实验和演示实验，但仍存在一些不足之处。

首先，教材中的实验大多是为了辅助教学内容而设计的，目的是帮助学生加深对知识点的理解，但是这可能导致学生难以通过这些实验掌握一些重要的实验方法。

其次，课本中对每个实验的原理和操作步骤都有详细说明，学生只需按步骤进行操作。这样的实验虽然能增加学生的感性认识，锻炼学生的动手能力，但是对学生创造性思维的培养是不够的。

最后，目前教材中的实验大多是验证性实验，学生只要学会了书上的定律，一般都能顺利完成实验。这种安排不符合教育应走在学生智力发展前面的原则，对培养学生的能力是不利的。

针对这些问题，应对实验教学内容和方法进行改革，以使实验教学更好地服务于发展学生的智力和提高素质。具体措施如下：

（1）增加实验数量。无论是课堂演示实验还是学生实验，平均增加 60% 的实验。其中有一部分新实验，学校可能没有现成的仪器，需要学生自己制作，这对学生提出了更高的要求。

（2）重视实验误差讨论。物理实验离不开测量，测量是实验科学最本质的部分。因此在培养优秀学生的过程中，应该让他们掌握一些必要的实验误差的基本知识。

（3）加强重要实验方法教学。在实验领域有一些重要的方法，如减少实验系统误差的方法、减少实验偶然误差的方法、实验探究规律的方法、迂回测量的方法等，在许多实验中都有应用，具有普遍意义，因此，一定要让学生很好地掌握。

通过这些改革措施，实验教学能够更好地培养学生的实验技能、科学思维和创新能力，为他们未来的学习和科学研究打下坚实的基础。

三、能力要求高一点

物理习题教学是高中物理教学的一个关键环节。无论是教师还是学生，都投入了大量时间来解决物理习题，因此，改革习题教学方法显得尤为重要。

物理习题实际上是人们创造的一些虚构的物理场景。显然，物理学家不会去解决这些人为设计的习题，他们专注于研究真实世界中尚未发现的物理规律。同样，发明家也不会去做物理习题，他们利用已知的物理规律来解决实际问题。那么，为什么要让学生解决这些虚构的物理习题呢？其目的在于培养学生的理解、分析和推理等能力。因此，物理习题教学应紧扣这一目标进行。

在习题教学中，通常采用以下两种方法：

（1）按解题方法组织习题教学。虽然物理习题通常按照力、热、电、光的顺序来教授，但是根据解题方法来讲解习题，如理想化法、整体法和隔离法、等效替代法等，有助于学生掌握一些重要的解题技巧。在学习的某个阶段，会集中安排一批采用相同解决方法的习题供学生练习，从而让学生从不会使用该方法到能够熟练应用。在后续的学习中，定期重复这种方法，可以加深学生在大脑中对这些解题方法的印象，并达到熟练掌握的目的。

（2）采用“台阶法”帮助学生掌握难度较高的解题方法。当学生遇到难题不知如何解决时，教师不应直接告诉他们答案，而应提供一些与难题内容相似但难度较低的题目让学生尝试解决。这就是“台阶法”，即通过搭建一个由简单到复杂的台阶，让学生逐步攀登，自行提高解题能力。这种方法比被动接受教师讲解的效果要好得多，能够激发学生的主动性和自我提升的欲望。

通过这些教学方法，能够培养学生独立解决问题的能力，提高他们的物理思维和解题技巧，为他们未来的学习和科学研究打下坚实的基础。

第三节　物理教学与素质教育

联合国教科文组织在《世界教育报告 1991》中指出，考试内容如果只是教师、家长、学生主要关心的东西，其他的学习内容则一律不理，那么由于“教学为了考试”“学习为了考试”这一思想产生的高分是否真正有用并且能在生活中长期有效使用，是否能利用所学的知识在各自所学领域取得成就这些问题非常值得专家和学者们深思，素质教育的实施已成为必然。物理课堂教学是素质教育实施的重要一环，对于学生科学思维方法的养成、理论与实际的结合等方面具有十分积极的意义。因此，要在物理课堂教学中大力推进素质教育。

一、素质教育概述

（一）素质教育的含义

从生理学的角度来看，素质是指生物体天生具有的生理特性，包括神经系统、大脑功能、感官和运动器官的特性。这些特性是心理和生理活动的基础，主要通过遗传获得，也被称为“天赋”。而素质教育，是指根据社会发展的需求，对人们提出的更高要求的教育。它以全面培养学生的基本素质为起点，以提升学生的社会实践和创新能力为重点，致力于挖掘学生的现有知识水平和潜在能力，充分发挥学生的主观能动性，使所有学生都能在现有基础上发挥潜能，各展所长。这样的教育旨在使学生的内在素质融入社会意识，建立社会生活与学习生活的联系。

随着对素质教育研究的深入，人们意识到，仅从生理学的角度理解素质教育是不够的。为了适应教育的发展和人们的需求，素质教育应立足于社会，关键在于提高人们的生活技能和生活质量。国家教委在《关于当前积极推进中小学实施素质教育的若干意见》中明确指出，素质教育是以提高民族素质为宗旨的教育，关注受教育者和社会的长远发展需求，以全面提高学生的基本素质为核心，以培养学生的态度和能力，促进他们在德、智、体、美、劳等方面全面发展为特征。

随着科技和经济的进步，为了满足人们的多样化需求，素质教育必须贯穿人的整个发展过程，坚持以人为本的理念。在中学物理教学中，体现素质教育的策略应立足于提高学生在社会生活中的物理素养，从而推动学生整体素质的和谐发展。教育的目标是培养学生成为能够适应激烈竞争的现实社会，并具备长期发展能力的人才，使他们学会生存、学会做事，更重要的是学会如何做好社会的一员。通过这样的教育，学生能够更好地感受生活、享受生活，提升学习知识的真正价值。

（二）素质教育的特征

1. 普及性和包容性

素质教育的核心宗旨在于提升国民的整体素质，这意味着每个公民都应具备基本的素质。素质教育倡导每个人都享有平等的受教育机会。学校教育应面向全体学生，关注并协助每一位学生的成长，确保他们健康成长，这体现了素质教育的普及性和包容性。

2. 基础性和综合性

在教育实践中，素质教育首先强调基础性，即培养学生如何做人，包括基本技能、基本观念、基本行为规范及生活能力等方面的素质提升，以促进学生和谐而有个性的自由发展。其次素质教育注重全面性，即人的发展应与社会进步保持一致，实现“五育”全面发展，满足学生个体生存和社会需求，重视学生的个体性和社会化，使学生学会生存、学习、做人、审美，确保学生具备良好的思想品质、丰富的文化知识、健康的身心和熟练的生活技能。

3. 进步性和灵活性

素质教育的目标是促进学生的个性发展，关注学生的发展阶段。学生是不断成长和完善的个体，教育也应进行发展性的改革，激励学生积极自主学习，打破传统教学模式，使课堂不再是唯一的学习场所，而是与社会实践活动相结合的开放性环境。教育应充分利用课外的社会资源，开展多样化的教学活动，促进学生全面和谐的发展。

二、加强物理课堂教学与素质教育紧密联系的实施策略

新课程理念强调学科与生活、社会的紧密联系，倡导从实际生活和实践经验中学习。陶行知先生提出“生活即教育”，强调生活是教育的核心，教育与生活是相互关联的。在学生的日常生活中，物理学无处不在，通过列举生活中的物理现象，让学生亲身体验自然享受生活，可以激发学生将新旧知识融合，拓宽思维，提高创新能力，从而提高学习效率，帮助学生树立正确的学习态度，有利于学生全面素质的提升。教学中，通过联系实际生活，使学生理解知识的应用，这也是素质教育的体现。

（一）加强实验教学

物理学是以实验和观察为基础的学科。在物理学的发展历程中，许多定律都是通过深思熟虑和仔细观察得出的。实验在培养学生的创新能力方面起着至关重要的作用。物理实验不仅要求学生动手操作，更重要的是在实验过程中积极思考，这是物理思想在实践中的具体体现。物理学习与观察、实验是相辅相成的关系。因此，加强物理实验教学可以更有效地激发学生的学习兴趣，培养学生对物理的热情，拓展学生的能力和智力，同时为深入学习物理提供动力。

在实验教学中，教师应关注多元发展的社会生活，利用学生已有的生活经验，选择学生感兴趣的话题，结合课本知识点和学生的生活实际问题开展实验教学，帮助学生理解和掌握生活中的知识，提高适应社会的能力。

（二）关注学生的现实生活，寻找具有教育意义的生活素材

教学应紧密结合丰富多彩的社会生活，将生活中的实例融入教学，使课堂成为学生学习的开放性环境。在学习物态变化时，可以让学生通过生活实验亲身体验物理现象。

通过以上分析，学生能够从自然界中认识到物理规律的内在共性，学会从不同角度分析解决问题，不断对自然界的奥秘进行探索，同时教师也可以不断完善教学风格，追求具有素质创新的教学意境。

实验教学可以培养学生善于思考问题的习惯，提高其解决问题的能力，所以应增强对实验教学重要性的认识。通过实验教学，学生可以树立科学思想、科学方法和崇尚科学的精神，具备应用科学知识处理生活中实际问题的能力。

（三）加强物理学史教育

物理教材中蕴含着丰富的物理学史内容，体现了人类探索未知领域和逐步认识物理本质的历程。在中学物理教学中引入物理学史教育，有利于学生对物理世界的深入理解。

物理学史的引入可以激发学生学习物理的兴趣，培养其勇于探索和创新的精神，增强其对科学发展贡献的决心。通过科技发展的实例，让学生感受到物理学的现实意义，减少应试学习的压力。物理学成果的获得过程可以引导学生培养好奇心和求知欲，提高学习物理的兴趣，从被动接受变为主动探索，增强对学习和生活的理解。

例如，在学习电流和电源时，可以介绍人类对电现象认识的基本历程，如富兰克林、库仑等科学家的贡献，以及法拉第等人的实验经历，这些都能帮助学生更好地理解物理学的发展和应用。

（四）加强物理学与生活实际的联系

在日常生活中，学生可能会忽视与物理概念相关联的现象和事实。将生活实例与物理规律相结合，可以唤起学生已有的知识记忆，帮助学生形成正确的物理观念，提高科学素质。在物理教学中，应增加教学内容与生活实际结合的实例，引导学生学会物理知识在生活中的应用，以及生活中的物理在课堂学习中的应用，这本身就是学生素质提高的过程。

通过探索生活中的实例，结合教师的探究式教学，学生可以主观上发现隐藏其中的物理规律，激发学习兴趣和求知欲望，感受到物理就在身边，生活中离不开物理，物理在生活中的价值。这样的教学可以挖掘学生的内在学习欲望，从常见的物理现象中抽象出更深层次的原理，有利于培养学生的创新意识和实践精神。

在高校自主选拔考试中，可以寻找类似生活实例的题目，如辨别木球和铝球、圆形盖子的原因、洗澡水温度变化的原因等，这些题目能够考查学生将基础知识与社会生活实际相结合的能力，培养学生的应变能力和快速物理思维能力，进一步提升学生的物理素质。

第四节　物理教学的生活化

正如前文所述，将生活元素融入物理教学是提高物理素质教育的关键手段。然而，实现物理教学的生活化教学并非易事，这需要通过多种策略的综合运用才能达成目标。

一、物理教学生活化的含义

（一）生活化教学

教育思想家陶行知深刻认识到生活与教育之间的密切联系，并提出了生活教育的理念。他进一步强调，教学应当根据学生的成长需求和社会生活的实际情况来设计和组织，将生活教育诠释为：教育源于生活、教育为了生活、教育融入生活。曾爱华指出，将“生活”一词与“化”字结合，意味着转变和适应，即教学应通过反映生活的真实面貌，使学习过程变得复杂多元、丰富多彩。近年来，为了适应新课程改革对物理学科核心素养的要求，何穆彬对生活与物理教学的关系进行了深入分析，提出课堂应利用学生熟悉的生活情境和经验，以增强学生的学习兴趣和参与感，通过探索来理解学习物理的意义。

生活化教学并没有一个明确的学科定义，本研究中的生活化教学指的是教师在认同生活教学理念的基础上，选取适合教学的生活元素，基于学生的生活经验、认知发展、兴趣爱好和情感体验等因素，遵循一定原则，在教学的各个环节采取相应策略，构建学生熟悉的生活情境。教师可以通过激发兴趣和体验式的课堂，逐步引导学生主动探究和学习，提高学生对知识的运用和迁移能力，从而提高教学质量。

生活化教学不仅仅是简单地在教学中引入生活元素，因为并非所有知识点都能找到对应的生活素材。对于那些能够找到生活素材的知识点，为了有效地进行教学，教师需要把握生活元素与知识教学的结合点，抓住生活化教学的核心，通过引起学生的经验共鸣，潜移默化地激发学生的兴趣和熟悉感，减少其对知识的抵触，促进新知识结构的构建。需要注意的是，在生活化教学中，物理课程资源向生活的回归，是通过将生活“课程化”来赋予其特殊意义，而不是对生活的简单复制。

（二）高中物理生活化教学

物理是一门从现实社会中抽象出来的科学，它通过与实际现象的互动来验证理论，并最终应用于现实世界。与其他学科相比，物理学更加强调具体性、特定性、现实性、精确性和可验证性。在学习高中物理时，学生需要经常将所学知识与个人生活实际相结合，进行实验和观察，特别重视“具体问题具体分析”的方法，培养用基本物理概念解释和解决实际问题的习惯和意识。

与初中物理相比，高中物理涉及更多理想化的物理模型，物理过程更为复杂，涉及多因素变化，因此，学生需要具备较强的综合逻辑思维能力和空间想象力，以应对各种复杂的物理状态、过程和情景。同时，高中生在认知能力和自我意识方面逐渐成熟，开始关注精神世界。然而，由于我国初中阶段的物理教学多采用直观式教学方法，很多学生在物理知识和思维能力上存在局限，难以深入理解物理现象的本质，容易形成惯性思维，影响对物理深层次的理解。因此，针对高中学生，应采用生活化的教学方法，摒弃传统教学思维和理念，创新教学方式，注重教学内容与现实生活的结合。教师可以利用生活化的教学素材，培养学生的思维能力，并帮助学生形成积极的物理学习态度、知识应用态度和生活态度。

笔者认为，“高中物理生活化教学”是指在教学过程中挖掘教材和环境中与生活相关的素材，根据学生的认知特点、能力和兴趣，选择与现实生活紧密相连的现象、研究成果和科技前沿进行教学。这种教学方式将教材内容与生活化元素有机结合，营造了一个和谐自由的课堂氛围，让课堂充满生活气息。在教学过程中，还应关注学生的发展，鼓励学生将所学的物理知识应用于生活，尝试解决实际问题。同时，教师应根据实际情况引导学生，激发他们的科学探究思维，提升物理综合素质，为学生创造一个良好的终身学习环境。

二、高中物理生活化教学原则

为了确保生活化教学的有效性，教学中必须遵守一系列原则，这些原则因不同的教学类型而异。在生活化教学中，教师需要跨越学科的界限，整合必要的生活实例，同时考虑学生的理解能力，确保他们能够将所学的物理知识转化为精神上的财富。生活化教学不仅要结合教学和育人，还要将课堂的控制权交给学生，强调激发他们的主动性和参与感。因此，生活化教学应遵循以下原则：发展性、综合性、渗透性和主体性。

（一）发展性原则

教师需精准掌握学生在成长过程中的现有经验和能力，并充分考虑学生的最近发展区。无论是课堂教学还是整体评价，教师都应以动态和发展的视角看待学生，关注他们正在形成和发展的过程。在认可学生优点的同时，把握教育时机，以促进学生达到新的发展阶段。教师的教学应致力于促进学生的全面和谐发展，通过真实和亲近的课堂氛围，引导学生积极参与知识体系的构建，逐步提升思考力、创新力和实践应用能力，为未来的学习和兴趣发展打下坚实基础，同时满足终身教育的需求。

在高中物理教学中，教师应摒弃传统观念，基于学生的现有知识和生活经验，激发他们对未知领域的探索热情，以发现知识的未知点。在明确学生的最近发展区后，制订相应的计划来缩短这一距离，帮助学生在逐步练习中掌握新的学习方法，拓展物理思维，实现知识的迁移。物理课堂常伴随大量实验，为了保证实验的顺利进行，可以从学生熟悉的生活物品和元素出发，改进实验器材，缩短物理实验与学生之间的距离，激发他们的探究热情，促进他们的全面发展。在此过程中，可以提出一些问题，帮助学生将所学知识应用于实际，达到学以致用的效果。

例如，在“曲线运动”的教学中，学生可以在预习阶段掌握大部分基础知识，但在面对抽象问题时，尤其是在进行速度方向探究的实验时，由于缺乏完整的知识体系，容易受到直线运动观念的影响，导致大多数学生无法提出完整的解题方案。为了帮助学生快速构建曲线运动相关概念、条件等基础知识的学习框架，并在稳固实际发展水平的基础上探索最近发展区，教师可以巧妙地利用多媒体课件，创造一个类似流水过弯道的分析情境，辅助和引导学生进行深入分析。在这种引导下，学生能够轻松地建立起清晰的思路和知识框架，及时转变思维角度，最终给出准确的答案。在未来遇到类似问题时，学生能够迅速有效地调动相关知识，进行全面的剖析和应用探讨，逐步深入开发潜在的知识应用发展区。

（二）综合性原则

物理作为一门探索自然规律的学科，正日益与数学、化学、生物等学科相融合，展现出交叉和综合的趋势。在高中物理生活化教学的过程中，这种综合性变得越来越明显。随着对综合能力要求的提高，对教师的要求也随之提升。教师需要超越传统教学内容和时间的限制，以教学大纲为基础，拓展教学方法和素材的多样性，将教学延伸至学生的社会生活。同时，教师还应该更新评估内容，反映现实世界的多元性和时代特征。在实际教学过程中，可以通过与现实生活的联系，进行学科扩展、启发式教学、情境模拟和趣味问答等方式，以实现知识的掌握，并帮助学生理解物理学中的科学思想和人文价值，达到知识迁移和应用的目的。

以“摩擦力”这一课为例，在课程开始时，可以通过《考工记》中的“察车自轮始”来提出问题：车轮的形状和车辆行驶的速度有何关系？为什么车轮不是其他形状？激发学生的想象力。接着，教师可以展示古代车轮的润滑方式，以及中国汽车的发展和演变，引导学生解释为什么车辆轴承需要润滑。考虑到学生的语言文学素养和生活经验，这样的教学方法能够有效激发学生的学术探究兴趣，使学生既不会感到无聊，也不会产生强烈的抵触情绪。学生在思考的过程中逐渐形成了对摩擦力的初步认识，此时教师可以进一步细化摩擦力的种类，加深学生的理解。

（三）渗透性原则

在追求教学效果的过程中，应当遵循循序渐进的原则，教学内容需要有一个合理的顺序，逐步深入，避免跳跃式教学。教师在教学过程中应关注学生的接受能力，将知识由浅入深地融入生活化教学中。生活化的教学素材在引入课程时，应经过适当的提炼和加工，使生活与物理自然衔接，既保持物理知识的灵活性，又体现生活现象的哲学深度，从而帮助学生在理解物理概念和规律的同时，也能了解生活现象和科技发展，增强物理意识，保证物理教学的扎实进行。

物理与生活密切相关，但高中物理的抽象性和复杂性可能会使学生失去兴趣。在这种情况下，教师需要构建与知识体系相符的生活场景。教师应不断实践、反思、改进和优化教学方法，注意所选素材与教学内容的契合度，并时刻关注学生的接受情况，有针对性地筛选和分类生活化素材，科学合理地将其融入课堂中，结合先进的教育理念，使生活与物理的融合不留痕迹。

例如，在教授“分子动理论的基本内容”时，教师应挖掘学生易于理解的生活素材，如麝香的香气、鲜花的香味、墨水滴入水中的扩散、衣物清洗时的颜色变化、煤长期堆放墙角的黑色污染、蒸发与升华等现象，鼓励学生列举生活中的扩散实例，拓展学生的思维，激发他们用科学知识探索生活现象的兴趣。在学习“分子热运动”时，可以基于生活现象提出问题：为什么夏天食堂的饭香比冬天传得远？夏季垃圾的臭味为什么更浓烈？通过有序地引入生活化素材，可以帮助学生更好地理解“温度是影响分子热运动的因素”，加深学生对知识点的理解，并提醒学生为了环境和健康，不应随地丢弃垃圾。

（四）主体性原则

素质教育的核心在于将学生视为教育的核心，学习是学习者主动建构的过程。教师应尊重每个学生的独立性和个性差异，遵循“因材施教”和“有教无类”的教学原则。教师应营造一个民主、自由、充满活力的学习环境，以便学生充分展现自我，培养创新精神。在教学中，教师应引导学生，消除他们对物理学习的恐惧，除了传授必要的知识外，还要培养他们的道德情感和健全的人格。

为了激发学生的学习热情，充分发挥他们的主体作用，教师应将提高学生对物理学习的兴趣放在首位。教师应熟练运用多媒体设备，利用图片、音频、视频等多种方式进行教学，通过动画视频进行情境模拟，或利用生活中的物品进行小实验来吸引学生的兴趣。同时，教师应加强对学生学习习惯的培养，注重引导和实施学习计划，以问题为导向，提高学生的思维、表达和动手能力，鼓励他们积极参与合作探究，将被动学习转变为主动学习。对于涉及实验的物理内容，教师应尽可能多地准备实验器材，将演示实验转变为学生实验，提高学生的实践操作能力。

例如，在引入“全反射”概念时，教师可以做一个“点石成银”的小实验。准备多组熏黑的汤匙、熏黑的鸡蛋和盛满水的烧杯。教师可以先神秘地提问：“大家听说过‘点石成金’吗？老师最近在练习一种法术，叫‘点石成银’，你们相信吗？”当学生表示不相信时，教师将汤匙放入清水中，学生惊奇地发现汤匙“变”成了银色。接着，教师再将鸡蛋放入水中，鸡蛋也“变”成了银色。最后，教师揭示实验的原理：炭黑隔绝了水中的汤匙和鸡蛋，形成了一层空气膜，造成了光线的全反射。这个实验以趣味的形式激发了学生的学习兴趣，通过他们自己的尝试和努力，积极主动地探索全反射的发生条件，使教材中的知识变得生动活泼。

三、高中物理生活化教学途径

（一）利用学校课堂进行教学

课堂教学是教学的基本形式，教师作为教学的主导力量，在课堂教学中扮演着至关重要的角色。为了提高课堂教学的效果，教师需要对课堂活动进行有效的组织和划分，确保物理教学的高效和顺畅。首先，教师需要提升对课堂的掌控能力。课堂教学是一个充满变化的过程，涉及师生互动、视频展示、科技引入和趣味生活实验等多个环节，可能会出现许多无法预见的问题。在这种情况下，教师需要迅速适应，根据实际情况灵活变换教学方法和表达方式，引导学生将注意力从次要或无关的问题上转移开，集中在关键知识点上，确保教学活动能够按计划进行。其次，教师应及时收集和反馈课堂信息。课堂活动涉及师生之间的情感交流、生活经验和认知信息的互换，教师需要敏锐捕捉这些有效信息，根据反馈的问题来优化物理教学，提升课堂教学的成效。最后，教师应关注课堂对学生生活的激励作用。高中物理课堂不仅旨在传授基础知识，还应是培养学生科学思维和综合能力的场所。教师的鼓励和认可，可以激发学生主动探索物理知识的热情。

（二）采用校本课程开发教学

校本课程是根据地方发展的需求，为了彰显地方特色而创设的教学内容，它是一种重视学生兴趣和学校特点的辅助性课程。高中物理校本课程的开发与利用，旨在满足学生科技和创新意识培养的紧迫需求，同时也有助于保护和合理使用教育资源，提升师生素质。校本课程的开发涉及对传统教学体系的重新整合和调整，使其更加符合学生的实际需求，在适应生活方面展现出更大的灵活性。教师可以利用校本课程的内容，将物理知识、科技创新与当地的经济和文化特色相结合，从而促进学生的个性发展。在物理课程的选择和组织方面，教师应确保课程具有针对性、综合性和可操作性，以适应学生的心理发展，积极构建学习共同体，推动学校文化和精神的建设。

（三）通过第二课堂延续教学

为了使学生不仅仅在课堂和考试中运用物理知识，需要打破物理课堂的边界，超越课堂教学在地点和时间上的局限，加深学生对物理知识的理解。这可以通过在课堂之外进行教学活动来实现，即所谓的第二课堂教学。在内容上，第二课堂教学虽然基于教材，但不受教材的局限；在形式上，它具有灵活性、多样性和丰富性，既是对物理课堂内容的加深和扩展，也是素质教育和终身教育中不可或缺的一环。教师可以组织学生参与课外活动，如进行课外实验、科技产品研发和社会实践等，以此来弥补课堂教学中社会实践性的不足。在开展第二课堂教学时，教师应确保教学目标明确，根据学校的实际情况和活动内容，加深学生对物理知识的理解，同时锻炼他们的实践能力和培养他们的创新意识。

四、高中物理生活化教学策略

为了促进学生对物理知识的运用，对未来生活采取积极的态度，加强综合技能、培养创新思维能力，下面从教学观念、教学资源、教学流程三个方面给出生活化教学的相应教学策略。

（一）教学观念生活化

教学理念引领教育行为。教师的教学观念是其精神指南，是教育实践的准则，它支撑着整个教育活动，并在实践中得到验证。为了实现生活化教学，明确的教学观念是顺利进行教学的基础。教师需要认识到教育不仅仅是高效地传授物理知识，更重要的是要结合学生的实际生活背景，激发他们的内在动力，使他们在学习物理概念和规律的同时实现自我价值。此外，物理课堂应基于不同环境和知识背景的个体之间的交流，以实现双方的共同进步和协调发展。为了顺利实施生活化教学，应从学校和教师两个层面出发，帮助教师形成生活化教学观念。

1. 学校支持生活化教学

学校管理中的激励功能至关重要。学校管理者应引导师生设立生活化教学的目标，帮助他们深刻理解目标实现的可能性，明确目标的社会价值，并提供全面的管理支持，使师生在认同的同时坚定信心，向目标迈进。具体措施包括：

（1）鼓励教学方法创新

学校的创新和创造性培养不可忽视。管理者应创造有利条件，定期对教师进行培训，通过专家指导、建立教学技能竞赛平台、合理规划常规工作等方式，引导教师提升创新业务能力。鼓励教师设计创新性课程、讲授创造性技法和思维策略、学习创造性心理学知识。此外，学校还应开设发散性思维训练和自我设计与发明创造课程，培养创新型教师队伍，倡导民主教育和管理，通过头脑风暴、自由联想技术、思维转换法培养教师和学生的创造性思维和人格。

（2）教师评价机制多元化

管理者应实现评价途径的多样化，结合形成性和终结性评价，不以学生成绩作为评价教师教学水平的唯一标准。评价主体应多元化，以自评为主，同事、学生、家长等共同参与为辅。评价内容应生活化，从职业道德、对学生研究、教学设计是否能引导学生创新等方面入手，旨在促进教师成长。打造高效课堂，培养适应社会发展、具有终身发展所需各项能力的学生。

（3）建立生活化物理资源库

每个人都有独特的经历，每段经历都有不同的收获，每位物理教师或多或少都会积累一些生活化教学的素材和感悟。但由于各种原因，教师个人完善生活化教学资源往往具有片面性。为了更好地实施生活化教学，学校应汇集各方素材，补充积累资源，建立物理学科生活化的资源库。鼓励开发生活化课程资源，补充、积累、提升教师意识，构建知识体系，打造精品资源库。加强校内教师间、不同学校教师间的交流探讨，帮助开发水平较低的教师，提高教师整体开发水平。

2. 教师促进生活化教学

高中物理试题设置利用丰富的材料信息、灵活的试题要素和广泛的试题材料来源，以真实物理情境为主，注重深化对学生基础知识、综合分析能力、逻辑推理能力和信息获取能力的考查。

在日常生活中，教师要关注学科动态、重视现代信息技术发展、关注社会重大事件，搜集现代科技进步的相关信息，增强自身的知识储备。在课堂上对物理知识进行补充和拓展，同时鼓励学生在课外阅读相关书籍，开阔视野，扩大知识面，为学生的创新能力提供养分。

在教学中，教师要遵循教育规律，避免死记硬背和题海战术，重视对学生人文精神的培养，找准美育、物理学史、保护自然等方向的切入点。通过“生活化物理”讲座、辩论会等形式，直观反映生活与物理的联系，简述物理学在各个行业中的前景，帮助学生把握生活的本质规律，更加科学、客观地对待生活中的物理现象。引导学生最终回归教材、回归生活。此外，教学中需要突出学生的教学主体地位。如果说问号是开启任何一门学科的钥匙，那么主观能动性则是会打问号的关键。在定式思维下，学生很少在生活实际中联想到所学内容，也很难运用科学依据解决实际问题。若想学生真正投入生活化教学中，教师要尊重学生的主体地位，积极营造情境，建立起师生平等交流的平台。教学初阶就要求学生明确物理学习的重要性，从根本上提升学生的积极性，利用其主观能动性来施行“愤、启、悱、发”，实现思、学、行的良性循环。教学中多挖掘日常生活中熟知的案例，尊重不同意见，鼓励学生间相互协作，充分利用物理知识进行讨论和解释，在深刻体会物理源于生活的同时，培养合作精神。

在教学环境的创造上，教师要打破认知界限，注重教学环境的灵活性塑造，既要面向现代化，又要面向世界和未来。加强教学认识，有效利用社区、自己和学生已有的生活经验，注重经验与教学内容的衔接，注意物理知识、教学方法、物理情感的有机结合。

注重引导学生关注科技前沿和学科进展，引导其学以致用，在教学回归生活本源的同时，降低物理学习难度。

（二）教学资源生活化

物理教师的知识应既专精又广泛，这不仅是因为科学知识日益融合和渗透的要求，更是因为高中学生多方面发展的需要。教师的知识应具备丰富性和实践性，以体现物理教师的个人特质和智慧。正如俗话所说，“工欲善其事，必先利其器”，教师应具备一定的研究能力和发现能力。教师应利用教材、生活实践和网络资源来深化自己的专业知识，建立自己的教学资源库，拓宽生活化物理课堂的广度，并在实践中逐步完善。

接下来，笔者将从教材、社会、网络三个方面对教学资源进行详细分析。

1. 教材素材生活化

高中物理教科书是《普通高中物理课程标准》的进一步展开和具体化，是教师进行教学的主要依据。新课改提倡“用教材”教，这就要求教师熟练掌握教材内容，撷取相应资源。以人教版高中物理必修教材为例，按照必修第一册、第二册、第三册的章节顺序，将教材中的生活化素材分为日常生活类、自然类、活动类、科技类、人文历史类五大类。这些素材通过问题、图片、实验、习题、正文、旁批、科学漫步、拓展学习、STSE 等形式呈现，旨在帮助学生体会概念的形成、规律的由来，并激发学生的创造性思维。

2. 社会资源生活化

生活中的物理现象能够促进社会发展，在人类发展史上起着不可替代的作用。教师应尊重物理知识来源于生活这一特点，将物理教学与现实生活紧密贴合，以生活情境来构建教学内容，使教学过程成为生活的小过程。同时，引导学生积极观察生活，将生活与物理类比，建立关联模型，将物理课堂的科学探究延伸到课外。通过适当设置情景，可以激起学生的学习情绪，提高学习体验，引起情感共鸣，实现施教、受教两者双向构建，获得最佳教学效果。

3. 网络资源生活化

在大数据时代，信息和知识大幅增长，数字化教育资源的开发成为物理课程资源与信息技术资源整合的重要内容。网络课程资源使用方便快捷，如慕课、微课、虚拟实验平台、仿真实验等，能够快速实现微观过程的宏观化、危险物理实验的真实化、大范围实验的微缩化以及抽象物理现象的形象化。教师通过这些资源来拓宽视野，提升专业素养，避免花费大量时间去摸索，还能引导学生以一种自然的方式对待信息技术，将其视为获取知识的工具和媒介，最大限度发挥个性，提高接受、整合信息的效率。

总之，物理教师的知识不仅要“专”，而且要“博”，这样才能更好地服务于教学，满足学生多方面的发展需求。

（三）教学流程生活化

物理学科的内在联系性很强，然而，在有限的教学时间内，若不能有效地吸引学生的兴趣并鼓励他们主动参与，那么即使课程内容再充实，学生的学习成效也可能不尽如人意。有研究指出，当学习内容与学生的日常生活紧密相连时，学生更倾向于自发地投入学习。物理学与人们的日常生活有着密切的联系，学生的个人经验、实际操作知识、情绪状态以及认知方式都可能对他们对物理概念的理解和掌握产生影响。因此，在物理课程的导入环节，应当利用与生活息息相关的实例来激发学生的兴趣，并缩短师生之间的心理距离。可以通过设计引人入胜的问题、运用科技工具、进行生活化的实验等方式来构建教学场景。课程的引入应当简明扼要，利用学生熟知的生活实例来进行说明，避免机械地套用理论和使用难以理解的表述。

1. 问题情境的生活化

“好的课堂效果需要在师生互动中产生”，在“预设”阶段也要注意师生间的沟通。教师应从学生的兴趣出发，设计贴近生活的情境，将问题融入生活常识，引导学生积极提问和思考，创造轻松、活泼的学习氛围。课堂提问应包括设问、提问、候答和反馈四个环节。设问时，应创造学生熟悉且感兴趣的情境，以吸引学生的注意力。问题应多角度，但不空洞抽象，注意选择合适的范围。应设计至少两个容易解答的问题，让学生获得成就感，激发其深入探索的热情。问题的设置应具有探索性，层层递进或由果推因。

提问是课堂问答的起始环节。提问可以采取封闭式或开放式，使用“正提法”“迂回法”“诱导法”“追问法”“设问法”“错问法”等方法。提问时应给学生充分的思考时间，遇到难度较大的问题时，应逐步引导，将需要回答的问题分解为若干子问题，通过解决这些子问题从而最终解答目标问题。提问有多种形式，面对多个概念原理时可以设计类比式提问；在为不同层次的学生创造尝试探索的机会时，可以设计挖掘潜力式提问；为激起学生的学习兴趣，可以设计创设情境式提问；当问题具有一定难度时，为充分调动学生的积极思维，可以设计适当提高式提问。

候答时，要关注学生是否遇到思维障碍，如果发现学生思维受阻，教师应及时引导。面对疑难问题时，提问应具有双向性，启发学生思维，激发学生去疑问、追问、深问，在提问和候答的互动中调动学生思考，掌握物理知识。面对回答漫无边际、东拉西扯的学生，教师应适时调整，改变学生的关注点，给予启发性指导。

反馈是教师对学生的回答做出的反应。教师应帮助学生发现自己解答过程中的错误和偏差，理清思路，便于及时正确地归纳和总结经验。教师应鼓励学生从多角度提出假设，以免思路过早局限于某一方案。

2. 技术手段的生活化

心理学家研究表明，人类对外来知识和信息的接受通过各种感觉器官相互配合实现，其中视听占所有感官的94%。随着VR虚拟教学技术的逐步成熟，VR仿真实验逐步走进现代化教室。VR仿真实验以最少的器材投入，突破时空限制，通过数字建模的方法模拟现实情境，再对模型进行美化，给学生营造身临其境之感。教学中可真实再现实验过程、空间运动等情境，最大限度调动学生对物理学科学习的积极性。在教学时，可以通过VR的虚拟技术手段，将抽象的物体全方位地呈现在三维空间中，让学生仿佛置身于真实环境中。对于安全系数不高的实验，如原子核聚变、裂变，可以进行仿真模拟，让学习者观察到实验发生的整个情景。但需要注意VR技术并不是任何课程、任何知识点都可以采用，它的使用具有一定条件。另外，在教学中要注意对教学目标和学习者特征进行分析，注重教学资源设计场景中色彩的搭配、整体的色调以及风格。

信息技术的使用对当前教育的变革和发展起着积极的推进作用。随着教学模式的更新换代，新型教学模式如“微课”也逐渐兴起。微课的核心组成部分为时长5~8分钟的教学视频，相对于较宽泛的课堂，微课问题聚焦、主题突出，近距离视觉冲击方便学生观察，可以营造一个真实的“微教学资源环境”，使得学生印象深刻。

3. 实验制作的生活化

实验是检验物理理论的唯一途径，物理实验是探索物理学科的基础方式和根本途径。在课堂教学时，教师可以采用生活化实验、改进物理实验，借助生活物品培养学生自主动手设计实验的能力，“手脑并用，教学合一”。生活小实验的穿插，能帮助学生认清物理现实，降低物理知识的理解难度，发散思维，延伸课堂内容，提高实验教学质量。

教师还可以利用常见的生活物品制作成教具，通过这种神奇操作，极大程度调动学生的求知欲。

在选取高中物理生活化实验素材时需要注意以下几点：①安全性。安全是物理实验过程中必须遵守的首要原则。操作行为和程序步骤要规范，实验前教师应全面要求学生注意实验安全，在涉及电学、压强等实验时，要规范学生操作。②操作性。实验选材尽量贴近学生生活，选择生活中易得的可操作性物品。③探究性。实验内容尽量处于学生最近发展区，以引起学生做知识探究的兴趣。

4. 课堂作业的生活化

课后作业的生活化设计应以课堂知识的掌握为基石，以深化物理概念的探索为目标，同时考虑学生的最近发展区，尽可能提供创新和实践的机会，鼓励学生主动运用物理知识分析和解决实际问题。在布置作业时，可以根据学生的具体情况，设计体验性、调查性、练习性的作业，以促进学生能力的全面发展。

体验性作业侧重于在真实环境中让学生亲身参与、感受和交流。这类作业包括实验、制作、趣味、表演和分享等形式。由于实验设备和课堂时间的限制，不是所有学生都能直接参与实验。为了确保每个学生都有动手的机会，教师可以建议学生使用家中常见的物品进行实验，从而让那些未能参与课堂实验的学生也能体验到实验的乐趣。

调查性作业是在学习某个物理知识点后，通过布置问卷调查，给予学生一定的时间，让学生选择自己感兴趣的领域进行调查。调查的内容可以是物理学家的生平、趣事、贡献等。教师可以选择适当的时机举办分享会，让学生分享他们的调查成果和经历。

练习性作业是通过设计贴近生活的课后习题，来巩固学生的物理知识。在布置作业时，应确保基础知识的稳固，引导学生首先研究教材中的案例和针对性的练习题。在基础知识牢固的基础上，再对练习题进行适当的调整，将物理知识从书本文字中解放出来，融入更多的生活化元素。生活化的练习性作业应做到：尽可能使用原始的物理问题、在创设物理情境时结合时事、情境描述要清晰准确。

案例 1：为了减少注射恐惧和刺伤风险，2021 年 8 月，北京推出了儿童无针“温柔注射”，利用高压透皮弥散技术，仅需 0.3 秒即可完成注射。学习“分子动理论的基本内容”后，教师可以引导学生自行查阅资料，研究高压透皮弥散技术的物理学原理。

案例 2：在学习“光的偏振”之后，教师可以预留作业：5D 影院通过动感座椅和环境特效创造身临其境的体验，即在 3D 的基础上增加了感官特效。那么，3D 电影的原理是什么？3D 电影又是如何制作出来的呢？

5. 生活化的学习评价

对学生学业水平的评估和检测对于教学活动的有效开展至关重要。通过评估，教师可以及时识别并解决课堂教学中存在的问题，这有助于保持师生之间的良好沟通，确保教学目标的顺利实现。教师可以通过评估来反思自己的教学方法和素材的选择，如是否有效地结合了生活实例、课程内容是否与生活紧密相关、所使用的素材是否具有代表性、生活化的实验是否比传统实验更易于理解等。通过反馈，教师可以进一步改进教学策略。学校领导可以通过评估了解教师的教学表现，加强教学管理，并在必要时采取措施。当某位教师的生活化教学取得显著成效时，可以组织分享会，促进经验的交流。学校也应建立高中物理生活化资源库，以支持教学水平较弱的教师。家长可以通过孩子的学业反馈了解孩子的学习状况，并在生活中提供支持，监督孩子的学习。有条件的家长可以利用社区资源，结合自己的生活经验，帮助孩子将物理知识和情感融合，增进亲子关系，减少孩子对物理学习的恐惧。学生可以通过评估获得反馈，调整学习策略，同时帮助基础薄弱的学生明确其是否完成了学习任务，激发对未知领域的好奇心和探索欲。

评估应采取多种有效、灵活、多样的形式，如试题、提问、作业、笔记检查、合作解决问题、自主设置并讲解问题、生活化测试等。评估内容应全面，既能反映学生对知识的掌握和运用，又能反映学生的认知结构；评估应避免过于抽象的题目，力求通俗易懂，注意难度梯度的设置，以培养学生的自信心；评估内容应与实际生活联系，注重培养学生的创新能力，鼓励学生不拘泥于书本上的结论和教师的解题方法，提出新颖或独特的见解和解决问题的方法。

第二章　物理课堂教学的基本理论

第一节　物理课堂教学的情景创设

一、物理课堂教学情景概述

（一）情景与教学情景

1. 情景

“情感”涉及情感或情绪，而“景象”则指代周围的物体或环境。将两者结合，可以理解为一个能够激发人们情感波动或情绪变化的外在实体。对“景象”的理解不应局限于自然环境中的景色，它同样可以包括声音、视频、动画、实验现象等。

情境是以学习者熟悉的事物作为参考，帮助他们将需要探究的概念与自身经验相结合，并引导他们运用这些经验来掌握知识。乔纳森在其著作《学习环境的理论基础》中对情境做了这样的阐述：“学习环境”是教学的新隐喻，这个新隐喻之所以产生是因为 21 世纪对人才的新要求，新的时代要求学生拥有“适应性专长”，也就是说以创新型的专家思维方式识别和解决真实的问题。

2. 教学情景

教学情景是指在教学中营造的一种充满情感色彩的氛围，文科教学中常提倡“情景交融，寓情于景”，旨在提升学生的审美情趣。而在物理教学中，情景的运用则是为了帮助学生掌握知识，发现物理模型与实际生活的关联。在课堂上，教师使用的任何能引起学生共鸣、激发学习兴趣的情景或物品，都可以视为教学情景。教学情景的形态多种多样，根据不同的分类标准，可以分为不同的类型。每位教师在课堂上采用的教学情景也各不相同。然而，它们都有一个共同的目标，即提高教学效果，激发学生对物理学科的热情，并有助于提升学生的综合能力，如语言表达、模型构建、实践操作等。

（二）情景创设

“情景教学”涉及利用外部环境与学生内心情感产生共鸣的教学策略。这种环境可能是人工制造的，也可能是自然发生的。情景越是具体形象，其效果越显著。它主要是一种充满情感的活动，通过生动形象的情景激发学生的学习热情，从而作为一种有效的教学方法。这是百度百科对情景教学的阐释。

情景的构建是教师有意识地为了提高教学效果，在教学过程中创造的一种有利于学生理解和记忆的生动场景，这包括使用生活中的物品、景色等。情景构建的目的是引起学生的情感共鸣，将抽象的知识与身边的生动场景相结合，将知识转化为场景，通过场景来建立知识模型。例如，在讲解互感现象时，学生可能会感到概念抽象难懂，但许多学生都见过无线充电器。教师可以提问学生无线充电器是如何工作的，如果有条件，甚至可以展示一个无线充电器，让学生直观地理解互感现象就在他们身边。这样的生活情景展示使得抽象的知识变得简单有趣。

从心理学的角度来看，情景教学能够促进学生情绪的积极表现，加深对物理知识的记忆，并让学生在轻松愉快的环境中高效学习。这种教学方式确实能够引起学生的共鸣，从而实现教育效果的最大化。如何创造并合理地将情景应用到有限的课堂时间内，是教师们需要不断研究和探索的问题。

（三）情景创设的特点

（1）形象化。情景并非实体的精确复制，而是一种简化的模型。它可以是与实际物体相似的图像或视频，也可以是日常生活中的简单器材。例如，通过滑雪问题来理解斜面原理，或者通过电梯中的称重问题来探讨体重减轻和超重的概念。这样的情景设置让学生感受到物理知识就在他们的日常生活中。

（2）意味深长。情景教学使用的通常是富有象征意义的日常场景，旨在激发学生的学习热情。通过教师的语言和动作，将这些情景融入教材内容。这种方法为学生提供了广阔的想象空间，使他们的思维更加开阔，课堂上能够自然而然地投入学习，感觉学习永无止境。

（3）知识、情感、思维和行动的融合。不同的课堂应该采用不同的教学情景。教师可以通过展示生活场景、播放图像视频、扮演角色、语言描述等方式，将学生引入特定的情景，让他们在情感上有所起伏，情绪上受到感染，从而克服困难和障碍，积极地进行实践。这样，知识、情感、思维和行动就能融为一体，而不是孤立存在。

（4）针对性强。情景教学具有直观、趣味和生动的特点，能够激发学生的参与和学习欲望，符合青少年的心理特点，解决了理论脱离实际的问题。这种教学方法克服了传统教学针对性弱的缺点。因为它能激发学生的学习热情，所以针对性较强，教师可以更容易地发现问题并及时掌握教学效果。例如，在教授自由落体运动时，可以使用频闪照相机进行演示，如果学生不理解这种仪器，教师可以迅速发现问题并提供针对性的指导。

（5）时效性强。情景教学能够跟上时代的步伐。例如，使用当前的热点新闻作为教学背景，需要不断更新教学内容，解决了传统教学内容过时的问题。情景教学还能促进学生实践能力的发展。例如，在讲解闭合电路的欧姆定律时，可以通过实验创设情景，让学生亲身体验身边的物理知识，在实验室动手操作，亲自测量数据来计算电池的电动势和内阻，理解电动势和内阻的意义，这会让学生在学习时更有成就感，从而更加热爱学习物理。如果欧姆定律的内容讲解完很久才让学生去感受电池的电动势和内阻，学生可能会遗忘知识，因此，及时创设情景并完成实验就能克服这些问题，体现了教学的时效性。

二、教学情景的分类

教学情景是指教师在教学过程中为学生创造的一种特定环境或场景，以帮助他们更好地理解和掌握知识。教学情景的设计是教学活动的重要组成部分，能够引导学生深入思考、激发学习兴趣，并增强知识的应用能力。根据不同的分类标准，教学情景可以分为多种类型，如实体情景、虚拟情景以及虚实结合的情境等。

（一）通过故事和历史创造的教学情景

通过讲故事的方式，在物理课堂上不仅能够有效吸引学生的注意力，还能激发他们的情感共鸣。教师通过将物理知识与生动的历史故事相结合，能够使学生在轻松愉悦的氛围中自然地进行学习。例如，教师可以讲述伽利略是如何通过斜塔实验验证自由落体的加速度的，从而让学生对自由落体现象产生更深刻的理解。故事还可以设定悬念，通过逐步揭示物理规律，让学生带着好奇心和期待参与到后续的课程中。这种教学方式不仅能激发学生的兴趣，还能帮助他们形成对物理学科更深层次的理解。

（二）使用视频和图像创造的教学情景

多媒体技术的发展为课堂教学提供了丰富的资源，特别是在物理教学中，利用视频和图像可以让学生更直观地感受到抽象的物理概念。例如，重力的作用可以通过播放自由落体实验视频加以展示，分子运动的概念可以通过显微镜下的动态图像来解释。相比传统的文字描述或口头讲解，视觉内容更具冲击力，不仅能够帮助学生清晰地理解物理现象的过程，还能够通过形象化的演示强化他们的记忆。这种情景教学方式特别适合处理复杂的概念或实验过程，有效提高了学生的学习效率。

（三）亲身参与活动创造的教学情景

物理学科的学习离不开实践，动手操作是帮助学生掌握理论知识的重要手段。教师可以通过设计小组实验、动手制作物理模型等活动来增强学生的参与感。在课堂上，学生亲自进行实验，观察现象，记录数据，能够加深对物理概念的理解。例如，学生可以亲手搭建简易的电路，通过实验探究电阻、电流和电压之间的关系。在这种情景中，学生的学习不再是被动的知识接受过程，而是通过实践亲身体验，培养了自主探索和解决问题的能力。这种参与式的教学情景不仅能培养学生的实验技能，还能提高他们的团队合作意识。

（四）利用本地特色创造的教学情景

中国各地的自然和人文环境各具特色，教师可以利用这些地域差异来设计与学生生活实际相关的教学情景。例如，在北方地区，教师可以结合冬季的冰雪现象讲解热力学和相变知识；在南方水乡，教师可以利用当地丰富的水资源来解释流体力学的原理。这种教学方法能够使学生将课堂知识与自己熟悉的生活环境相联系，增强学习的现实感和趣味性。在这种情景下，学生不是被动接受知识，而是主动参与到对物理现象的观察和分析中，极大地提高了他们的学习动力。

（五）利用实时热点新闻创造的教学情景

新闻热点常常涉及一些科学知识和社会事件，教师可以利用这些素材来创造与学生现实生活相关的教学情景。例如，近年来频繁的极端天气现象为讲解大气物理提供了生动的案例。教师可以结合台风、暴雨等新闻事件，讲解气压变化、风速计算等物理概念。通过将理论知识与实际事件相结合，学生能够更容易理解物理现象的实际意义，也能够增强对物理学习的兴趣。这种教学情景贴近现实，能够有效地激发学生的学习动力，使物理知识变得更加生动和具象化。

（六）通过问题创造的教学情景

提出问题是激发学生思维的有效方式之一。通过设置问题情景，教师可以引导学生自主思考和探索物理规律。例如，在讲解牛顿第二定律时，教师可以通过提出“为什么重载的卡车比轻载的汽车需要更长的刹车距离”这一问题，引导学生从力学原理入手，逐步得出答案。通过问题驱动的教学，学生能够在解答问题的过程中对所学知识进行系统化整理和加深理解。这种教学情景不仅有助于提高学生的逻辑思维能力，还能培养他们自主解决问题的意识与能力。

综上所述，教学情景的种类繁多，不同类型的情景各有特点和适用范围。教师应根据教学目标、课程内容以及学生的具体需求，灵活应用各种情景教学方法。通过多样化的教学情景，学生能够在丰富多彩的学习环境中获取知识，促进理论与实践的有机结合，从而提升综合素养和解决实际问题的能力。

三、情景创设应用的理论基础

（一）情景创设与心理学

情绪心理学研究揭示了积极情绪对个体认知活动的促进作用，它能够使个体处于一种乐观、满足和愉悦的状态，这对于个体的成长至关重要。情景教学旨在激发学生积极的情感体验，以提升和维持他们对学习的热情。在认知和情感系统的相互作用下，认知起到操作作用，而情感则提供动力，两者相辅相成。心理学家詹姆斯研究发现，情绪状态对活动效果有显著影响。因此，在积极健康的情绪情景中学习，可以丰富学生的认知活动，提高学习效率和记忆力，进而加强记忆的巩固。情景教学能够引发学生的学习兴趣和探究欲望，教师需要将抽象概念与现实生活相结合，以激发学生的探究热情，使他们的学习情绪保持在最佳状态。

（二）情景创设与教育学

教育家陈鹤琴的生命教育理论强调教育与现实生活的紧密联系，教育的目标是培养学生成为有理想的中国人。正确的教育对学生的成长至关重要，它不仅教授基本礼仪和生活技能，还培养学生的良好习惯，为他们的未来打下坚实基础。教育应该关注并开发环境，利用周围的事物或情景来激发学生的潜能，培养出全面发展的人。高中物理教学不仅是传授知识和技能，更重要的是培养热爱国家、生活积极向上、不断学习的新时代人才，为建设科技强国奠定基础。通过将历史融入物理课堂，如探讨人类对科技的长期探索和我国在近代科技发展中的挑战，可以激发学生对物理的热爱和探知欲望。

（三）情景创设与中学教育

英国学者霍恩比在《结构词汇和句型教学》中阐述了如何在教学中运用情景教学法，他认为活动情景的加入可以提高课堂教学效率。自 20 世纪 90 年代起，情景教学法已被广泛引入英语教材。随着教育的发展，情景创设的教学模式逐渐成熟和完善。例如，希拉里·麦克莱伦在 1996 年的《美国教育技术》专栏中发表了关于情景教学的观点，该书涵盖了情景教学理论和实践的研究，并逐渐被教育研究的各个领域学习和应用。

教育是一项长期而复杂的工程，学生的全面参与会直接影响教学效果。李吉林认为，情景教学应该是真实、深远和有思想的，它带领学生进入情景、感受情景、分析情景，表达美感、热爱情景，让学生感受美、热爱美。因此，改革物理课堂势在必行，人才培养必须注重方法和学生的长远发展。鼓励教师创造有“问题”的情景，通过问题提问来发现学生对知识的掌握程度，这是培养学生能力的一个有效方法。由此可见，高中物理课堂迫切需要创设情景教学方法。

四、情景创设的标准、策略及应用流程

（一）情景创设的基本准则

尽管日常生活中的各种景象和物品可以被物理教师精心设计和改造，成为课堂上的教学情景，但物理作为一门自然科学，其对学生能力的培养与其他学科有所不同，因此，情景创设应遵循以下准则。

（1）启发性。教育的核心不仅在于知识的传授，更在于培养学生解决问题的能力和挖掘他们的内在潜力。在构建教学情景时，必须确保这些情景能够激发学生的探索欲望，满足他们迅速寻找答案的需求。

（2）真实性。评价一个学生是否优秀，不应仅看成绩，而应看其综合能力和品德。物理教学旨在引导学生认识世界规律，但教师的言行也在潜移默化中影响着学生。因此，情景创设应尽量贴近现实，避免虚构不合理的情景。在真实的客观事物面前，学生能够产生共鸣，感受到物理知识与生活的联系，并培养实事求是的态度。

（3）共赢性。个人的智慧有限，团队合作则能产生更大的效能。情景创设应鼓励合作共赢，通过小组合作学习，让学生在交流、探讨和竞争中共同克服学习难题，提高学习效率。

（4）思考性。大脑在持续思考中得以发展。如果课堂只是教师单向传授观点，而缺乏学生的思考，那么这样的课堂是失败的。教师应创设能激发学生思维的情景，提出略高于学生现有知识水平的问题，引导学生积极思考。这样的教学能促进师生共同进步，达到良好的教学效果。

（5）和谐性。和谐不仅是美的体现，也是舒适关系的象征，更是轻松活跃的物理课堂氛围。在情景创设中，应营造轻松和谐的课堂氛围，使师生心情愉悦，这有助于知识的吸收和学生对美的追求。

（6）层次性。学生的学习是一个从简单到复杂的渐进过程，不同学生的能力有差异。为了更好地适应不同学生的学习需求，情景创设应以学生的实际水平和认知能力为基础，构建有层次和梯度的问题，并考虑问题之间的衔接。

（二）情景创设的策略

在中学物理教学中，将理论知识转化为学生解决实际问题的能力是一项挑战，每位教师都需要根据不同的知识点设计相应的物理情景，以帮助学生理解和掌握知识，并将学生的日常生活与书本知识相结合。这种结合只有通过出色的物理情景创设才能实现，它能够激发学生的学习热情，从而提高教学效率。然而，目前许多中学存在过分强调理论而忽视实践的现象，导致许多学生由于缺乏有效的学习情景而难以学好物理，甚至产生厌学情绪。因此，在中学物理教学中，创设适宜的物理情景至关重要，这也是教师不断提高教学水平的一个有效途径。

1. 用故事创设情景，激发学生的学习兴趣

将故事与生活相联系，让生活成为故事的体现。大多数中学生喜欢听故事，教师在课堂上讲述与学习内容相关的故事，可以减少学生对薄弱学科的不安，提升对物理的兴趣，并激发他们的求知欲。通过物理故事来创设情景，可以使学习氛围变得轻松，让学生拥有良好的学习情绪；它能唤起学生探索物理规律的欲望；它可以为学生设置悬念，引发好奇心和困惑，进而激励学生积极思考以寻找正确答案，让学生在课堂中找到归属感，帮助营造一个独立思考的课堂环境。用故事创设情景可以分为以下两种：

（1）利用耳熟能详的故事创设物理教学情景。在创设情景时，教师可以用学生熟悉的故事，无论是真实发生的还是虚构的，都可以创造一种愉悦的氛围，并包含物理知识和规律，让学生在不知不觉中轻松地学习到知识。因为故事源于生活，所以能够引起学生的共鸣。例如，在班会课上，教师有时会讲故事，有时会引用生活中的真实事件，发现学生听得更认真，授课效果也更好。物理课也可以采用类似的方法。

案例 1：孙悟空和猪八戒比“重量”

教师可以利用学生熟悉的故事背景，创设新颖的虚拟情景，如“孙悟空与猪八戒比重量”。孙悟空和猪八戒站在体重秤上准备比重量。猪八戒说：“猴哥，让我们比谁重一些吧！”悟空的体型比八戒小得多。突然，孙悟空带着体重秤竖直向上飞了起来，体重秤上的示数比猪八戒的还大。猪八戒不解地道：“难道你刚才胖了一会儿吗？”当悟空带着体重秤竖直向下飞时，上面的示数又下降了，八戒觉得更难理解了。当然，八戒的不解也是学生心中的疑惑，西游记中的人物是每个学生耳熟能详的，带着疑惑，教师可以引出超重和失重的概念，这样的故事有趣新颖，能极大地吸引学生的注意力。

案例 2：龟兔赛跑故事中的物理知识

龟兔赛跑是一个大家耳熟能详的故事，很多学生在幼儿园或小学时听过，大家都知道最后乌龟赢了。在这个故事中，蕴含着怎样的物理知识呢？教师可以让学生有感情地朗读故事，然后引出平均速度、瞬时速度、位移、时间等运动学物理量，解释乌龟赢了是因为它的平均速度大，兔子的瞬时速度虽然大，但是中途睡了一觉，花了更长的时间，所以最后它的平均速度比乌龟的平均速度小，因此兔子输了。由此情景还可引导学生画出 v-t 图像，或者还可求加速度等物理量。在童年故事中学了物理知识，相信很多学生会感受深刻，也会从中得到教育：无论做什么事情，踏实才能成功，甚至反超。

在讲故事的氛围中点燃学生的求知欲望，让课堂气氛轻松活跃。当然，在用故事创设物理情景时，要注意引入问题，点燃学生的思维火花。不能把物理课上成故事课，不能在讲故事时占用大量的课堂时间而导致课堂教学目标完成不了。要知道故事是为课堂教学服务的。情景的创设方式要根据教学内容和教学实际而定，故事可以是自创的，也可以是通过其他途径搜罗到的。

（2）历史情景的创设，体验人类文明的进步。物理学的发展历程，即物理学史，蕴含着众多引人入胜的故事。教师可以通过生动的叙述，向学生展示科学家们的经历、科学发现的过程以及科学发明对人类社会的贡献等。首先，这些物理学史的讲述可以激发学生对科学家的崇拜，学习他们严谨的思维。其次，它有助于学生对物理知识的深入理解。通过重温物理学家发现定理定律的过程，学生可以更好地应用各种概念、定理和定律。最后，历史故事可以让学生感受到文明的进步，认识到人类进步的艰辛，比如没有法拉第等人的贡献，就没有人们现在便捷美好的生活，也可以让学生认识到学习科学知识的重要性。

案例 1：中国电学发展的初期

在西晋时期，张华在《博物志》中记录了两种静电现象：夜晚用梳子梳理头发时，梳齿尖端的放电亮光和微弱的放电声；晚上猛脱毛皮或丝绸衣服时，也能看到闪光和听到声音。张居正曾描述过衣物的静电现象。中国作为丝绸之乡，古人对这种静电现象非常熟悉。唐人还发现了静电火花，宋代人发现孔雀毛有静电感应现象。汉代王充以雷电烧焦人的头发、皮肤、草木等为例，证明雷电的本质是火。18 世纪，富兰克林冒着生命危险证明天空中的闪电与地球上的琥珀电一致。这些历史情景可以作为高二电学学习的初步引入，让学生了解摩擦起电的现象，感受古诗文的美妙，并在物理课堂上简单翻译古文，实现学科间的联系。电场知识抽象难理解，以中国古代对物理学的探索作为情景引入课堂，并配以图片、视频，或让普通话好的同学以讲故事的方法讲出来，可以让学生感受华夏人民的智慧，认识到因为他们的不断探索，才有人们现在的便利生活，也可感受到学习的幸福感。

中国有着五千年的悠久历史，在物理学的理论和实践方面取得了卓越的成就。《墨经》中对光学、力学有描述；《天工开物》中关于简单机械有记载；《考工记》中记载的关于工程技术等，即便在科技发达的今天仍具有参考价值。指南针、火箭、石拱桥等都是中国最早发明的。教师需要在平时积累经验，让学生了解祖国灿烂的古代文化，激发民族自豪感。

案例 2：奥斯特和电流的磁效应

1731 年，一位英国商人声称闪电过后，他们的刀叉变得有磁性了。1751 年，富兰克林取出莱顿瓶后，发现缝纫机的针被磁化了。电能生磁吗？电和磁在物理中有相似之处吗？这些问题启发了许多热爱物理的人进行研究。1820 年，奥斯特在演讲时偶然将磁针放在与导线平行的侧面，接通电源的瞬间，发现小磁针有轻微的晃动，这正是他所期待的结果，从而发现了电流的磁效应。这些成就的发现虽然在物理教科书中有所描述，但并不详细。教师可以在备课时查阅材料，丰富故事内容，最好用图片和视频进行辅助，使课堂生动有趣；也可以让学生提前预习查阅资料，成为讲故事的主角，效果会更好。

物理学史是一部宝贵的情景库，有物理学家们为了科学呕心沥血的故事，有思维火花碰撞彼此惺惺相惜的伯乐和千里马，也有为了坚持真理付出生命的故事。教师在授课时可以根据课程目标创设合理的情景，让学生在听故事的过程中学习知识，致敬前人。

2. 用视频创设情景，让知识变得直观易懂

现代教学中广泛采用多媒体工具，教师应有效地运用图像、漫画、动画、视频等多种媒体手段，直观地展现物理模型，使知识点的呈现更加生动和具体。这不仅丰富了语言表达的形式，也补充了教材中的视觉素材。通过感官材料的运用，可以将抽象的物理原理和规律转化为形象易懂的内容，这符合中学生的认知习惯，有助于他们更好地掌握物理知识。在情景教学中，教师提出的问题能够激发学生的好奇心，促使他们产生探索的欲望和解决问题的责任感。这些内在动力鼓励学生主动探索、分析信息、筛选和分类数据，最终提出问题的解决方案。根据中学生的认知特点，教师应巧妙地在课堂上创设情景，以激发学生学习物理的兴趣，实现课堂教学效果的最大化，从而提高教学质量。

案例 1：电影片段中的物理知识应用

科幻灾难片《异星觉醒》是一部以国际空间站为背景，探讨宇航员在对火星样本进行检测后发现的科幻故事。影片中涉及了失重、对接、绝对零度、大气压、反冲等多个物理知识点。如果将电影中与物理相关的片段作为课堂教学的情景，学生将对学习物理产生浓厚兴趣，并以轻松的心态学习较为复杂的物理知识，从而达到良好的教学效果。类似的电影片段，如中国的《流浪地球》《无垠的太空》等，都可以作为教学情景，这种教学方法应当被广泛推广。随着时代的发展，教师应拓宽教学资源，将电影片段等多样化的素材融入课堂，提高教学效果。

案例 2：电子游戏中的物理知识应用

《和平精英》是一款广受青少年欢迎的手机游戏，其中包含了跳伞、弹力、惯性等物理知识。教师可以在玩游戏时录屏，将游戏中的情景作为教学素材。例如，游戏中的跳伞视频可以直观地展示跳伞的运动过程，包括加速和减速阶段。游戏中的物理知识不仅限于跳伞，还包括反弹、平抛运动、碰撞等。通过游戏视频的展示，学生可以认识到游戏中也蕴含着丰富的物理知识，从而激发他们学习物理的兴趣。在多媒体教学时代，教师应充分利用图片和视频创设情景，使教学内容更加生动有趣，易于学生接受。

3. 用活动创设情景，加深学生对知识的记忆

知识的积累不仅来源于书籍，还来源于日常的实践和体验。教育的最终目标是让学生能够运用所学知识解决实际问题，因此，在物理教学中，开展课堂内外的活动是非常关键的。通过具体活动来创设教学情景，是培养学生核心素养的有效手段之一。教师应在教学中引入合适、多元、丰富的活动情景，为学生提供体验、感悟、思考和表达物理知识的机会，同时培养他们查找资料和动手实践的能力。

高中物理课堂的活动应涵盖多种形式，如参观、游戏、劳动、创造、表演、观影等，以丰富学生的学习体验。在物理课堂上创设的活动情景，是学生进行探究和学习的重要环境，也是构建高效课堂的关键。在教师的正确引导下，通过猜想、实验、互动、合作、探究和总结，学生能够取得良好的学习效果。

学生天生喜欢玩耍，将活动融入课堂教学中，将知识嵌入活动中，可以让学生在轻松愉快的氛围中学习物理知识。例如，通过拔河、制作“水火箭”等活动，学生可以在玩乐中进一步加深对物理概念的理解。正如冬奥冠军谷爱凌所说：“我滑雪就是为了玩，边玩边比赛才是乐趣。”这种将学习与乐趣相结合的方式，能够有效提升学生的学习动力和兴趣。

（1）用课内外动手活动创设物理教学情景。通过实际活动来构建学习情景，能够有效提升学生的实践操作能力。学生可以全身心地投入学习过程中，运用自己的双手、眼睛和大脑，结合已有的经验和知识，通过观察和思考来克服生活和学业中的难题，从而掌握新的知识。这种教学方法将学习内容融入活动中，学生在活动中乐于探索，因此，学习带来的满足感更强，能够激发学生的学习热情。高中生思维敏捷，这种学习方式非常适合他们。在活动中学习不仅能够提升学生的综合能力，还能锻炼他们的身体。此外，学生在团队合作的活动中学习，体现了合作共赢的优势。

活动创设的物理教学情景涵盖了广泛的领域，不仅限于课堂活动，也包括课外活动。教师需要提前安排任务，指导学生去寻找和实施。

案例 1：角色扮演情景创设

在物理课堂上，学生不仅被动接受知识，还可以通过角色扮演来主动学习。在讲述物理学史时，学生可以预习并编写剧本，在课堂上进行情景剧的表演。例如，在学习《行星的运动》这一课时，学生可以扮演哥白尼、托勒密、第谷、开普勒、牛顿等物理学家，模拟他们在历史上相遇并进行对话，展示各自对科学发展的贡献。学生在表演时可以自由发

挥剧情，但要准确表达物理学的发展历程。这样的活动让学生感受更深刻，比单纯的讲述更有趣。

案例2：体验“千人震”

在学习《互感和自感》这一课时，教师可以组织学生手拉手体验被电击的感觉。这个实验是课本上的经典实验，许多教师都会带领学生进行。对新学生来说，他们可能还没有经历过这样的感觉。教师带领学生一起感受电击，人越多效果越明显。在断电的瞬间，所有手拉手的学生会感受到明显的电击，课堂气氛也会变得非常活跃。当每个学生都有了真实的体验后，他们会充满疑问，例如，为什么开关打开时会感到电击，这是什么原因？带着这些问题，教师引入自感这一知识点，并解释电击的原因：在断电时，由于线圈中的磁通量减小，产生了自感现象，人和线圈形成了一个闭合回路，因此会有电击的感觉。这种全班参与的小实验让课堂变得活跃，也让学生对知识点记忆深刻，从而长久地留在脑海中。

（2）物理实验创设课堂教学情景。活动创设的学习情景不仅限于学生的动手实践，还包括物理实验，这是理论学习的必要补充。理论如果没有实验数据的支持，就显得不够完整。物理课堂与实验是密不可分的，课堂上的演示实验尤其重要，它是教师为学生创设的一种学习情景。演示实验不仅限于课程规定的实验，还包括一些课本上没有的实验，或者教师在备课时自制的教具。

例如，在学习弹力这一概念时，微小形变是一个难以理解的概念。教师可以通过多种方式来演示这一情景。比如，将桌面换成水平的薄木板，当放置重物时，木板会因为弹性形变而弯曲，拿走重物后木板恢复原状，这就是弹性形变的直观表现；或者，在水平桌面和物块之间放一块海绵，就能看到海绵发生明显的形变。此外，还可以利用光的反射来“放大”微小形变。这样，学生就能理解弹力产生的必要条件是发生弹性形变，即使有些形变肉眼看不到，但它们仍然是存在的。

在学习摩擦力的方向时，学生对相对运动趋势和相对运动的理解可能有些困难。教师可以通过使用笤帚进行演示，在推动时，刷毛向后，从而形象地展示静摩擦力和滑动摩擦力的方向。

演示实验的教学效果是不可替代的，但在授课时，一些简单易操作的小实验也很重要。当学生学习物理规律、概念、表达式时，或者对一些抽象的物理问题难以理解时，可以使用身边的物品创设小实验情景，使抽象的知识变得易懂。例如，在讲解斜面问题时，可以使用书籍和文具盒等物品作为斜坡。带细绳的橡皮擦可以用来分析单摆、竖直面内的圆周运动等。在讲述竖直面上的圆周运动时，学生可以找到细线和小球，每个人可以制作一个单摆来观察其运动。学生通过自己的实践获得的深刻体验，比演示实验的效果要好。

教师在利用实验创设情景时，应保持科学的实事求是态度。如果课堂上的演示实验失败了，应与学生一起分析失败的原因，这样的教学效果比单纯的实验成功更好。创设的实验应具有新颖性，不应使用过时的情景。能亲自演示的实验就不应播放视频，因为实际看到的实验现象比视频中的更有说服力。如果可能，最好自制实验器材，并让学生参与制作过程，这样学生就能更深入地参与到知识获取的过程中，达到事半功倍的效果。

4. 用地区特色创设情景，拉近知识与生活的距离

随着中国对教育质量要求的不断提升，如何将生活情景融入物理教学并取得良好效果，已成为广大物理教育工作者共同关注的课题。教育的趋势是让教学与学生的现实生活紧密相连。

物理学与生活密不可分，物理问题往往与人们的日常生活经验相关，是真切可见或可感知的。在学生的经验基础上，传授新知识是物理教学的一种方法。教师应关注学生周围的环境和物品，不断发现有利于物理教学的生活情景。通过生活场景丰富课堂内容，可以营造教学氛围，简化物理概念和规律。

因此，高中物理教师应努力培养学生从生活中发现物理现象的意识，让学生在课堂上积极思考和实践。教师应选择学生熟悉的生活中的事物进行教学，真正实现“见物思理”，将物理教学与生活实际相结合，使物理问题与生活情景紧密结合。

甘肃临夏是一个多民族聚居的地区，以回族为主。20 年前，这里的教育和经济相对落后，很多人没有接受过教育。近年来，临夏开始重视教育，认识到教育的重要性，并开始投资于教育，但由于基础薄弱，需要付出更多努力。临夏的四季分明，拥有独特的自然风光和民俗文化。如果教师能够将这些地方特色融入物理学习中，学生就可以在欣赏临夏美景的同时学习物理。

案例 1：爆米花机中的热学知识

爆米花是学生都熟悉的食物，尤其是农村学生，他们可能小时候就见过老式的爆米花机。在讲述气体的实验定律时，可以用爆米花机作为教学情景，通过图片、视频甚至购买一些老式爆米花来唤起学生的童年记忆，让物理知识更贴近生活。老式爆米花机实际上是一个压力容器，通过它可以看到等容变化和等温变化的物理现象。

案例 2：刘家峡水电站与临夏人民的生活

甘肃临夏的永靖刘家峡有黄河穿城而过，这里有著名的刘家峡水电站，当地人对此非常熟悉。在讲述机械能守恒定律和交变电流时，可以此背景创设情景，告诉学生这就是物理知识在生活中的应用。水电站是能量转化的一个例子，当水往下流时，重力势能转化为动能，动能又转化为电能，这里利用了能量守恒和转化的知识，发出的电是正弦式交变电流。这也可以引出我国除了水力发电外还有其他发电方法，如核电站、火力发电站等，这些例子都体现了能量守恒定律，也让当地学生懂得物理就在自己身边。

通过临夏地区的民族特色情景来设置问题情景，对于物理知识的学习很有帮助。设置的情景因为贴近学生的生活实际，所以大家在学习时有亲切感，而且情景越贴近生活，取得的效果就越好。

5. 用新闻创设情景，激发学生的民族自豪感

随着社会的进步和时代的变迁，学生群体也在不断变化。00 后甚至 10 后的学生面临的问题与 90 后有所不同。如果还按照十年前的教学方法和情景进行教学，这些学生可能无法产生深刻的共鸣。例如，如果教师用农田里劳作的例子来说明问题，一些学生可能根本无法理解，因为他们没有这样的生活经验。2020 年东京夏奥会的成功举办、2021 年“天问一号”绕火星的成功及 2022 年北京冬奥会的成功举办，都是中国向世界展示实力的时刻。将这些实时发生的体育瞬间融入物理课堂，可以激发学生的兴趣，让他们对物理知识有更深刻的记忆。

案例 1：谷爱凌和苏翊鸣的大跳台夺冠

在刚刚结束的北京冬奥会上，00 后滑雪天才谷爱凌和苏翊鸣在各自的项目中获得了金牌和银牌，这标志着我国在滑雪项目上实现了金牌的零突破。谷爱凌放弃美国国籍为中国出战，这体现了国家的日益强大，激励了更多的华裔后代加入中国国籍。谷爱凌和苏翊鸣在大跳台项目上的成功，可以作为物理学中斜面模型的情景，教师在授课时可以搜索相关图片和视频，让学生直观地感受到斜面在生活中的应用。这个模型可以衍生出许多问题，如根据斜面的夹角和长度求解运动员下滑的加速度或在斜面上的运动时间；还可以根据条件求解雪坡的动摩擦因数；或根据其他条件求解运动员的质量等。这个模型还可以引出伽利略的斜面实验，因为在视频中可以看到运动员滑下来后又冲上另一个斜面，由于滑雪时表面很光滑，在忽略阻力的情况下，运动员的机械能守恒等。这个情景可以创设出许多问题，值得教师认真思考。

案例 2：“天问一号”、“祝融号”、“羲和号”的成功发射

除了冬奥会的激动时刻外，2021 年中国航天也取得了显著成就，我国在航天事业上更上一层楼，这让人倍感自豪。在讲解“天体的运动”时，可以将这些事件作为情景，教师用充满感情的语言讲述，激发学生的民族自豪感。2021 年 2 月 10 日，“天问一号”绕火星成功，我国第一颗人造火星卫星诞生。10 月 14 日，“羲和号”搭载长征二号丁运载火箭从太原卫星发射中心发射，我国第一颗探日卫星成功发射，中国正式进入“探日时代”。教师在讲述时可以配以图片和视频，使情景更加清晰。由此情景可以提出许多物理学的问题，如火箭发射时的反冲现象，动量守恒的过程；能量的转化，能量守恒的体现；发射卫星时提到的第一、第二、第三宇宙速度，到达火星时的实现方式等。这些情景还可以引出更多的物理知识，值得教师思考。

通过近些年发生的社会热点创设情景，可以培养学生的创新精神。只有贴近学生

生活的事物才会引起他们的共鸣。如果以二三十年前的事件或事物创设情景，可能已经不适合现代学生的认知。例如，上课时提到过 80、90 后爱玩的玩具——皮筋，作为弹力这节课的引入，但学生的反馈并不好，原因是 00 后的孩子们并没有玩过这些玩具。因此，只有以身边的、发生时间近的事件和事物作为情景用来教学，才可以达到更好的效果。

（三）情景创设的应用流程

在传统的物理教学模式中，通常包括以下几个步骤：课前预习、情景导入、讲授知识、讲解例题、当堂检测、课堂小结。在这种模式中，情景的创设通常通过图片或视频的形式呈现，留给学生独立探索和合作体验的时间较少。然而，在一节完整的高中物理新课教学中，情景创设的教学流程应当包括以下几种。

1. 定义型课堂情景教学流程

定义型课堂是高中物理教学中常见的课堂类型。例如，在学习瞬时速度、位移、加速度等概念时，大多数学生会感到抽象和乏味。因此，创设情景非常有必要。以下是定义型课堂情景教学的流程：

• 提供素材，创设情景：在定义教学过程中，应该提供贴近生活的素材，如图片、演示器材等，以便学生对新物理量有更好的理解。

• 分析素材，理解概念：学生对新概念的理解需要经历一个逐步深化的过程，教师应帮助学生分析教材，通过独立思考和生动情景，对所学概念有初步的认识，并逐渐加深理解。

• 借助素材，总结概念：通过应用情景，学生自行总结，更容易理解和记忆，再结合教师的指导和纠正，可以更准确地学习定义概念。

2. 规律型课堂情景教学流程

规律型课堂情景创设的基本流程：

• 任何物理定律都可以在生活中找到相关背景。通过合理地应用背景来创设场景，可以使学生更直观地了解物体运动等抽象内容的变化规律。

• 在教学中，应该创造贴近生活的情景，激发学生学习的欲望。通过图片和视频等素材，可以让学生直观地看到生活中的物理现象，从而提高学生的学习兴趣和参与度。

• 在学习自由落体运动时，可以通过拍摄小球从静止下落的视频，并截取每隔相同时间后小球的位置，来帮助学生理解自由落体运动的规律。这种活动不仅让学生参与视频制作，还可能学会视频剪辑，同时也加深了对自由落体运动规律的理解。

3. 解决问题型课堂情景教学流程

解决问题型课堂情景创设的基本流程：

• 创设情景，提出问题：学生学习的目的是解决问题，因此情景应适合学生的思考和探索，激发他们的学习兴趣，激活他们的思维。

• 探究方法，建立模型：建立物理模型是解决物理问题的一个重要环节，通过实际问题的转化，可以提高学生的建模能力。

• 应用模型，解决问题：教师提出问题，学生尝试用已建立的物理模型解决简单问题，然后逐渐过渡到解决较难问题。通过类似问题的测试和训练，学生的能力会逐渐提高，并对学习越来越自信。

4. 实验型课堂情景教学流程

实验型课堂情景创设的基本流程：

• 在实验教学之前，给学生提供视频和实验设备等与实验相关的材料，创造直观、有趣的教学情景。

• 积极思考，引发猜想：教师指导学生充分思考，鼓励他们提出解决方案，并指导他们逐步合理化猜想。

• 合作探究，设计实验：学生小组合作，设计实验方案，通过实验验证猜想，得出结论。

• 实验验证，得出结论：在探究性实验中，学生通过猜想和实验验证，最终得出结论，加深对物理规律的理解。

以上是不同类型课堂情景教学的基本流程，每种流程都有其独特的教学目标和情景创设方法，教师应根据实际情况灵活运用，以达到最佳教学效果。

第二节　核心素养导向的物理课堂教学

一、核心素养的概念界定

（一）素养与核心素养

关于“素养”这一概念的诠释，至今学界尚无统一的说法。在 2007 年，陈伯璋等学者提出了他们对“素养”的看法，认为这是一个个体为了成长为一个全面发展的个体，通过教育学习而必须掌握的，在社会复杂环境中不可或缺的知识、技能和态度的总和。而“经济合作与发展组织”（OECD）则从功能论的角度出发，将“素养”视为一个动态的、综合性的概念，它指的是应对复杂挑战的能力，比起单纯的知识和技能，它的内涵更为广泛，是一种包含“三维目标”的综合体，并且是以行动和情境为导向的。笔者倾向于，“素养”是个体在接受教育过程中培养出来的一种实践能力和积极态度的体现。这种素养是个体品质、思维、技巧等方面的外在表现，它的形成是一个持续不断的过程，不仅仅由学校教育所决定，个体的社会环境、校园氛围以及家庭背景都在其中发挥着作用。因此，素养的培养不仅仅依赖于学校教育，还包括了个体在生活中接触到的各种事物、人物和物质环境，这些都会对个体的素养产生深远的影响。

那么，学生的核心素养指的是什么呢？根据 OECD 的观点，核心素养首先是对每个个体至关重要的，能够持续增长和保持的素养；其次，是满足个人在生活、工作、学习和医疗等多方面需求的素养，是所有素养中最关键、最核心的部分，能够助力个体轻松实现既定目标。

在中国，核心素养被理解为学生为了适应个人终身发展和社会发展而应具备的价值观念、关键品格和必备能力。为了深入实施党的教育方针，落实立德树人的根本任务，中国的教育研究团队不断探索和研究，明确了学生应有的价值观念、关键品格和必备能力。经过三年的努力，2016 年 9 月 13 日，中国学生发展核心素养研究成果正式发布。这一研究以社会主义核心价值观为中心，旨在培养全面发展的人才，遵循时代性、科学性和民族性原则，为培养 21 世纪具有核心竞争力的人才提供了理论依据和教育方向。研究成果将核心素养分为三个方面、六个维度，并进一步细化为国家认同、国际理解、珍爱生命等 18 个基本要点，并对这些要点的主要表现进行了详细描述。

（二）学科核心素养

学科核心素养是学科教育价值的精髓，它体现了学生在物理教育中逐渐形成的，满足个人终身发展和社会发展需求的价值观念、关键品格和必备能力。学生发展核心素养则是在特定学习阶段形成的全面素养，涵盖幼儿园到大学各个阶段。学科核心素养相对而言更为具体，它是根据学科特性和功能来界定的。需要注意的是，学科核心素养的总和并不等同于学生发展核心素养，后者是一种跨学科的综合性体现。两者之间的联系表现在以下方面：

首先，学生发展核心素养强调在某一学习阶段的全面和系统发展，而学科核心素养则指向具有学科特色的核心素养，但最终目标仍是支持学生发展核心素养的形成。学校教育不仅包括学科教学，还包括学校的学习氛围和人文环境，这些对学生的教育都有积极影响。例如，在物理学科中，控制变量法是解决物理问题的关键方法，可以被视为物理学科的核心素养之一，但对学生的整体发展而言，它可能并不是最关键的核心素养。

其次，学生发展核心素养是建立在各个学科教学基础上的。学科教学设计和目标制定应既考虑学科特性，也考虑学生发展的总体目标。在教学过程中，教师应关注学生学科核心素养的培养，同时也要关注那些有助于学生整体发展的核心素养。

最后，学生发展核心素养虽然高于各学科核心素养，但是它并不是各学科核心素养的简单相加，而是一种具有高度综合性的素养。每个学科在培养学生的学科核心素养的同时，也在促进学生发展核心素养的养成。

（三）学科核心素养的发展历程

教学目标在教育教学实践中起着引领方向的作用，是教育研究者长期关注的焦点。追溯至19世纪60年代，斯宾塞首次提出了“什么知识最有用”的问题，开启了教学目标研究的先河。随后，查特斯在1924年将课程目标细化为教学单位，而他的学生泰勒则进一步提出了教学目标的专业术语，成为教学目标理论的重要奠基人，并提出了著名的“泰勒原理”。

在中国，教学目标的起源是“双基”理念，即“基础知识”和“基本技能”。然而，随着社会的快速进步，仅仅掌握这些基础知识和技能已不足以适应新的社会发展需求。因此，在社会的驱动力下，教育领域提出了更为全面的“三维目标”，包括“知识与技能”“过程与方法”“情感态度与价值观”。进入21世纪，三维目标也显得不够全面和系统，因为信息化、科技化、国际化时代需要的是能够终身学习、应对各种情境和问题的综合型人才，于是“核心素养”的概念应运而生。从“双基”到“三维目标”，再到“核心素养”，这一系列目标的演变反映了教育事业的发展历程。如果用简单的版本比喻，那么落实“双基”相当于课程目标的1.0版，三维目标是2.0版，而核心素养则是3.0版。

在实际教学过程中，三维目标往往难以达到预期效果，出现逐级递减的现象。出现这种现象的原因如下：首先，教学评价方式，即以考试和分数论英雄；其次，思维方式，评价体系影响了教师和学生的思维模式，教师依旧以传授知识的思维教学，学生则侧重于记忆知识点；最后，三维目标结构分散，缺乏明确的中心和相互之间的联系。在实际教学中，由于“知识与技能”最容易操作和达成，往往成为核心，而其他目标则变得边缘化。三维目标虽然看似全面，但实际上却存在分割，缺乏整合性。因此，核心素养的提出可以被看作对三维目标的一种补充和完善。

（四）物理学科核心素养

物理学科核心素养是学生在深入学习和理解物理学科知识的过程中，逐步形成的一种反映物理学科本质特征的关键素养。这种素养不仅包括物理学科的知识和技能，更涵盖物理学科的思维方法、探究能力和科学态度。具体来说，物理学科核心素养主要包括以下四个方面：

（1）物理观念。这是学生对物理世界的基本认识和理解，包括对物质、能量、力、运动等物理概念的理解，以及这些概念之间相互关系的掌握。物理观念是学生进行物理学习和探究的基石，也是他们理解自然现象和解决实际问题的出发点。

（2）科学思维。这是指学生在物理学习和探究过程中所培养的逻辑推理、批判性思维、系统思维等能力。科学思维是学生能够深入理解物理知识、发现物理规律、提出科学假设和论证的重要工具。

（3）科学探究。这涉及学生在物理学习和研究中使用科学方法进行问题提出、假设验证、数据收集和分析的能力。科学探究不仅要求学生掌握物理实验技能，还需要他们能够设计实验、解释实验结果，并将实验结论应用到更广泛的物理现象中去。

（4）科学态度与责任。这是学生在物理学习和研究中表现出的对科学的敬畏、好奇心、求真精神和责任感。科学态度与责任是学生能够持续进行科学探究、面对困难和挑战时不放弃、遵守科学伦理和社会主义核心价值观的重要保证。

物理学科核心素养的培育不仅有助于学生深入理解物理知识，提高他们的物理学科能力，也有助于培养他们的科学素养，为他们未来在科学和技术领域的发展打下坚实的基础。

二、基于核心素养的高中物理课堂教学一般环节

（一）自主先学

在中国的学生核心素养框架中，学会学习被视作关键能力之一。在教学活动中，培养学生自主学习的习惯和态度是至关重要的。在传统教学课堂中，教师负责教学内容的讲解，学生则被动接受知识，学习习惯良好的学生可能会进行简单的课前预习，但这种学习方式相对被动。自主学习是一种与接受学习相对的学习方式，它强调学生在学习过程中的主体地位。自主学习不同于简单的预习，它涉及对新知识的深入探索，而不仅仅是课本内容的准备。预习通常局限于即将学习的新课内容，而且往往只在准备新课时发生，对于习题课和复习课则较少进行预习。由于预习内容的局限性，学生的思维可能会受到限制，特别是在物理这样的学科中，课本知识往往较为简单，通过预习学生可能难以发现深层次的问题。自主学习鼓励学生积极参与、乐于探究、勤于实践，旨在培养学生收集和处理信息、获取新知识、分析和解决问题以及交流和合作的能力。通过自主学习，学生能够逐渐培养出学会学习的能力，这对教师和学生都提出了更高的要求。教师需要根据不同的课程类型，提供丰富多样的学习素材供学生使用。

在规律课中，教师应将物理知识与生活实际和科学前沿相结合，选择合适且丰富的学习资料供学生阅读。这样，学生不仅能够认识到课程内容的实用性，激发学习兴趣，还能够面对具有一定挑战性的学习资料，发现不懂的问题时，带着问题进入课堂，从而提高课堂效

率。每个学生都具有一定的学习潜能和独立思考能力，自主学习过程让学生依靠自己的能力解决学习难题，积极主动地探索、选择信息，建构和创造知识，使获得的知识更加牢固。

在习题课中，教师应归纳不同类型的题目，并提供相应的习题。学生应根据新课内容自行尝试解题，然后在课堂上通过教师的讲解和同学间的讨论，发现自己的问题并归纳解决方法。这样的学习过程使学生能够更深入地理解知识。

总的来说，自主先学具有多方面的益处：

（1）有利于学生形成物理观念。在预习过程中，学生尝试从物理学的角度解释自然现象，总结规律，从而形成关于物质、运动、相互作用和能量等的基本观念。

（2）有利于学生形成科学思维。在自主学习过程中，学生不受教师指导，自主探索知识，更容易产生和发现问题，激发他们探索新思路和解决方法的欲望，培养问题意识和批判性思维。

（3）有利于学生形成科学态度与责任。教师可以提供有趣的材料，保持学生对物理研究的好奇心和求知欲，通过物理学史的学习，帮助学生理解物理规律的发展过程，体验科学家的求真精神。

（4）有利于学生提高课堂效率。学生在课前明确学习任务，带着问题进入课堂，能够提高课堂专注力和学习效率。

（5）有利于学生自我建构知识。自主学习过程是学生自我建构知识体系的过程，通过思考、分析、总结和归纳，学生能够将知识内化并建立新的知识结构。

（6）有利于培养物理学科的学习兴趣。教师提供的与物理知识相关的科学、人文和生活知识，让学生意识到物理不仅仅是公式，还可以是有趣且有用的，能够让学生主动学习。

（7）有利于教师的职业成长。为学生提供自主学习资料，需要教师投入时间和精力阅读和思考学科相关知识，这是教师学习的过程。同时，学生通过自学发现的新问题，对教师来说既是一种思维挑战，也是教师成长的机会。

（二）提出问题

教学的核心在于解决问题。教师在授课前必须对课堂上需要解决的问题有明确的理解，这样才能有效地引导学生解决这些问题。不同类型的课程会有不同的问题，解决问题的方法也因课程而异。例如，在习题课中，问题的来源可以是学生和教师两个方面：一方面，可以从学生那里获得，如学生曾经做过的错误题目，典型的正确与错误解题方法、思路和技巧等；另一方面，可以从教师的教学经验中提取，如代表性的例题、研究性案例、实验演示、预设练习和内化练习等。评价这一环节的关键在于资源的准确性、针对性和及时性。

学生在上课前应明确课堂上需要理解的知识点。通过自主学习的预习过程，学生能够发现问题并提出疑问，这一过程有助于锻炼学生的理性思维能力。

由于课堂时间有限，教师需要精练问题，将其作为课堂的核心内容抛给学生。根据不同课程类型，教师抛出问题的方法也有所不同。在规律课中，课堂核心是引导学生理解和掌握规律的内容及其内涵和外延。教师可以在课堂开始时预设问题情境，通过生活或科技实例开展师生互动的问题探究，激发学生的学习主动性，并让学生明确接下来的合作讨论任务；在习题课中，教师可以提前一天将问题布置给学生，或者在课堂上展示学生前一天练习中的错误，针对学生的弱点提出问题。

提出问题环节有助于学生培养实验探究的核心素养。通过预习，学生能够发现问题，形成合理的猜想和假设，为后续的实验探究打下基础。

（三）合作讨论

新一轮的课程改革强调将学生置于课堂的中心地位。在合作讨论环节，学生面对的是日常相处的同学，不会感到紧张或担心失败，也不会害怕教师的权威。同伴之间相互鼓励、帮助、爱护和合作的平等民主环境能够激励每个学生积极参与学习。合作讨论不仅满足了学生不同的需求，还允许能力较强的学生带领能力稍弱的学生运用自己的知识，对观察到的现象、收集的数据和已有的题型进行分析，最终得出结论，这是新知识的产生，也是新旧知识的整合和重组。能力稍弱的学生也愿意就自己不懂的知识与同伴进行深入讨论。合作讨论让学生通过物理情景和与同学的讨论来建构知识，提供了更多独立探索和运用所学知识解决问题的机会，不再是被动接受教师已经建构好的知识。合作讨论能够培养学生的独立思考和多角度看待问题的能力。

在让学生进行合作讨论之前，教师需要做好充分的准备，主要包括以下几个方面：

（1）确定合作讨论的主题内容。根据不同课型，合作的主题可能会有很大差异，可以是一起完成实验、针对某个知识难点进行讨论，或者讨论归纳某种题型的特定方法。

（2）确定小组成员和分工。小组合作讨论是课堂的核心环节，小组成员的构成和分工会影响讨论合作的成功与否。小组成员的划分应遵循以下原则：

• 学优生带动学困生，确保小组内能力互补。

• 性格互补，确保小组内有愿意深思和愿意分享想法的学生。

• 合理分配男女生比例，以发挥不同性别学生的优势。

• 合理安排座位，确保地理位置便于合作。

• 小组内应指定责任心强、性格外向、组织能力强、成绩优秀的学生担任小组长，明确每个组员的任务。例如，在实验课中，确定谁负责记录、操作、处理数据和总结。

让学生进行合作讨论具有以下益处：

• 帮助学生形成物理观念。在小组讨论、辩论的过程中，学生能够逐步加深对物质、运动、能量等物理概念的理解。

• 培养学生的科学思维。在没有教师权威的小组讨论环境中，学生能够从自己的角度独立思考、判断，发挥想象力，培养创新精神和批判精神。

• 增强学生的实验探究意识。在实验课和规律课中，学生可以根据自己的猜想和假设设计实验，完成实验，获取数据，进行分析，验证猜想。

• 培养学生的科学态度与责任。在当今社会，能够与人合作、整合多种资源的人往往能够获得更好的发展，这要求学生在学习科学文化知识的同时，培养合作意识和能力。

（3）促进学生的自主学习。在合作讨论中，学生有各自的学习任务，为了完成这些任务，他们需要对教师提供的资料进行深入学习，对问题进行深入思考。在讨论环节，每个小组成员都要发表自己的观点，交流学习成果，并在全班展示，团队的力量激励学生尽可能多地收集信息和全面思考。

（四）成果展示

在传统的以传授知识为主的课堂中，通常是教师给出结论。然而，本书所探讨的课堂实践，是学生通过小组合作讨论来呈现结果，这种方式带来了多方面的好处。

首先，它有助于学生形成物理观念。在成果展示环节，学生将之前环节的成果、规律和结论呈现出来，用这些物理观念如运动观、相互作用观、能量观来解释自然现象。学生不仅要自己理解这些观念，还要以恰当的方式表达出来，使其他同学也能理解，这是物理观念深入人心的过程。

其次，它激发了学生在讨论环节更加努力。当不同的小组在全班面前展示时，就会体现出水平的高低，这种竞争意识促使学生团结合作，努力展示小组的成果。

最后，它培养了学生的综合能力。在成果展示环节，学生需要组织语言、克服紧张情绪，这是不断自我调整的过程。

成果展示过程不仅能够提高学生的学习积极性，还能增加课堂的参与度。小组的每个成员都在不断地自我突破中，通过一次次的展示来提升信心、语言表达等综合能力。这对教师也提出了更高的要求。因为学生的反应无法完全预测，教师无法提前做好百分之百的准备，只能根据学生的回答灵活处理，及时纠正错误，并对学生的展示给出恰当和有建设性的评价，这个过程也是教师素质提升的过程。

三、基于核心素养的高中物理课堂教学案例

（一）规律课：电阻定律

1. 教材分析

本节内容选自教育科学出版社高中物理选修 3-1 第二章的恒定电流部分。本节内容安排在部分电路欧姆定律之后，探讨了导体电阻的定义以及其与电压和电流的关系，并引入了电阻定律，研究导体电阻与材料、长度、横截面积的关系。在学生已有知识的基础上，通过自主设计方案，探究它们的定量关系，并突出“电阻率”这一物理概念，启发学生思考其在生产生活中的应用。

2. 教法分析

在电阻定律这一节中，学生要掌握的知识并不难，如果采用传统的教师传授方式，大约 20 分钟就能完成。但这一节的内容不仅可以进行理论推导，还可以进行实验探究，实验条件不同，实验方案也多种多样，难度各异。笔者认为，这一节是锻炼学生分析解决问题、合作交流能力的好机会。因此，主要采取自主学习、教师引导、提出问题、学生自行设计实验方案、讨论交流得出最佳方案、利用生活常见物品进行实验、总结结论的方式完成教学。

3. 学法分析

学生在初中已经对导体材料、长度、横截面积等与电阻的关系有了定性的研究，通过高一的学习，基本具备了设计实验方案的能力和较强的动手操作能力，养成了良好的思考、质疑、交流、合作的学习习惯。因此，本节课通过联系生活现象，如日光灯、地震预估，激发学生的兴趣。通过给学生提供素材，让学生自学，给学生提供设计实验、动手操作的机会，让学生能够通过积极思考主动获取知识。

4. 教学目标

- 知识目标：理解电阻定律和电阻率，能进行相关计算；了解温度与电阻率的关系。
- 能力目标：通过实验设计和实验操作，培养学生分析解决问题、实验操作、合作、沟通的能力。
- 情感目标：增强学生的分工合作意识。

5. 教学重难点

- 电阻定律和电阻率的理解。
- 设计实验探究电阻与影响因素的定量关系。

6. 教学过程设计

【自主先学】

在初中，对电阻定律有定性的介绍，本节知识的自主先学主要是回忆初中的知识，阅读教材内容，学习教师提供的素材，并对电阻定律在生活中的常见应用有一定了解。

【提出问题】——情景设置

演示实验：额定电压为 220 V 的两只灯泡并联在 220 V 电路中，同时接通电路，学生观察亮暗情况，同时观察灯丝的粗细。

问题引导 1：亮暗为什么不同？

问题引导 2：金属导体的电阻大小与哪些因素有关？

老师引导学生得到结论：导体长度越大，横截面积越小，电阻越大；导体材料对电阻大小也有影响。

问题引导 3：当一个量受三个因素影响时，用什么方法去寻找和每个因素的关系呢？

学生：控制变量法。

【合作讨论】

（1）小组讨论合作，提出设计方案。

学生根据提供的实验器材，讨论交流，设计实验方案，展示电路图，说明实验原理。教师评价方案，学生选择最优方案进行实验。

实验器材：电源（3 V）、导线、开关，电流表、电压表各一个，a、b、c、d 四个不同导体。在长度、横截面积、材料三个方面，a、c、d 与 b 分别只有一个因素不同，a 与 b 长度之比为 1∶2；c 与 b 横截面积之比为 9∶4；d 与 b 材料不同。

方案一：用伏安法分别测 a、b、c、d 四个不同导体的电流和电压共 8 组数据，具体计算电阻值。

方案二：将 a、b；c、b；d、b 分三次串联，分别测 a、b、c、d 的电压共 6 组数据，由于电流相同，电压之比即是电阻之比，不需计算电阻值。

方案三：将 a、b、c、d 全部串联在一个电路中，只需连一次电路，测 4 个电压值，不需计算电阻值。

（2）小组合作完成实验。

学生利用器材，连接实验实物图，进行自主探究，合作交流完成实验，教师走到学生中间，参与讨论。学生将数据填入表格。

【成果展示】——学生展示实验数据，总结实验结论

在横截面积、材料相同的前提下，电阻与导体长度成正比；在长度、材料相同的前提下，电阻与横截面积成反比；在长度、横截面积相同的前提下，电阻还与材料有关。

【规律归纳】——总结电阻定律

导体的电阻与其实际长度呈正比，与横截面积成反比。数学表达式为 $R=\rho l/S$，其中 ρ 代表电阻率，它是衡量材料导电特性的一个重要物理量。在长度和横截面积相同的情况下，电阻率越高，电阻就越大，材料的导电性能越弱。电阻率的单位是欧姆·米，通常简称为欧米。

实验展示温度对电阻率的影响：实验操作：将小灯泡与日光灯丝串联，小灯泡发光；使用酒精灯加热日光灯丝，小灯泡变暗；停止加热，并用小风扇吹向日光灯丝，小灯泡重新变亮。

学生讨论：灯泡变暗是因为日光灯丝温度上升，电阻率增加，导致电路总电阻增大，从而流过小灯泡的电流减小。当停止加热，日光灯丝温度下降，电阻率减小，电阻也减小，因此与日光灯串联的灯泡重新变亮。

结论：导体的电阻值与其温度有关。通常情况下，随着温度的升高，电阻值也会增大。

【实际应用】——知识在实践中的应用

岩石在受到压力变化时，其电阻率会发生改变，这一特性可以用来预测地震。以四川及其周边地区的地电阻率观测为例，分析了汶川 8.0 级地震前的地电阻率异常现象。结果显示，在汶川 8.0 级地震前，距离震中最近的郫都区观测台的地电阻率在单次测量中下降了 7.2%，持续时间约为 2 年，震前 5 个月出现了异常转折，而地震发生在大地电阻率开始恢复上升的阶段。

（二）应用课：磁学仪器的原理分析

【自主先学】——深入思考，明确知识难点

电磁流量计是一种测量液体流量的仪器。液体的体积流量是指单位时间内流过管道横截面的液体体积。在电磁流量计中，测量管内壁绝缘，通过电磁铁产生垂直于测量管方向的匀强磁场。当导电液体流过测量管时，液体中的带电粒子会受到磁场的作用，产生洛伦兹力，进而在电极 a、c 之间产生感应电动势 E。通过传感器转换，这个电信号可以显示为流量 Q。

思考题一：

（1）当导电液体流过测量管时，正负电荷受到的洛伦兹力方向是什么？它们分别向哪个方向运动？（不计重力）

（2）在电极 a、c 上积累正负电荷时，是否会产生电场？如果产生，电场的方向是什么？

（3）正负电荷受到电场力的方向是什么？这与洛伦兹力的方向有何关系？

（4）正负电荷会一直积累在电极 a、c 上吗？

【提出问题】——深入探讨，师生互动探索

思考题二：

（1）当盐水流过方形管时，为什么灵敏电流计会有示数？

（2）为什么在盐水流速不变时，灵敏电流计的示数最终会稳定？

（3）如果已知极板间电势差为 U，极板距离为 d，磁感应强度为 B，水流的横截面积为 S，如何推导水的流速 v 和流量 Q？

【合作讨论】——思维碰撞，共同探索

任务分配：

一大组（①~③小组）：

阅读材料（一），自主学习磁流体发电机。稳定时磁流体发电机的电动势 E。

小组成员相互合作，借助模型模拟闭合电键后磁流体发电机对外供电过程。

每个小组推选一位同学为二大组模拟上述过程。

至少提出一个与磁流体发电机相关的问题，向二大组的同学提问，以检测“教学成果”。

问题示例：

1. 如果要计算等离子体内的电阻，且电阻率为 P、金属板面积为 S，应怎样计算？

2. 阅读材料（二）速度选择器，请至少提出一个问题，向二大组“发难”。

二大组（④~⑥小组）：

阅读材料（二），自主学习速度选择器。带电粒子的速度 v。

小组成员相互合作，借助模型模拟速度选择器的工作过程。

每个小组推选一位同学为一大组模拟上述过程。

至少提出一个与速度选择器相关的问题，向一大组的同学提问，以检测“教学成果”。

问题示例：

1. 如果磁场方向垂直于纸面向里，那么带电粒子会发生什么偏转？

2. 阅读材料（一）磁流体发电机，请至少提出一个问题，向一大组“发难”。

【阅读材料】

（一）磁流体发电机

磁流体发电机的原理是气体在燃烧室内被燃烧电离成正、负离子（等离子体）以高速 v 喷入偏转磁感应强度为 B 的磁场中。正负离子在洛伦兹力作用下发生上、下偏转而积聚

到 M、N 板上，产生电势差，从而在两板间形成一个向上的电场。当等离子体受静电力与洛伦兹力平衡时，等离子体将匀速通过发电通道，此时 M、N 板上积聚的电荷最多，两板间电势差最大，闭合电键 S，就可对外供电。

（二）速度选择器

速度选择器是一种平行板器件，外加电场和磁场。如果电场强度 E 向上，磁感应强度 B 必须垂直纸面向外。在上述狭缝电磁场中，具有不同水平速度的带电粒子（以正电荷为例）必须从左向右射入，射入后发生偏转的情况不同。速度选择器两极板间距离极小，粒子稍有偏转，即打到极板上。速度选择器能把具有某一特定速度的粒子（如质子、x 粒子、e-等）选择出来，它是质谱仪的重要组成部分。

【成果展示】——相互交流，共同进步

借助模型给另一组讲解仪器的原理和工作过程，向另一组的同学提问或回答另一组提出的问题。

【规律总结】——总结规律，构建物理模型

总结以上三种电磁元件的共同规律。

四、课堂教学效果分析

（一）课堂观察分析

本节课的教学主要分为四个阶段：自主先学、提出问题、合作讨论和成果展示。经过一个学期的实践，通过课堂观察，注意到在这种教学模式下，学生的学习情况在四个关键阶段呈现出以下特点：

在自主先学阶段，大多数学生能够主动预习教材内容，并且对教师提供的材料进行认真阅读。他们通过预习对课程内容有了初步的认识，能够独立解决一些基础问题。对于教师提供的学习资料，他们表现出兴趣，生活中的科技实例能够激发他们的学习热情，对于遇到的难题，他们愿意花时间思考并相互讨论。

在提出问题阶段，学生能够跟随教师的引导，通过问答的方式引出课程内容，由于他们对课堂内容有预先的了解，往往能够提出自己感兴趣的问题。

在合作讨论阶段，几乎所有学生都积极参与讨论，提出自己的观点或解决方案。基础较好的学生能够帮助基础较差的学生理解大部分问题，同时自己的思路也更加清晰。基础较差的学生在面对同龄人时更愿意表达自己的疑惑，对知识的接受度更高。在需要分工合作的实验等学习内容中，经过一段时间的磨合，小组成员能够很好地分工合作，解决问题的效率显著提高。值得注意的是，在没有教师干预的情况下，学生在合作讨论阶段更容易暴露自己的思维缺陷，也更容易产生创新的思维，知识的获取是主动构建的。

在成果展示阶段，与以传授为主的课堂教学相比，愿意主动回答问题的学生虽然不算多，但有所增加。而且，由于学生的回答代表了一个小组的成果，他们通常会尽力发言，其他学生也愿意认真倾听。对于不认同的地方，其他小组的学生会主动提出质疑或纠正错误。通过展示环节，学生的语言表达和逻辑思维等综合素质得到了锻炼。

总体来看，课堂上学生的参与度提高了，教师的讲解减少了，课堂氛围变得更加活跃。

（二）学生问卷反馈

为了科学、系统地评估物理课堂教学效果，提高教学质量，针对学生开展了一次全面的问卷调查。本次反馈围绕学生问卷的含义、具体的实施方式展开分析。

1. 学生问卷的含义

学生问卷是一种有效的教学评估工具，通过收集学生对课堂教学的直接反馈，帮助教师全面了解教学效果。它不仅是教学质量监控的重要组成部分，更是教师改进教学设计、提升教学质量的重要依据。学生问卷通常以学生的视角为出发点，通过科学、系统的调查设计，获取关于课堂教学的第一手信息。这些信息可以真实反映学生在课堂中的学习体验和感受，为教学改进提供宝贵的数据支持。

学生问卷的内容设计包括但不限于以下几个维度：

（1）教学内容的难易度。学生是否能够理解课程内容，知识点是否符合学习阶段的认知特点。

（2）授课方法的有效性。教师使用的讲解方式、教学策略是否有助于知识点的掌握。

（3）师生互动的频率与质量。课堂中是否存在积极的互动，教师是否能够及时回应学生的疑问。

（4）课堂参与度与学习兴趣。学生是否能够积极参与课堂活动，教学是否能够激发学生的学习兴趣。

（5）学习效果与成果。学生对课堂学习的整体收获，包括知识点的掌握程度和能力的提升。

（6）课程改进的建议。学生对课程内容安排、教学方式、节奏和辅助资源的意见与期待。

对物理课堂教学来说，学生问卷在教学效果评估中尤为重要。物理是一门注重理论与实践结合的学科，其教学效果不仅体现在学生对知识点的理解和掌握上，还体现在实验教学的参与感以及将理论应用于实践的能力上。通过学生问卷，教师可以获取以下关键反馈信息：

（1）学生对物理概念、公式和规律的理解程度，尤其是复杂理论知识的掌握情况。

（2）学生对物理实验课程的体验，包括实验步骤是否清晰、动手操作是否流畅，以及实验与理论知识的联系是否明确。

（3）学生对课堂上实际应用案例的兴趣和理解程度，是否能够将抽象理论转化为生活实际中的问题解决能力。

通过全面分析学生问卷反馈，教师能够从学生需求出发，优化教学设计。例如，根据学生反映的难点适当调整课程内容的讲解深度与节奏；根据学生对实验课程的参与反馈，增加操作示范或辅助教学资源；针对学生反映的课堂互动不足等问题，设计更多师生、生生互动环节，提升课堂的参与感和活跃度。总之，学生问卷不仅是一种单向的信息收集工具，更是一个连接学生与教师的桥梁。通过学生问卷，教师能够更加准确地掌握学生对课堂教学的需求和建议，弥补教学中的不足。通过不断优化教学设计，学生的学习体验和学习效果能够得到显著提升，从而实现更高水平的教学目标。

2. 学生问卷实施的方式

（1）问卷设计

在设计阶段，充分考虑物理课堂教学的特点与学生的学习需求，问卷内容涵盖教学内容的适切性、授课方法的灵活性、实验环节的操作体验、师生互动的频率与质量，以及整体学习效果等多个关键维度。为确保反馈全面且真实，问题类型采用选择题、评分题和开放性问题的组合设计，不仅可以量化学生的意见，也便于学生自由表达个性化建议。

（2）问卷发放与回收

问卷发放采用线上问卷（如问卷调查工具）与线下纸质问卷相结合的方式，覆盖不同年级、不同班级的学生群体，力求提高问卷参与率，确保数据样本的广泛性和代表性。同时，通过匿名的形式进行收集，减少学生填写问卷时的心理顾虑，鼓励学生提供真实而客观的反馈，以提高问卷结果的可信度。

（3）数据分析

回收问卷后，采用分类统计与多维度分析的方法处理数据，包括对选择题和评分题的量化统计，以及对开放性问题的文本分类与内容分析。通过提取学生反馈的共性问题和典型建议，结合教学目标与课堂实际情况，形成全面而有针对性的分析报告，以评估物理课堂教学效果。

（4）反馈与改进

数据分析结果应及时反馈给相关教师和教学团队，为教学改进提供明确方向。例如，对于学生普遍提到的难点问题或教学方法建议，将与教师进行深入讨论并制定相应的改进策略。同时，通过与学生的适当沟通，形成教学反馈的良性互动，使学生感受到自己的建议被重视，从而进一步激发他们对课堂参与的积极性和责任感。

学生问卷调查是分析物理课堂教学效果的关键手段，它从学生视角出发，为教师提供了教学改进的方向与依据。本次问卷调查的实施，不仅帮助教师发现课堂中的问题，还推动了教学方法的改进和学习体验的提升。未来将继续完善问卷设计与实施过程，确保反馈数据的科学性和实效性，为物理教学质量的持续提升奠定坚实基础。

五、课堂教学实践反思

以下几个方面体现了新课程改革的精神，并展现了教师和学生角色的转变：

教师在课堂上扮演着引导者的角色，而学生则是课堂的核心。例如，在实验课上，学生能够自主设计实验方案，展示并讨论最佳方案，然后分组合作完成实验，通过独立思考和团队协作来掌握知识和技能，以及学习和解决问题的方法。教师主要负责提供指导、控制课堂节奏和引导学生进行分析与讨论。

学生通过主动参与，实现了活泼和生动的发展。他们不再是被动地接受知识灌输，而是根据教师的引导和提供的材料，结合自己的知识和现有设备，进行创新性的实验设计或解题方法的总结。在这个过程中，学生体验到了亲自试验探索的乐趣和解决问题的成就感。

教育重视科学思想和科学方法。在探索物理规律的学习中，学生能够利用教师提供的实验器材，从现实生活中的物理现象出发，设计实验，并通过控制变量法来归纳结论和规律。设计实验、进行实验、观察实验、分析实验数据、得出实验结论的过程不仅提高了学生学习物理的兴趣，也增强了他们解决问题和分析问题的能力。在处理和分析实验数据的过程中，学生学会了正确的科学思维方式和科学方法。然而，也存在一些不足之处：

在学生小组合作的环节，对学生的能力要求较高。在有限的时间内，一些基础薄弱的学生很难迅速设计出实验方案、归纳出典型问题的解决方法或得出正确结论。因此，教师应强调课前进行有效的预习。

在合作讨论环节，小组成员的分工可能不明确，导致一些学生不积极参与，自我管理能力较强的学生承担了更多任务，自觉性较差的学生则可能浪费了课堂时间。因此，教师应在课前要求每个小组成员分配具体任务，如实验操作、记录、成果展示和数据处理等，以便每个成员都能发挥自己的专长，并实现有效的团队合作。

第三节　高考导向的物理课堂教学

新高考方案已经逐步落实，然而，不少教师仍停留在旧有的教学模式，未能与时俱进。虽然学生实行走班制，更换教室上课，但是如果教学模式不改变，教师依旧在讲台上滔滔不绝，学生缺乏参与感，将会对课堂失去兴趣，走班上课反而成了与不同朋友闲聊的场合，对学习并不专注。新高考方案的推行，促使全国各地物理老师紧跟深化新课程改革的步伐。物理教师应把握改革机遇，以创新教学模式为核心，尊重学生的学习主体性，提升教学效果。新课程并非否定知识教学，而是将心理学研究成果融入教学，使学生在最短时间内掌握更多知识，注重知识与技能、过程与方法、情感态度与价值观三个维度的目标实现。

一、新高考形势下高中物理课堂教学模式

在新高考背景下，高中物理的教学模式应以“问题”和“实验”为核心，构建具有挑战性的物理学习环境，鼓励学生主动探索，同时教师应确保课程内容的逻辑性。鉴于传统教学模式的不足，迫切需要在新的高考形势下构建起以“问题·探究”为基础的教学模式。这种模式并不排斥讲授法，事实上，讲授法作为一种经过心理学家和教育家验证的高效教学方法，应当被教师们掌握和运用。例如，上海交通大学的旻才宏讲师，凭借一杯茶、一支粉笔，便能信手拈来例题，他的电路课程条理清晰、板书工整，声音抑扬顿挫，深受学生喜爱，被誉为“魔电”。这正是优秀物理讲授法的体现。在新的高考形势下，高中物理教师同样需要磨炼自己的教学基本功，包括板书、授课语言、广泛的专业知识、清晰的逻辑思维等。这些都需要教师有意识地通过刻苦训练来提升，同时要识别并弥补自己的不足，充分利用课余时间进行学习和充电。

一个完备的“问题·探究”教学模式包括理论支撑、教学目标、实施步骤、辅助条件、师生互动和评估六个核心组成部分。以下是这六个方面的具体阐述：

（1）理论支撑。该模式基于奥苏贝尔的有意义学习理论、布鲁纳的认知—发现学习理论以及皮亚杰的建构主义理论。

（2）教学目标。理解和掌握物理概念与规律，运用所学知识解决实际问题，进行实验观察、测量、记录并设计实验，通过物理探究过程了解物理思想和方法，以及培养其科学精神和良好的学习习惯。

（3）实施步骤。自主学习引导、情景创设、问题提出、实验探究、协作学习、最终的评价。

（4）辅助条件。结合物理与信息技术，使用 PPT 课件，充分利用现代实验设备，应

用传感器，并利用计算机处理实验数据。

（5）师生互动。课堂上应保证充分的师生互动时间，营造民主和谐的课堂氛围。

（6）评估。每节课后学生进行自主练习，通过当堂训练来检验知识掌握情况；重视学习过程评价，记录学生在课堂上的表现；采用量化作业评价制度，以适应物理分层走班教学的需求。

二、“问题 · 探究”课堂教学模式的设计理念

高中物理传统教学模式以教师讲授为主，“满堂灌”“填鸭式”总被人诟病，而且在新高考的大背景下，学生自主学习、合作学习、探究学习的方式与传统的教学模式不相适应。学生有权选择是否将物理作为选考科目，这一选择直接影响着物理教师的职业前景，因此，高中物理教学模式的改革势在必行。在众多教学模式中，“问题 · 探究”教学模式与学生的实际情况更为契合。

“问题 · 探究”教学模式强调激发和培养学生的学习兴趣，通过导学案引导学生主动预习，并在预习过程中鼓励学生提出问题。教师在批改导学案时，应与学生进行面对面的交流，了解他们的想法，并收集他们的问题。课堂教学应从学生提出的有价值的问题出发，构建物理情景，进行多维度的探究，特别是加强物理实验，鼓励学生合作完成，由小组代表进行汇报。教师在这个过程中起到组织课堂、引导学生、与学生合作的作用。

“问题 · 探究”教学模式的两个显著特点：一是课堂上学生是主体，教师是引导者。教学的最终目标是促进学生的全面发展，确保知识和技能目标的实现，教师应当始终关注学生。二是物理课堂应体现出“理论+实验”的探究式教学特色。发挥物理学科的独特魅力，让课堂变得生动有趣，理论和实验的结合是伽利略研究物理问题的方法，也应是新高考形势下有效开展物理教学模式的最佳途径。

“问题 · 探究”教学模式是在探究教学模式的基础上进一步发展的教学模式，它强调提升教师和学生的问题意识，以提高课堂效率。在这种模式下，课程通常围绕一个具体且可行的问题进行深入探究，而这个问题往往是学生在完成学案过程中提出的。探究教学模式本身具有开放性，有时会导致课堂过于热闹而无法完成既定的教学目标，因此，在探究过程中需要特别强调问题意识的重要性。

传统的教学模式，即苏联教育家凯洛夫所提出的五环节教学模式，包括组织教学、引入新课、讲授新课、复习巩固和布置作业，以教师为中心，对学生的影响深远。然而，这种模式也存在明显的不足，即学生的课堂参与度和积极性往往得不到充分的体现。相比之下，“问题 · 探究”教学模式能够有效解决这一问题，它确保学生在每节课中都能积极参与，从而充分展示学生的积极性和创造力。

三、实施“问题·探究”课堂教学模式的对策

要精心设计导学案。翻转课堂的理念是鼓励学生提前预习知识，课堂上则专注于解答学生提出的问题。导学案可以发挥同样的功能，学生在完成导学案的过程中会自然而然地遇到一些疑问，而教师的工作就是围绕这些疑问进行教学。

要重视学生物理学习档案的建立。随着学生分层走班上课的需求，有效的课堂管理变得尤为重要。为每位学生建立一个详细的物理学习档案，记录他们在学习过程中的关键成就，包括成绩、作业、实验和小制作等方面的表现，对于学生的学习跟踪和评估至关重要。

要对学生的作业进行量化管理。作业是提高物理成绩的关键环节，因此，对作业进行量化管理，保持公开和透明，坚持不懈，并及时通过作业与学生进行沟通，对于促进学生的学习进步非常必要。

（1）在课堂教学设计中，物理教师应当重视知识点的逻辑性。深入理解教材的关键在于明确各个知识点、章节以及模块之间的逻辑联系。

（2）在“问题·探究”教学模式中，教师需要搜集学生提出的问题，并与学生进行个别交流，记录下他们的真实想法。在教学设计过程中，挑选出具有价值的问题，以此提高课堂效率。教师尤其需要做好实验的准备工作，亲自预演实验，对可能出现的状况进行预判和准备，确保在有限的时间内能够达成教学目标。

（3）“问题·探究”教学模式适用于多种高中物理课程类型，如概念课、规律课、新授课以及实验课，在这些课程中实施该模式能够取得较好的效果。

四、“问题·探究”教学模式的课堂实践教学

在传统的教学模式中，教师往往过于注重讲授，而学生参与知识形成的过程较少，课堂上缺乏探究活动。尽管教师在课堂上讲解，学生也能听懂，但在独立做题时，学生仍面临难题，这可能是因为教学模式未能适时更新。对高一学生而言，他们从以记忆为主的初中物理学习转向需要抽象思维的高中物理，这是一个巨大的跨越。如果引导不当，教师可能会仅仅关注成绩优异的学生，而忽视了其他学生的需求，导致部分学生对物理产生畏惧，尽可能避免学习物理。

“问题·探究”教学模式强调每个学生的课堂参与，确保每个学生都有事可做。借鉴翻转课堂的理念，该模式非常重视课前的导学案预习，使得每节课都像是有了一张“地图”，让学生清楚地知道接下来的学习路径。学生在导学案上标记自己未理解的知识点，这是提出问题的过程。然后教师收集问题，并做好充分的实验准备，尤其注重课程设计的逻辑性。课堂时间的分配通常是：10 分钟左右的教师授课时间，20 分钟左右的围绕问题

的探究时间，以及10分钟的作业练习时间，以检查学生当堂的知识掌握情况。在高一年级实施“问题•探究”教学模式，不仅可以让那些原本畏惧物理的学生对物理产生兴趣，而且在物理测试中取得好成绩可以让他们认识到物理并不难学，从而增强了学习物理的信心，并最终确定物理为自己的选考学科。

笔者曾对某学生进行了长期的个案研究，记录了她在课堂上的表现，进行了访谈，并记录了她的物理测试成绩，建立了档案袋。最后，指导她运用平衡单法和SWOT分析法来确定物理作为选考学科。在第一次交谈时，该生坚定地表示不会选择物理作为高考学科，因为她在初中物理学习不佳，否则就能进入更好的学校。该生性格开朗，但动手能力较弱，主要采用记忆学习。笔者让她在“问题·探究”教学模式下的课堂上担任小组学习的组长，这样她就必须与同学交流、与教师对话，在实验探究上给予她更多时间并加以引导，每次导学案上的问题也与她交流。起初，她对“问题·探究”教学模式不太理解，觉得物理知识与生活有距离，物理知识理论性太强。但坚持采用这种教学模式后，她深刻地理解了物理概念和规律，物理成绩不断进步，最终选择了物理作为自己的选考学科。

（一）转变教学观念，注重学生能力的培养

随着新高考制度的实施，对学生能力的考核变得更加重要，这标志着从单纯考核知识向考核能力的转变。教师需要适应这一变化，确保教学能够满足社会对能力的需求。在培养学生的能力之前，教师的观念必须首先更新。教师的教学观念直接关系到学生的发展，因此教师需要深入了解能力的本质和构成要素。每种能力都有其基本含义和组成元素，教师必须自己先弄懂，才能有效地指导学生提升这些能力。

教学目标是指教学活动的方向和预期成果，包括显性教学目标和隐性教学目标。在常规教学中，让学生掌握和理解知识与技能是显性教学目标，而能力培养则属于隐性教学目标，隐性教学目标的实现依赖于显性教学目标。教师的教学目标应当定位较高，逐渐摆脱传统的以知识为中心的教学观念，适应新高考的要求，逐步转向以能力为中心的教学观念，从教学设计开始就将能力培养目标融入日常教学过程中。

教学评价环节同样关键，它对教学设计和实施具有指导作用。教师的教学评价观念也会影响学生的能力培养。因此，教师应将能力培养目标作为评价的重要标准，从日常课堂评价到阶段性评价，都应体现这一能力培养的评价观念，正确引导学生发展能力。

综上所述，在新高考背景下，注重学生能力的培养是一项关键的教学要求，将是未来一段时间内教学目标的重要方向。教师需要及时更新教学观念，提升教学目标的层次，并在教学实施的每个环节，从教学设计、组织到评价，都有意识地关注和重视学生能力的培养。

（二）分解能力培养目标，推进能力培养的课堂落实

根据调查结果，目前在高中物理教学中，学生能力培养方面最大的困难是课堂落实难，教师抓不住重点，没有针对性，存在流于形式的现象。在日常教学如何把能力培养融入教学中是值得思考的问题，能力培养的落实要审视高中物理学科知识内容、分析能力介入方式等。下面在能力目标的落实方面提出相应的策略。

1. 有效介入能力目标

在确立了以能力培养为核心的教学目标之后，已经明确了需要培养的五项关键能力。为了实现这些目标，必须将能力培养有效地整合到教学实践中，形成一套可操作的教学方法，以便一线教师能够在日常教学中应用。实现这一目标的关键在于构建能力培养目标与实际教学内容之间的有效联系，以提高能力培养的针对性和实效性。

在将能力目标融入实际教学问题时，存在两种介入模式：一种是正向介入，即从能力目标出发，向下整合到知识模块。在这种模式下，首先根据所需培养的能力特征对知识模块进行评估，根据评估结果选择相应的知识模块，然后进行针对性的教学。另一种是逆向介入，即从知识模块出发，向上推导出所需培养的能力。这种模式首先通过课堂评估和教学活动来确定要培养的能力，然后据此开展教学。

笔者认为，逆向介入模式更为合理。第一种模式是先确定能力再选择教学内容，即判断哪些知识模块能够培养特定能力；而第二种模式则是从知识模块出发，确定能够培养的能力，即评估某个知识模块能够培养哪些能力。在每一个知识模块的教学中，甚至在每一堂课中，只要教师具备教学能力和培养意识，就能够有效地培养所需的能力。因此，从能力出发正向整合教学内容的模式不太合理，所以应选择逆向介入模式。

2. 分解能力目标

在确定了能力培养教学目标的介入模式之后，建立具体的能力目标与教学内容之间的对应关系成为能力培养在高中物理日常教学中实施的核心。如果目标设定与实际教学实施之间缺乏有效的衔接，那么一线高中物理教师可能会感到难以操作，或者只是停留在理论层面，无法在实际教学中有效地培养学生的能力。

美国教育学家古德莱德提出了课程的五个层次理论，他将课程划分为从最高层次的“理想课程”到最低层次的“经验课程”。其中，“理想课程”是由国家或专家制定的课程，而“经验课程”是学生实际体验到的课程。在这两个极端之间，还有“正式的课程”“领悟的课程”“运作的课程”。从第一层次到最后一层次，课程经历了规划、教师理解以及课堂实施等多个环节。本书所提炼的能力相当于第一层次的“理想能力”，而学生实际形成的能力则是最后一层次的“经验能力”。

从“理想能力”到“经验能力”的转化过程中可能会出现信息丢失，要想保持设计

与结果之间的一致性，关键在于有效的落实。因此，在培养能力时，首先要建立起目标与落实之间的桥梁，即能力目标与教学内容之间的对接。这需要对能力目标进行细化分解，让教师和学生都明确目标，以便有的放矢地进行教学实践。

（1）分解原则

分类实施原则。针对高中物理教学内容的广泛性和知识点的多样性，为了确保能力培养目标的实效性，必须对教学内容进行系统分类，并依据每类内容的独特性质开展相应的教学活动。

侧重培养原则。在教授同一知识模块时，尽管理论上可以培养多种能力，但本书将依据知识模块的特定属性，优先选择那些能够更充分支持的能力进行专门和针对性的教学。为了确保教学活动的针对性和有效性，避免教学过程中出现缺乏核心焦点和表面化的情况，本书在能力培养方面实施了侧重培养的原则。

可操作性原则。为了让一线教师和高中生有章可循，在分解能力目标时注重可操作性，以便在日常教学中直接利用。

（2）分解方法

在分解能力目标时，采用了逆向介入模式，即从知识模块出发，通过深入分析，识别出能够最有力支持的能力。为了明确教学的侧重点，依据教学模块的特性和教学内容对能力支撑度进行评估，分别用 L、M、H 表示低、中、高支撑度。在此基础上，优先选择中、高支撑度的能力，以此来建立教学内容与能力目标之间更为匹配的对应关系。

（3）分解具体实施

本书按照《普通高中物理课程标准》相关要求对高中物理教学内容进行内容分类。

新高考物理选考进行等级性考试。等级性考试所涉及的教学内容由必修课程和选择性必修课程组成，具体包括必修一、必修二、必修三、选择性必修一、选择性必修二和选择性必修三，共六个大模块。每个模块对教学内容按主题进行了划分，每个主题下又划分更加详细的知识点。

（三）优化教学方法与策略，有效提升学生能力

1. 结合现实生活，强调过程，增强理解力

理解力的核心在于对物理概念和规律的深入理解和有效应用。物理概念是对自然界物体和现象本质特征、共性的抽象描述，它们是人类对客观世界认知的内在反映。物理规律则揭示了物理现象和过程的变化趋势或基本联系。在课堂教学实践中，可以通过以下几个途径来提升学生的理解力。

（1）教学组织形式

①情境导入，重视过程。在物理教学中，往往存在一种倾向，即重视结论而忽视过

程。教师在传授概念和规律时，常直接给出定义、公式或规律，而忽略了它们的产生背景和形成过程。这种教学方式导致学生对结论的理解仅停留在表面和记忆层面。相反，从背景和过程出发，引导学生理解概念和规律，能够促进深层次和全面的理解。通过情境中的领悟和过程中的思考，不仅有助于提升学生的理解力，也有利于培养他们的科学思维。因此，在培养理解能力时，应当重视情境的引入和过程的教学。

②适时介入，深化理解。概念的巧妙引入是理解的起点。为了加深学生的理解，教学中应采取多种方法。物理概念和规律是从自然界的现象中抽象和归纳出来的，因此，理解它们需要回归到自然界和日常生活中。教师应利用学生周围可见、可感的事物，以及教材中的插图、图表和简单的实验体验，来帮助学生理解概念和规律。此外，将知识系统化。例如，通过阶段性的总结，让学生构建起物理知识体系，并在相似的概念和规律之间进行对比（如质量与重量、动量与动能、角速度与线速度等）。因此，教学过程中的多样化强化对于理解能力的培养至关重要。

③巩固成果，增强效果。经过前两个阶段，学生已基本理解了概念和规律，但最终的巩固同样关键。教师应通过设计具有针对性的练习题，帮助学生巩固对概念和规律的理解，并可以布置灵活的作业，如探索和解释日常生活中的相关现象。此外，实验教学，如演示实验，也是培养理解能力的有效手段。总之，课后的巩固对于理解能力的培养是至关重要的。

（2）有效的教学方法与策略以提升理解能力

①利用类比。物理概念和规律源于现实生活，但有些现象如磁场、电流等无法直接观察或体验。类比法在理解这些概念和规律时非常有效。例如，通过将通电导线比作小渠或水管，可以帮助学生更容易地理解电流的概念。

②情境教学法。在课堂上，教师可以设计贴近生活的情境，帮助学生理解概念。比如在讲解牛顿第三定律时，可以结合学生感兴趣的滑板车情境进行讲解。

③利用图像。图像比文字描述更加直观易懂。适当使用数学图像，如速度-时间图，可以更有效地解释物理概念和规律。

④实验教学法。演示实验能显著提高学生对概念和规律的理解，通过观察或亲自动手实验，学生能够更好地理解和吸收物理知识。

上述方法与策略都是培养理解能力的重要手段，关键在于灵活运用并针对问题核心进行教学。对于理解能力，关键在于培养学生的“联系”和“实证”意识，无论是通过生活实践、类比、情境还是实验，最终目的都是让学生结合自己的经验和情境，对概念和规律进行深入的理解和验证。通过这样的联系和验证，学生能够更好地内化知识并真正掌握它们。因此，在日常教学中，教师应鼓励学生养成在遇到物理概念和规律时积极进行“联系”和“实证”的习惯，以提升他们的理解能力。

2. 加强思维训练，增强论证意识，提升推理论证能力

推理论证能力涉及对物理状态的分析、预测变化趋势、运用数学逻辑进行推理和论证以及提出反驳观点等。以下是一些提升学生推理论证能力的策略：

（1）深化对“推理论证”概念的理解

从心理学角度来看，推理是利用逻辑思维深入探究客观世界的过程。科学推理能力是指运用逻辑思维对科学事实进行推理，解释现象、得出结论和获取新知识。Lawson A. E 指出，中学生的科学推理涵盖比例推理、概率推理、守恒推理、控制变量推理、相关推理和假设演绎推理六个方面。论证则是基于一个真实命题来证实另一个命题的真实性，通过收集信息和证据，建立证据与假设之间的联系，以验证假设的真伪。

（2）采取有效的教学方法与策略

①演示法。在科学探究中，推理论证扮演着关键角色。教师应首先向学生展示推理论证的过程，让他们通过观察历史上的物理学家如何进行推理论证来领悟其本质。例如，通过研究亚里士多德和伽利略对自由落体运动规律的推理论证，帮助学生理解推理论证的科学过程。通过示范-模仿教学，学生可以模仿科学家的思维方式，逐步形成科学推理论证的意识。

②注重提问引导。问题是推理论证的基础，教师应善于提出问题，引导学生进行思考、分析和推理。采用阶梯式提问，从简单到复杂，逐步引导学生深入思考，培养他们推理论证的习惯。

③头脑风暴法。鼓励学生主动参与，大胆提出问题、分析问题，并敢于质疑和反驳。教师应创造一个让学生敢于提问和争论的氛围，通过互相交流和论证，学生能够不断养成质疑和论证自己观点的习惯，这对于培养推理论证能力非常有效。

总结推理论证能力的组成要素和培养过程，可以发现一些规律。抓住这些共性，有助于灵活教学。推理过程涉及寻找事物之间的关系或解释现象的因果关系；论证涉及对假设真伪的判断。因此，在培养学生推理论证能力时，教师应关注“关系”和“证明”这两个核心。通过分析、讨论和推理物质之间的关系，以及通过证据证明观点，教师可以更灵活地施教。

3. 增强简化意识，善于抽象类比，培养模型建构能力

物理模型是对现实世界的简化和理想化表达，它通过提取问题的主要因素并忽略次要因素，进行科学抽象，以揭示物理现象的本质。物理模型主要分为对象模型、状态模型、过程模型和条件模型四种类型。模型的构建包括科学抽象、模型形成和模型验证三个阶段，这一能力在物理学习中至关重要。面对自然界的复杂问题，需要学生通过抽象化和简单化，以及选择或构建适当的模型来解决问题。构建物理模型的常用方法包括抽象法、假设法、类比法、等效替代法、量纲法、微元法和整体隔离法等。以下是一些培养学生模型

构建能力的教学方法和策略：

日常积累。在物理教学中，教师应引导学生积累经典模型，如质点、匀加速直线运动、平抛运动、静电场等，并教授模型构建的过程和方法，为学生建立模型打下基础。

联想思维训练。教师应训练学生在面对新问题时，能够通过抽象和联想，将已知情景与未知情景联系起来，寻找共同点，从而提高模型构建的能力。

习题练习。通过解决包含生活实践情景的物理习题，教师可以帮助学生在解题过程中体会模型构建的过程和方法，逐步引导学生参与模型构建。

总之，培养模型构建能力的核心在于"抽象"与"类比"，教师应引导学生面对复杂问题时，能够简化、抽象并归纳其本质特征，然后与自己熟悉的模型进行类比。通过这样的教学，可以有效提升学生的模型构建能力。

4. 鼓励独立思考，引导发散思维，推进创新能力的提升

创新能力是指在现有知识经验的基础上，获取新知识、发现新问题、创造新方法或解决新问题的能力。这种能力不是与生俱来的，而是个人在社会文化环境中通过与他人的互动逐渐形成的。学生在学习过程中，通过独立思考和勇于质疑，能够提出独特的见解和解决方案。创新能力是新时代对人才培养的新要求，也是青少年能力培养的重要方面。以下是一些培养创新能力的教学方法和策略：

情境教学法。创新往往在轻松愉悦的环境中产生，而在压力下则难以发挥。因此，物理教师应在课堂上营造轻松的氛围，让学生在快乐中学习、思考和发现问题。教师可以通过幽默的物理故事、鼓励学生积极回答问题和互相讨论以及进行趣味实验来活跃课堂氛围。

积极开发课程资源。在物理教学中，教师应积极开发和利用有助于提升学生能力的课程资源。例如，科幻电影可以作为激发学生创新思维的资源，尽管它们包含虚拟元素，但展现了人类的想象力。教师可以指导学生从科幻电影中获取灵感，尝试创新，如在课堂中讨论电影中的物理原理、创新点等，并鼓励学生进行设计性学习，依据物理学原理设计产品，从而激发学生的创新潜力。

现场教学法。传统的物理教学多在教室进行，教师讲授理论，学生想象场景。户外实践活动对提高学生的创新能力非常有益。教师可以定期组织户外教学活动，让学生在自然环境中学习和应用物理知识。针对生活中的实际情况，教师应提出问题，引导学生用物理知识解释现象，并探讨是否有优化策略。这种实际问题能够激发学生的思考和兴趣，有助于创新能力的培养。

创新能力是一种高阶能力，对学生的要求较高，具有较强的灵活性。创新的核心在于"新"，即与他人、以往和传统不同。因此，教师应引导学生发挥想象力、发散思维、跳出常规，独立思考，从而展现独特魅力，创造属于自己的新领域。

5. 激发学习兴趣，增强问题意识，提高实验探究能力

物理实验是物理思想和方法的重要载体，它能够指导人们观察和理解物质世界。在传统教学中，物理实验常常被当作教学的辅助工具，这种做法削弱了实验在物理教学中的核心地位。实验探究能力对高中生来说是一项高级要求，它融合了推理论证、创新和理解等多种能力要素。实验探究不仅仅是按照教材进行实验的过程，更是一个科学探究的过程，包括提出问题、做出假设、设计实验、实施实验、评估交流和得出结论等环节。根据学生自主程度的不同，科学探究可以分为验证型、结构型、引导型和开放型等类型。实验探究能力的培养既是教学难点，也是当代高中物理教学的热点。以下是一些培养实验探究能力的教学方法和策略：

激发学生对物理的兴趣。实验探究能力在很大程度上取决于学生的主动性和兴趣。科学探究需要严密的逻辑、敏锐的观察力和深入的思考。只有当学生对物理学科和科学探究活动感兴趣，有足够的耐心和求知欲，才能保证探究活动的深入和取得成果。教师应激发学生对物理和科学探究的兴趣，让他们爱上物理、爱上探究。

拓展实验，开拓学生思维。在高中物理教学中，除了基础的教材实验外，教师应鼓励学生在原有实验基础上进行创新思考，提出改进建议或优化实验设计。例如，教师可以去掉某些实验仪器，让学生在缺少器材的情况下探索解决问题的方法；或者改变实验目的，让学生利用现有器材重新设计实验，达到新的目标。这种启发性和灵活性的实验能够激发学生思考，提高探究能力和意识。

注重实验操作，引导学生发现问题和解决问题。提高实验探究能力的关键是实际操作。学生需要在实践中熟悉实验操作，发现问题，引发思考，并进行探究。教师应以学生操作为主、引导为辅，耐心等待学生自己发现问题并解决问题。

培养实验探究能力的薄弱点在于探究。教师应有意识地引导学生发现实验或生活中的问题，并通过设计实验进行探究。从简单问题开始，让学生了解实验探究的流程，经历具体的步骤和过程，逐步提升实验探究能力。

第四节　物理课堂教学中的科学方法

一、科学思维的本质与价值

首先，需要明确“思维”这一概念的双重性质，它既属于心理层面的现象，也表现为对现实的一种认知反应，这种反应形式在认知层次上属于较高等级。简而言之，思维是人脑对现实世界事物的一种间接的、深层次的反映，它揭示了事物的本质和运行规律；它建立在感性认识尤其是表象的基础上，借助语言和知识作为桥梁和纽带而达成。苏联心理学家维果斯基提出，人类的高级心理活动，特别是思维过程，是依靠人类在生产实践中形成的智力工具——语言和社会文化知识来实现的。科学思维的出现，伴随着人类的科学探索活动而逐步形成。

科学思维融合了逻辑思维、创新思维、系统性思维、反馈性思维、互补性思维等多重思维特质，是一个复合型的思维框架。对“科学思维”的定义虽然有多种表述，但核心内涵相似。

科学的宗旨在于揭示现象背后的实质，阐释事物发展的客观规律，追求客观真理。在科学探索中，人们通过一系列生理和心理过程，实现对客观事物真理性的认识，这一过程即是科学思维的过程。

科学思维的历史渊源可追溯至古希腊时期，其主要思维方式（除系统性思维外）均得到了不同程度的发展。进入近代实验科学阶段，实验方法使得自然科学在哲学的庇护下走向独立，这种独立性实质上是科学思维独立性的体现。科学思维的发展历程与科学活动的进步紧密相连。然而，对科学思维本身的研究，直至 20 世纪方才真正起步，并逐渐成为研究的焦点。

二、科学思维方法

（一）科学思维方法的构成

在科学探索的道路上，科学家们运用一系列的思维工具和方法来揭示自然界的奥秘。这些方法构成了科学思维的核心，它们是科学家在研究过程中遵循的规则、采取的途径、采用的形式和使用的手段的集合，是科学思维最为本质、基础且关键的部分。

科学思维方法可以根据其应用的范围和深度分为几个不同的层次。首先是哲学层面的思维方法，如辩证法等，它们为科学思维提供了基础的逻辑框架；其次是普遍适用于各个研究领域的科学思维方法，包括比较与分类、分析与综合、归纳与演绎、概括与猜想、溯因与预见、模型化、抽象与具体等；再次是特定于某一领域，如自然科学或社会科学的思维方式；最后是针对某一具体科学领域的特殊思维方法。

这些普遍的科学思维方法因其广泛的适用性，可以跨学科应用。科学本身具有一些共同的特性，这导致了在不同学科间存在一些通用的思维规则。然而，每个学科都有其独特的思考方式和问题解决策略，因此，尽管存在共性，每个学科的科学思维方法也展现出了其个性化的特点。

（二）物理学中的科学思维方法

1. 逻辑推理的方法

在科学探究中，经常使用三种不同的逻辑推理方式来理解和解释自然界的现象。首先是归纳推理。它是一种从具体事实出发，推导出普遍规律的思考方式。历史上，许多自然科学的定律和公式都是通过归纳推理得出的。科学家们基于可靠的观察和实验数据，运用逻辑推理，从而得出一般性的结论。其次是演绎推理。这种方法是从已有的理论出发，推导出特定情况下的结果。它是一种理论上的解释和预测工具，为科学发现指明了方向。例如，勒维烈在 1845 年根据天王星轨道的异常现象，运用万有引力定律进行数学推导，预言了海王星的存在，而加勒在 1846 年根据这一预言发现了海王星。最后是类比推理。它是基于对象之间的相似性或共同点，推断它们在其他方面也可能有相似之处的思考方式。在中学物理教学中，类比推理虽然可靠性较低，却是创造性思维的重要来源。通过这种方式，学生可以扩展他们的思维，探索新的可能性，并激发对科学的兴趣。

2. 比较与分类的方法

在科学研究中，比较是一种关键的逻辑工具，它能帮助识别和区分不同对象之间的相似性和差异性。这种方法的根基在于事物之间的普遍联系，因为只有在这些联系中，事物才能被真正理解和存在。通过在思维中对比不同对象，能够在比较中深化对它们的理解。科学思维中的比较不应该仅仅停留在表面现象，而应该深入事物的本质，关注它们最根本的属性。

同时，比较也是一种分解和重组的过程，它允许将事物分解开来，单独考虑每个部分，然后再将它们综合起来，形成对整体更深入的理解。

分类是另一种重要的思维方法，它基于比较，通过对事物的共性和差异进行区分，将它们归入不同的类别。分类的目的是揭示事物的本质特征和内在联系，这有助于人们更好地理解和解决问题。通过比较，人们能够识别出事物的共同点，将它们归为大类，同时也能够区分出它们的不同之处，从而划分为更细致的小类。这种分类方法不仅能帮助人们组织和理解信息，还能够指导进一步的研究和探索。

3. 分析与综合的方法

在科学探究中，分析是一种关键的思维技巧，它涉及对复杂事物各个组成部分的独立考察。通过将整体分解为若干部分，能够逐一研究这些部分，从而深化对整体的理解并揭示其内在的本质与规律。

与分析相辅相成的是综合，这是一种将分析得到的关于事物各个部分的知识整合起来，形成对整体全面理解的思维过程。综合的要点在于把握事物的整体性，关注各个部分和要素如何相互作用，以及这些相互作用如何体现整体的特征。

分析和综合是相互依赖、相互渗透的，它们在不同的条件和阶段可以相互转化。通常，当面对新的现象和事实时，首先采用分析的方法，逐一剖析事物的各个层面。然而，当认识深入事物的本质时，则需要转向综合，以便提出假说和建立理论。例如，控制变量法就是先分析后综合的一个典型例子，它是中学物理实验中常用的方法，通过先分析各个变量，再综合它们的效应，来控制实验条件，研究特定物理现象。

4. 抽象与具体的方法

在科学探索中，抽象与具体是两种相辅相成的认识方法。抽象方法涉及从对象的众多属性中提取出其核心、本质的属性，而具体方法则是将这些抽象的属性综合起来，形成一个完整的、统一的形象，反映了对象多样性的统一性。从具体到抽象，再从抽象到具体的转变，构成了一个完整的认识过程。通过科学的抽象，人们能够在思维中构建一个具体的概念，从而真正理解事物的本质。

科学认识的直接目标是透过现象看到本质，利用抽象方法去除干扰，简化研究对象，这是在物理学中形成概念、总结规律、提炼模型、构思假说、建立理论不可或缺的一种方法。例如，在物理学习中，常常建立理想模型，如质点模型，当物体的形状和各部分运动对研究物体整体运动的影响较小时，可以将物体简化为一个点，通过对这个点的分析来简化问题，揭示物体整体的运动规律，这是一种典型的科学抽象。

在解决物理问题或学习新的物理知识和规律时，人们通常会综合运用多种物理思维方法，将这些方法相互结合，灵活运用，以简化问题并深入理解物理知识，从而实现教学目标，获得满意的教学效果。

（三）科学思维能力结构

1. 科学思维能力结构建构的理论基础

科学思维能力是学生在智力发展和科学教育互动中形成的宝贵成果。科学教育的核心职责是根据学生对知识的掌握程度，对科学学科进行教育学的阐释。随着新课程标准的推行，对学生科学思维能力的培养研究变得尤为重要。

首先，科学思维能力建立在科学知识的基础上，包括感性知识和理性知识两个层面。感性知识涉及科学事实和现象，而理性知识则包括科学概念和规律。科学能力的提升不仅基于科学知识的积累，而且能够促进对科学知识的深入理解。因此，在构建科学思维能力的过程中，必须将科学知识作为一个重要因素考虑在内。

其次，科学思维能力的结构相对稳定，它是科学能力的核心。从静态的角度来看，科学思维能力由一系列具体的成分构成，呈现出稳定的状态。然而，从学生科学思维能力发展的角度来看，它又是一个动态变化的过程。因此，科学思维能力是一个系统，它将静态和动态的特点有机地结合在一起。

最后，科学思维能力的结构涵盖了思维品质，这是判断智力水平的关键指标。科学思维品质是指在学习科学知识、开展科学研究和解决科学问题的过程中，个体逐步形成和发展的一系列智力特征。它包括思维的深刻性、灵活性、敏捷性、批判性和独创性五个方面。这些品质共同构成了科学思维能力的多维结构，为学生的科学学习和创新思维提供了坚实的基础。

2. 科学思维能力表现指标

以胡卫平教授和罗来辉学者制定的中学生科学思维能力的具体表现表为模板，结合物理学科科学思维的具体水平划分，笔者制定了如下指标：

表 2-1　中学生科学思维能力表现指标

方法	品质	中学生科学思维能力表现指标
逻辑推理	深刻性	1. 能够运用归纳和演绎推理设计实验过程。 2. 能够对实验结果进行归纳总结，并进行推理论证。 3. 善于归纳推理物理问题。 4. 具有数学推理能力。 5. 能够运用形式逻辑推理和法则。
	灵活性	1. 能从不同角度思考物理问题，采用不同方式灵活地解决物理问题。 2. 能够灵活地对综合性物理问题进行逻辑推理。 3. “一题多解”“多题归一”。 4. 能够将一个一般的物理问题演绎成几个特定的物理问题。 5. 能灵活地处理物理中的各种辩证关系。
	批判性	能考虑证据的可靠性，合理使用证据，制订合理的计划，确定恰当的解题策略和方法，并根据实际情况修改思路，善于对解题过程和结果进行检验、反思。
	敏捷性	在解决物理问题时，能迅速、准确地将问题信息输入头脑中，利用原有的认知结构，迅速、适当地提取知识和方法，解决问题。
	独创性	1. 能从多个视角审视检验结论，解决物理问题具有一定的新颖性。 2. 能够根据已有习题，改变情景，变换条件，从而创造性地改编。 3. 善于在原有图景的基础上，独立构想新的图景，并能够对其进行合理加工，改造成为新的图景。
比较与分类	深刻性	1. 能正确理解物理概念和规律的来源、内涵、外延及相关概念和规律之间的联系和区别。 2. 能够对物理知识进行比较分类和概括总结，形成合理的知识结构体系。

续表

方法	品质	中学生科学思维能力表现指标
	灵活性	能够灵活地对较复杂的实际问题中的物理对象和物理过程进行比较和分类，并且转换成物理模型。
	批判性	能区分表面上相似但本质上不同的物理概念、规律和问题，能够排除前物理概念和前物理观念对概念和规律学习的干扰。
	敏捷性	能够快速比较物理现象之间的异同，并对物理问题进行分类。
	独创性	善于用类比的方法，推移知识和结论。
分析与综合	深刻性	1. 能够正确且全面地分析物理对象和问题。 2. 能排除多余因素的干扰。 3. 能够知道物理问题中的隐藏条件。 4. 能够全面且深入地分析物理过程。
	灵活性	1. 根据具体问题，灵活地选取物理对象。 2. 挣脱思维定式的束缚，灵活地分析物理过程。 3. 能够灵活地分析与合成物理问题。 4. 善于从新的视角分析问题。 5. 善于将已掌握的知识和方法灵活地迁移到新的物理情境中去。
	批判性	在物理学习中，爱好独立分析，能对已有结论提出有依据的质疑，善于制订合理的学习计划，并根据情况进行修正。
	敏捷性	能快速、正确地分析所学的物理知识，掌握其实质。
	独创性	善于设计新的实验方案，采用新的观察实验方法。
抽象与概括	深刻性	1. 正确理解理想物理模型的成立条件。 2. 善于运用理想化的方法，将物理对象及探究过程理想化，应用常见的物理模型，抽象出理想物理模型和理想物理过程。 3. 能从大量的物理现象和物理事实中，抽象出物理本质，并概括出物理概念。 4. 能够通过文字表述描绘图景。
	灵活性	能灵活地抽象出理想物理模型。

三、旨在培养学生科学思维能力的课堂教学特征

（一）旨在培养学生科学思维能力的课堂教学的基本思想

课堂教学的宗旨在于培养学生的科学思维能力。在物理教学中，从概念的建立到模型的构建，再到实验探究，每一步都离不开思维的参与。学生的积极思维不仅能够实现思维、情感和行为的三位一体，还能帮助他们在日常生活和工作中解决问题，为从家庭和学校过渡到社会生活做好准备。此外，课堂教学应强调教师与学生均为主体的原则，这种相互尊重的师生关系有助于教学相长，推动师生间的深入思维交流。

因此，教师应引导学生在学习物理的过程中积极进行思维活动，通过在教学各个环节创设思维情境，提升学生的思维能力，并将其作为衡量课堂教学质量的关键指标，以优化学生的学习成果。同时，教师应关注课堂教学内容的设计，鼓励学生之间的互助合作学习，培养学生的发散性思维。通过这种方式，学生能够更好地掌握物理概念和规律，灵活运用知识，提高分析和解决实际问题的能力以及创新能力，从而使学生的思维能力得到全面的培养和发展。

（二）旨在培养学生科学思维能力的课堂教学的主要特征

培养学生科学思维能力的课堂教学，其核心特征体现在四个方面：认知冲突的激发、知识的自主建构、教学与学习的自我反思以及知识与方法的应用迁移。

认知冲突是指在物理学习过程中，学生原有的认知结构与现实情境不符时产生的心理矛盾。这种冲突能够激发学生的兴趣，促进他们积极思考并主动参与课堂活动。因此，教师应利用学生的认知冲突，以课程标准为依据，针对教学的重点和难点，结合学生的已有知识，设计引发学生兴趣的问题，激发他们的学习热情，引导他们积极思考，从而完善他们的物理认知结构。

知识的自主建构涉及认知建构和社会建构两个方面。学生不是被动地学习物理知识，而是通过自身的经验知识进行学习。教师在课堂上应观察学生的心理发展，选择学生感兴趣、易于理解且与已有知识相关联的实例进行教学。维果斯基的社会建构思想强调课堂互动，包括行为、情感和思维三个层面的互动，其中思维互动是高中物理思维型课堂教学的核心。

自我反思是物理教学和学习的重要组成部分。学生在每节课结束后，应在教师的引导下对所学知识、方法、思维方式和学习过程进行总结和反思，以提高学习能力和反思能力。教师也应总结和反思教学内容分析、教学过程设计、学生学习过程等方面，以优化课

堂效果。

知识与方法的应用迁移是指学生能在实际生活中运用所学物理知识和技能，并将这些知识迁移到新的情境中。重视对学生思维品质的训练是关键。教师在训练学生思维品质时，应加强学生对知识的灵活运用，并引导他们在知识运用中不断总结方法，从而掌握知识与方法之间的联系和迁移。

课堂教学的基本环节包括教学导入、教学过程、教学总结和反思以及应用迁移。在教学导入环节，教师应从教学目标出发，尽可能使用学生可观察、易理解的方式引入教学，有效激发学生的学习动机。在教学过程中，教师应创设问题情境，启发学生积极思考，并加强师生和生生互动，促进学生思维发展。教学总结和反思不仅有助于学生更好地理解物理知识并形成知识结构体系，也能帮助教师完善课堂教学。对培养学生科学能力的课堂教学特征进行分析，有助于制定课堂教学各个环节的策略，使对学生思维的训练贯穿整个教学过程。

四、旨在培养学生科学思维能力的课堂教学策略

（一）教学导入环节培养学生科学思维能力的策略

1. 巧设问题驱动学生思维发展

在课堂教学的初始阶段，教师应通过提问的方式引导学生学习新的课程内容。这种提问能够唤起学生的好奇心，激发他们主动思考。学生在探索问题的过程中，会激活他们大脑中的已有知识，并通过质疑、分析和推理来主动构建新的物理概念。在高中物理课堂上，教师的提问不仅能够帮助学生集中注意力，还能鼓励他们独立思考和分析解决物理问题，从而培养和提升他们的科学思维能力。同时，教师应注意以下几点：首先，在引入新课程时，教师不仅应提出相关物理问题，还应创造相应的物理情境，以营造积极的学习氛围，激发学生的学习兴趣和思维活动；其次，教师应结合教学实际和学生的生活经验设计问题，使之贴近学生的生活，以引发学生的共鸣；最后，教师应根据课堂实际情况和学生的不同认知水平灵活调整问题难度。课堂应充满活力，提问的方式应多样化，以适应不断变化的教学需求和发展。

2. 结合学生已有知识基础引发认知冲突

根据维果斯基的“最近发展区”理论，教师可以利用学生的现有知识基础，引发认知冲突，作为新课程教学的切入点。学生在学习新课程时，已经具备了一定的知识储备，这些储备既来自教师的教导，也来自学生的学习和生活经验。教学的起点应建立在学生的知识储备基础上。在认知冲突的基础上进行认知建构，能够帮助学生更全面、更深入地理解

物理概念和规律。学生参与自主建构的过程，是培养科学思维能力的过程，这一过程可以增强学生思维的深刻性和批判性。在教学过程中，教师可以先提出与物理知识相关的生活问题，通过学生的回答判断其知识储备，然后创设引发认知矛盾的物理场景，激发学生积极思考。最后，教师参与学生的思考过程，通过师生互动共同得出结论。因此，这种新课程导入方式要求教师深入分析学生的现有知识结构，并了解学生思维水平的发展特点。

以“法拉第电磁感应定律”为例，学生在之前的学习中通过奥斯特实验了解到电可以产生磁，认识到回路中的部分导体切割磁感线会产生感应电动势，并对磁场的基本性质有所了解。这些都是学生已有的知识基础。教师应引导学生梳理这些已有认知，为新知识的学习打下坚实的基础，并建立起新旧知识之间的联系，帮助学生在新课程学习后构建完整的知识结构体系。

3. 演示实验引导学生主动观察思考

利用演示实验作为新课程教学的导入方式，教师能够有效地激励学生主动观察和思考。在物理学教学中，学生对物理概念和原理的理解往往需要从感性认识上升到理性认识，而这些概念和原理往往是对事物本质的抽象概括。物理实验的设计和执行要求学生展现创造性思维。通过观察教师的实验演示，学生能够在理解实验原理的基础上发现实验过程中可能存在的问题，并通过反思来培养科学思维能力。物理学的发展历史显示，许多物理概念、规律和原理的确立都基于实验。通过演示实验导入新课程，学生可以直观地观察物理现象，并从实验结果出发积极思考，从而更深入地理解实验原理。此外，实验现象的直观呈现有助于实现物理知识从抽象到直观的转变，减少学生在初次接触新概念和规律时的思维障碍，为课堂教学的顺利进行打下坚实基础。通过演示实验，教师能够从抽象和概括的角度培养学生思维的深刻性和敏捷性。

（二）教学过程中培养学生科学思维的策略

在整个物理教学过程中，应将培养学生的物理科学思维能力作为核心目标，尤其是课堂教学环节。课堂教学是塑造学生科学思维的关键时期，教师应引导学生进行多角度分析和全面思考。学校教育在培养学生科学思维能力方面具有很的影响力和可控性。因此，在日常教学中，教师应营造一个积极的物理学习环境，给予学生想象的空间，鼓励他们独立思考，并教授他们如何创新和创造。在教学过程中，教师也可以通过思维训练帮助学生掌握思维技巧。现代量子力学中的哥本哈根学派之所以能在物理学等领域取得巨大成就，很大程度上得益于那里自由讨论的思维方式。中国古代的“百家争鸣”也证明了这一点，因此教师应多创造自由讨论的机会，这种环境更有利于激发思维和创造力。这一环节要求教师通过创设物理问题情境，加强师生和生生之间的互动，不仅要强调学生的思维活动，还要培养他们的科学探究能力。

物理问题情境的创设一方面可以引导学生通过观察和思考来掌握物理本质，这是学生主动学习的过程；另一方面教师通过创设问题情境，引导学生探索解决问题的方法，教师在学生自我探究中起到引导和辅助的作用。这样不仅加强了师生和生生互动的有效性，也融入了方法教育，从而有助于培养学生的创新思维和辩证能力。根据物理问题情境的创设，培养学生科学思维能力的教学过程可以归纳为以下几种方式：运用实验创设情境发展学生思维、运用类比法演绎教学发展学生思维、通过物理学史追寻根源发展学生思维、通过生活实例引导学生自主建构发展学生思维以及通过多媒体技术教学发展学生思维。接下来，将对这几个方面进行深入研究。

1. 运用实验创设情境发展学生思维

在物理教学过程中，通过实验手段来构建问题情境，可以使课堂教学逐步深入，节奏紧凑，效果显著。实验情境的创设在教学中起到三个关键作用：首先，它能激发学生的学习兴趣，加强学生对物理概念的理解，并促进科学思维的发展；其次，实验的融入有助于学生在课堂上集中精力，专注思考；最后，教师通过演示实验和学生自主设计实验的过程，可以帮助学生在科学探究中掌握方法，培养其严谨的科学态度，提高科学思维能力。因此，实验教学的课堂要求教师在课前设计与教学内容相关、操作简便、现象明显的实验。同时，要预防实验操作中的错误和意外，并能及时有效地处理，以此有效地激发学生的兴趣，促使学生积极思考，抓住认知矛盾，帮助学生在解决矛盾的过程中深入理解物理知识，构建系统的知识结构体系，提升科学思维能力。

通过师生互动和生生互动来促进物理学习。在教学过程中，采用以学生为主体、教师为指导的实验模式。虽然教师演示、学生观察的模式能够取得良好的课堂效果，实验成功率较高，但是它并不利于学生真正理解实验的原理。只有当学生亲自参与实验的设计和实施时，他们才能发现并解决问题。学生的独立思考加上教师的引导，能够有效地培养科学探索能力，这一过程也激发了学生对物理学习的热情和积极性。在实验教学中，问题的提出应给予学生充分的思考时间，并鼓励他们提出疑问，操作过程中培养科学探究能力，交流和评估中培养信息处理能力，总结归纳时培养建构能力。学生设计实验、操作实验、完善实验的过程，有助于提高物理学科核心素养和创新潜能，尤其是对于中学生在独创性品质方面的提升。在物理实验教学中，包括教师演示实验、学生分组合作实验和课外兴趣实验等多种类型，这些不同类型的实验共同参与，从不同角度和层面培养学生的科学思维能力。

在“互感和自感”的教学中，教师通过精心设计的实验系列，不仅完善了课程结构和逻辑结构，还让学生体验到互感和自感是特殊的电磁感应现象，帮助学生建立整体的电磁感应观念结构。通过课堂演示实验创设情境，将知识学习与真实情境相结合，并以问题引导的方式学习，提升学生对知识的迁移性，从而更好地发展学生的科学思维。

2. 运用类比法演绎教学发展学生思维

采用类比法进行教学是促进学生思维发展的有效课堂策略。在传统教学模式中，教师倾向于使用逻辑思维方法，通过严格的演绎、论证和逻辑推理，向学生展示理论知识框架和物理内容之间的内在联系。然而，教师往往忽视了另一种非逻辑思维方法——类比法。回顾物理学的发展历程，可以看到类比法在物理学领域扮演了不可或缺的角色。例如，在奥斯特发现电流的磁效应之后，法拉第运用类比推理开始探索“既然磁能生电，那么电能否生磁”的问题，并通过持续的研究最终揭示了电磁感应的规律。

类比法是一种基于比较的逻辑推理方式，它是一种极为宝贵的思维方式。因此，高中物理课堂教学应当重视类比法的应用。在日常教学中，教师可以根据不同的教学内容选择适当的类比方法进行教学。类比演绎不仅有助于学生将新旧知识联系起来，构建知识结构体系，还能引导学生在对物理概念的比较分析中提高科学思维能力。

3. 通过物理学史追根溯源发展学生思维

物理学的历史不仅涉及物理概念和规律本身，还包括了探索这些概念和规律所采用的科学方法，以及物理学家们在研究道路上所展现的坚韧不拔的精神。通过追寻历史根源，可以依托物理学史，以关键的物理定律、实验和重大物理发现为案例，探讨其成果的形成过程，体验物理学家的研究历程，并学习他们科学创新的精神。在研究物理学史的过程中，学生能够更深入地理解物理知识和规律。物理学中的许多基本规律和定律的发现，实际上是经历了漫长而艰难的研究过程。学生需要学习的不仅是这些知识定律，更重要的是掌握前人发现知识的方法，了解他们在探究过程中遇到的问题和犯过的错误。这些错误在学生的日常学习中也是难以避免的，错误中吸取教训，从经验中成长，真正理解物理概念和定律的形成过程，也就是理解物理学家的思维过程。任何知识的产生都是一种创造性的思维过程，它凝聚了发现者的思维方法。因此，在教学过程中，教师可以根据某一节物理课的特点和教学目标，运用物理学史进行教学，并鼓励学生在课后查阅相关文献，使学生在理解物理知识的同时，提升科学思维的高度。

物理学的发展历程是曲折而漫长的。在教授电磁感应部分时，通过研究“电生磁”和“磁生电”的物理学史，不仅是为了丰富学生的科学知识，更是为了让学生深刻理解物理学家们坚持不懈的精神。探索真理的过程是曲折的，物理学家们经历了无数次的失败才最终得出结论。因此，学生需要掌握物理概念和规律，同时也要了解这些概念和规律发现的过程，这些都是宝贵的教学资源。这些物理学家们能够抓住转瞬即逝的发现，也提示学生要注意观察，发现偶然与必然之间的联系。

4. 通过生活实例引导学生自主建构发展学生思维

在教学中，应根据学生的认知能力和思维发展水平，引导他们构建物理概念和规律。在日常教学中，教师和学生应共同发挥主体作用。教师需根据学生在学习过程中的认知和思维水平，适时调整教学计划，并激励学生在探索中形成新的理解。与教师直接传授概念相比，学生在自我探索和自主构建过程中对物理知识的掌握更为有效。知识源于生活，也应用于解决生活中的问题。在课堂教学中，使用贴近生活的实例可以使学生产生共鸣，降低教学内容的理解难度，对提高学习效果有显著作用。生活化的教学实例不仅能激发学生的兴趣，还能培养他们将物理知识应用于生活的意识，并提升科学思维能力。将学生熟悉的生活案例和现象引入课堂讨论，对于营造积极的学习氛围至关重要。

例如，在教授“静电现象的应用”时，教师可以引导学生回忆日常生活中的实例，如早晨梳头时头发飘起、同学间无意碰触产生的刺痛感，以及接触门把手时的触电感等。通过这些学生亲身经历的事例进行教学，可以唤起学生的学习兴趣，激发思维活动，从而有效培养和提升学生的科学思维能力。

5. 通过多媒体技术教学发展学生思维

物理学习的难点之一在于其抽象性，这是对学生思维的一个挑战。因此，教师在授课时会采用多媒体技术来辅助教学。利用多媒体技术创设问题情境，可以使教学内容更具体、更直观，便于学生理解和吸收。多媒体技术使教学体系更加开放，内容更加丰富多样，并在教学过程中培养学生的发散性思维。通过多媒体技术的网络功能，加强了师生之间的互动交流，这种教学模式可以引导学生学会思考，实行启发式教学。因此，运用多媒体技术进行课堂教学能有效地激发学生的积极性，培养科学思维，提高学习效率。

例如，DIS 实验装备的使用，其传感器能够通过电脑连接采集数据，弥补了人眼观察时间上的不足，实现了对实验现象的精确观察。通过电流传感器记录变化的现象，将学生难以理解的知识点和难以直观看到的物理过程，通过传感器转化为图像和数据，直观地展示在学生面前。这样的教学方法有效地攻克了教学难点，降低了学生思维理解的难度，构建了有效的课堂环境，培养了学生的科学思维能力。

（三）教学总结与反思环节培养学生科学思维能力的策略

在课堂教学活动中，教师和学生都是积极参与的主体，因此，教学总结与反思应当涵盖两个层面：一是指导学生进行学习总结与反思；二是教师自身对教学的总结与反思。教师应鼓励学生对课堂学习内容进行个人梳理，这一过程不仅能加深对物理概念和定律的理解，还有助于构建物理知识结构体系，并且是归纳科学探究方法的过程。在学生总结的基础上，教师进行教学内容的再次梳理，这有助于物理知识的深化和升华。同时，教师应反思教学环节的安排是否恰当、实验过程是否合理，是否充分考虑到学生的认知能力和思维发展水平，以及是否实现了预定的教学目标。教师对课堂教学和自身教学行为的反思有助于优化教学过程，更有效地促进学生科学思维能力的培养。

1. 引导学生总结与反思

在学生进行学习总结的过程中，教师应扮演引导者的角色。教师应鼓励学生独立回顾课堂学习内容，帮助学生整理、巩固关键知识点和难点，并指导学生自行归纳科学思维方法，同时反思在学习中遇到的问题和困惑，通过这一过程将知识内化为个人总结。根据课程内容的不同重点，教师可以采用不同的引导方式。例如，如果课程重点在于知识点的概述，教师可以引导学生使用思维导图来总结和反思；如果重点在于方法和技能的掌握，教师可以通过提出问题来引导学生进行总结和反思。这样的引导有助于学生掌握具体的知识和技能，同时帮助学生构建知识结构体系，建立新的知识模块，提高解决问题的能力，并掌握科学思维方法。

思维导图是一种有效的思维工具，它通过图形和文字的形式展示主题之间的关系和层次，有助于学生发展发散性思维。它将学生头脑中不可见的抽象思维以图形的形式展现出来，体现了学生思维的脉络。通过思维导图，学生能够全面、整体地思考问题，深入掌握知识和方法，更容易找到解决问题的关键点，从而提升科学思维的深刻性、灵活性、批判性和独创性。教师可以通过观察学生的思维导图来了解学生的学习情况，并有根据地调整教学策略，优化课堂教学效果。

通过提出问题来引导学生进行学习总结和反思也是一种有效的方法。教师可以通过提问来引导学生回顾教学过程，总结知识和方法。这种“问题式”引导包括三个方面：学生通过学习掌握了哪些物理知识和科学方法？有哪些收获和体会？有哪些问题和疑难？教师应根据具体的教学内容设置问题，在总结和反思的过程中拓展学生的思维。

以“法拉第电磁感应定律”为例，教师在引导学生进行学习总结和反思时，首先可以让学生使用思维导图来展现核心概念，形成知识结构体系。其次，教师根据重点知识内容提出问题，如“请同学们回顾一下，法拉第电磁感应定律是如何得出的呢？”学生根据学习过程回答问题，并提出自己在学习中的疑问。通过师生交流讨论的方式解决问题，加深学生对教学内容的理解和掌握。最后教师应为学生创造反思学习的机会，让学生在反思中加深对教学内容的理解和掌握，从而逐步提高学生的物理学习水平。

2. 教师自我总结与反思

在学生完成学习总结与反思之后，教师应进行相应的教学内容总结与反思，以深化学生对物理知识和方法的理解。同时，教师也应进行自我总结和反思，审视课程设计是否恰当、授课过程是否适应学生的认知水平和思维发展，以及教学过程中出现的问题，并在深入分析后予以解决。这一过程不仅有助于提升教师的专业素养，还能在总结教学经验的同时优化课堂教学效果，进而有效地培养学生的科学思维能力。

（四）教学应用迁移环节培养学生科学思维能力的策略

新的课程改革理念强调课程内容与时代的同步性，重视科技进展和社会需求。新课程标准也突出了物理学科的内在本质，旨在培育学生的物理学科核心素养，激发学生的科学思维习惯，并提升他们的科学探究技能。因此，教师需要指导学生如何灵活地应用知识来分析和解决现实生活中的问题。在学生进行讨论、交流和表达个人观点之后，教师应提供全面的解释，并鼓励学生提出创新性的想法。此外，课堂教学还应当教授学生创造性思维的基础方法。在习题课的教学中，教师应当引导学生及时总结和归纳解题策略，并在解决问题的过程中培养学生的科学思维能力。教师应在概念分析环节，培养学生的质疑能力；在公式应用环节，培养学生的批判性思维；在错题解析环节，培养学生的批判能力。通过充分发挥物理课堂的教育功能，教师可以培养学生的批判性思维意识，并进一步培养和发展学生的科学思维能力。

五、案例：电磁感应部分课程标准及重点教学内容分析

根据《教育部关于全面深化课程改革落实立德树人根本任务的意见》，研究制定了学生发展核心素养体系和学业质量标准。此外，《国家中长期教育改革和发展规划纲要（2010—2020年）》也提出了减轻中小学生课业负担和开发特色课程的措施。在综合考虑过去十余年课改实验的成果和经验以及国际科学教育最新进展（如学习进阶、核心概念、STEAM教育等）的基础上，2018年1月16日上午，教育部召开了新闻发布会，宣布了修订完成的普通高中课程方案。

（一）关于课程方案

进一步明确了普通高中教育的定位。普通高中的培养目标是进一步提升学生综合素质，着力发展核心素养。进一步优化了课程结构。将课程类别调整为必修课程、选择性必修课程和选修课程。进一步明确了各类课程的功能定位，与高考综合改革相衔接。强化了课程有效实施的制度建设。进一步明确了课程实施环节的责任主体和要求。

（二）关于学科课程标准

1. 凝练了学科核心素养

对三维目标进行了整合。围绕着核心素养的落实，精选、重组了课程内容，明确内容

要求，指导教学设计，提出考试评价和教材编写建议。

2. 更新了教学内容

以学科大概念为核心，使课程内容结构化；以主题为引领，使课程内容情境化。

3. 研制了学业质量标准

明确了学生完成本学科学习任务后，学科核心素养应该达到的水平，各水平的关键表现构成评价学业质量的标准。

4. 增强了指导性

增强了对教学和评价的指导性。

（三）关于课程结构

变化前是以教材来区分必修、选修，变化后是以知识模块来区分必修、选修。划分更加细致、科学、合理。

必修模块为合格性考试内容，必修模块和选择性必修模块为等级性考试内容。无论是必修课程还是选修课程，都充分注重物理核心素养的达成。

《普通高中物理课程标准》的修订是高中课程改革的重要环节，引导教学应注重培养学生的核心素养，对育人质量要求有所提高。因此，教师应根据新课程标准对教学内容做出合理的调整，使课堂丰富而生动，以满足学生终生发展的需求。

（四）电磁感应部分课程标准分析

从课程标准的内容要求来看，新标准强调了对核心概念的理解，如从能量守恒的角度解释楞次定律以及了解自感现象等。学生在学习过程中应逐步建立起清晰、系统的物理观念，并能够从物理学的视角准确地描述和解释现象。课程还强调了实验的重要性，要求学生具备物理探究意识，能够提出可研究的物理问题，并根据已有的探究方案收集和处理信息。在能力提升的同时，学生应能够独立设计科学探究方案，并与他人交流、反思实验结果。教师应引导学生对常见的物理现象进行深入分析，鼓励学生使用证据合理表达自己的观点，并激励学生勇于质疑和创新。通过课外活动，学生可以学习物理学家坚持不懈的研究精神，体会科学技术对社会发展的贡献，并培养对可持续发展的责任感。

（五）电磁感应部分课堂教学内容分析

接下来分析电磁感应部分重点教学内容的知识概念以及重难点内容。

1. 楞次定律

此部分内容是高中物理教学中的一个挑战性章节，它基于学生对初中磁场知识和电磁感应的初步理解，进一步深入探讨“磁生电”的规律。

以学生为中心的教学理念贯穿本节课，主要通过学生自主实验探索的方式进行教学，创设问题情境，边实验边教学，引导学生观察、分析、归纳实验现象，并得出结论。学生在真实的探究环境中，体验理想化方法、分析综合等方法，通过推理论证理解楞次定律是能量守恒定律在电磁学中的具体体现。学生的活动贯穿整个教学过程，有效地发现学生的个性并发展学生的科学思维能力。

楞次定律的内容：感应电流的方向是这样的，即感应电流的磁场总是阻碍引起感应电流的磁通量的变化。楞次定律也可以表述为“感应电流的效果总是反抗引起感应电流的原因”，在磁铁与线圈相对运动产生感应电流的情况下，感应电流的效果总是阻碍它们间的相对运动。这两种表述从不同角度阐释楞次定律，加深学生对楞次定律的理解。引导学生从能量观的角度解释楞次定律，从能量观的角度理解为什么会发生阻碍，可以有效加深对物理规律的理解。在物理观念形成的过程中，提升学生科学思维能力的深刻性与批判性。

其难点在于正确理解楞次定律中“感应电流的磁场总是阻碍原磁通量的变化”的“阻碍”二字。对“阻碍”一词的理解是学生建立楞次定律物理观念的核心，学生对“阻碍”一词的理解过程就是培养科学思维能力的过程。感应电流的方向与感应电磁的磁场方向有关联性，如何自然地引入感应电流的磁场方向这个中介也是一个难点，需要在学生充分思考后适时点拨。学生思考的过程就是科学思维能力培养的环节，这是从分析综合的角度提升学生科学思维能力的深刻性与批判性。教师在教学中运用实验手段创设问题情境，引导学生观察实验、提出问题、分析问题和解决问题，同时鼓励学生小组合作设计实验，并分析实验结论，从逻辑推理以及分析与综合方面提升学生科学思维能力的灵活性与敏捷性。

从物理学科核心素养的四个要素角度对楞次定律内容的分析如下：

物理观念：楞次定律符合能量守恒，因此从能量观的角度来解释磁铁和线圈的相互作用以及楞次定律的相关应用。

科学思维：引导学生思考感应电流方向与哪些因素有关？有什么关系？思考“阻碍”二字的含义。通过归纳实验现象，锤炼分析综合的方法。

科学探究：提出问题，形成猜想——感应电流的方向与磁通量的变化有关，设计实验并进行操作演示，让学生分析数据结果从而归纳总结得出楞次定律。通过对比试验，加深学生的理解。

科学态度与责任：正确认识楞次定律，认识科学本质，了解物理学家对科学技术的发展做出的巨大贡献。

2. 法拉第电磁感应定律

在学习“法拉第电磁感应定律”这一章节时，学生需要从对感应电流的理解过渡到对感应电动势的研究，这一认识的深化对学生而言是一个挑战。通过提问，引导学生复习电流产生的条件，并引入感应电动势的概念，从而将新知识与已有知识体系相连接。这种方法有助于提升学生在逻辑推理方面的深刻性和敏捷性。

在进入本节内容学习之前，学生已经具备了一定的知识基础。然而，相同概念的教学在不同学习阶段应当是逐步深入和提高的。尽管学生具备了一定的实验操作能力，但是他们的逻辑思维和抽象思维能力可能还不够强，因此，需要教师引导学生深入探究实验原理，并在这一基础上进行猜想和实验。教师应指导学生对实验结果进行综合分析和推理归纳。此外，学生对物理学的研究方法已有较为深刻的理解，在自主学习、合作探究等方面的能力也相对较高。在学生掌握基础知识和技能的同时，教师应培养学生的科学思维能力，并帮助学生建立正确的价值观，使课堂教学成为全面培养学生素质的过程。

本节课的核心在于法拉第电磁感应定律的建立过程以及对其两个公式的理解。首先，需要准确理解“法拉第电磁感应定律”。导线在磁场中运动产生切割磁感线或回路中磁通量发生变化是产生感应电动势的条件。如果导线在磁场中运动但不切割磁感线，则不会产生感应电动势。当磁场变化时，产生的感应电场的电场线与磁场方向垂直。感应电动势的大小与磁通量变化的速率有关。在教学中，应让学生自行设计实验方案，亲自动手进行实验，并进行思考讨论，以深入理解定律的建立过程。

从深刻性和批判性水平方面提升学生的科学思维能力。从物理学科核心素养的四个要素角度对法拉第电磁感应定律的内容进行分析如下：

物理观念：使学生了解感应电动势和磁通量变化率的概念，理解法拉第电磁感应定律的内容，并能够运用数学表达式。

科学思维：教师通过类比法引入感应电动势，通过演示实验，指导学生观察分析，总结规律。通过观察实验现象的分析讨论，总结影响感应电动势大小的因素。通过归纳实验现象，锤炼分析综合的方法，培养学生质疑创新的能力。

科学探究：提出问题，形成猜想，通过实验，培养学生的动手能力和探究能力。

科学态度与责任：了解法拉第探索科学的方法，明白科学的精神和态度在探究过程中的重要作用。通过师生互动、生生互动，培养学生主动探究和团队合作的精神。

第三章　高中物理的高效课堂教学

第一节　新课改下的物理课堂教学反思

苏霍姆林斯基曾经提出，教育的智慧不在于预先设计课堂的每一个细节，而在于根据实际情况灵活调整教学策略，让学生在不知不觉中受益。物理课堂是展示教师教学技巧和课堂管理艺术的舞台，也是检验教师课堂驾驭能力的关键。物理课堂充满变化和色彩，教师面对的是充满活力和趣味的学生群体，学生在课堂上的表现千变万化，这要求教师能够及时有效地对学生的行为进行指导和矫正。

一、高中物理课堂教学管理中存在的主要问题

（一）物理教师课堂教学管理方式单一，效果低

物理课堂是一个充满变化和活力的环境，物理教师在这里面对的是一群充满活力、思维活跃的学生。在课堂教学管理中，学生可能会展现出许多意想不到的行为，这些行为需要教师及时进行引导和纠正。同时，这些行为也是教师在课堂管理中经常遇到的敏感问题，处理得当与否将直接影响师生关系的和谐、课堂氛围的优劣以及教学效果的高低。

研究表明，在高中阶段，物理学科往往处于相对弱势的地位。物理教师通常负责三到四个班级的教学，有时甚至更多，而每周的课时安排大约是四节。对高一学生来说，由于科目众多，每周的课时可能不足四节；而高二文理分科后，课时可能会有所增加。尽管物理教师的总课时量并不多，但重复讲解相同内容可能会导致教学疲劳。因此，在课堂教学中，只要学生的行为不是很过分，一些教师可能会选择专注于教学而忽略管理；甚至有些教师为了完成教学任务，可能完全不管理课堂行为。由于物理教师所教班级较多，且每个班级的课时相对较少，一学期下来，教师可能难以记住所有学生的名字。因此，在课堂教学管理中，为了避免尴尬，教师可能会对那些表现不佳的学生仅用眼神制止或严厉斥责；对于回答问题的学生，无论回答的正确与否，可能都不会给予任何反馈，或者只是简单表扬；对于那些在课堂上认真学习、努力表现的学生，很少会得到针对性的表扬或鼓励。当

教师与学生交流，了解他们的学习状态和心态变化时，对于那些不愿与教师沟通或合作的学生，教师可能会感到无助，缺乏有效的沟通技巧。

在物理课堂教学管理中，有一种情况值得注意：一些物理教师可能在提问学生时表现得非常严肃，提问后的反馈也同样严肃，不给予学生任何表扬或鼓励，而是直接让下一位学生回答或继续讲解。而新入职的物理教师，根据笔者自身的经验和观察，他们在课堂教学管理中则采取了不同的方法，即在提问学生时，总是给予表扬和肯定，这样的做法虽然能够提升学生的自信心，但如果不对表扬进行适当的限制，那么表扬这种反馈就可能失去其应有的效果。

（二）学生实验及课堂演示实验在课堂教学管理中的缺失

在物理教学中，实验环节的重要性不言而喻，它是学生理解和掌握物理概念的关键。然而，在实际的课堂教学管理中，学生实验和课堂演示实验往往被忽视，这是物理教学中的一个明显不足。

物理作为一门实验科学，其核心不仅在于结论的传授，更在于研究方法和探索过程的教学。新课程改革的核心理念强调以学生为本，关注每一位学生的发展，因此，在课堂教学和课堂管理中，应当以学生的全面发展为出发点，让学生成为课堂的主体。《高中物理新课程标准》明确指出，学生在学习物理基础知识的同时，应体验科学探究的过程，培养创新意识和实践能力，以及学习物理的兴趣。新课改还强调了过程与方法的目标，这要求在物理课堂教学管理中重视过程与方法的教育。

通过调研发现，实验教学在物理课堂教学中往往被忽视。《高中物理新课程标准》要求学生自主学习，乐于探究、勇于实验、勤于思考，但在实际教学中，学生往往缺乏进行实验和探究的条件。尽管升学考试将实验作为成绩的一部分，但是实验教学并未得到足够的重视。许多学校的实验室设备不完善，导致实验室闲置，无法满足教学需求。教师在课堂上进行演示实验时，也常常因为缺乏实验仪器或仪器损坏而无法进行。学生亲自动手做实验的机会更是难得，这不仅影响了学生对实验细节的理解，也阻碍了他们在学习中培养谨慎细心的习惯。

例如，学生在探究小车速度随时间变化的规律或验证力的平行四边形定则时，需要亲自动手实验才能深刻理解。同样，学生在探究加速度与力、质量的关系时，需要经历一个探索的过程，才能明白实验原理并将其应用到生活中。然而，由于缺乏实验条件，教师不得不使用视频录像代替实验，这给学生带来了距离感和不真实感，甚至引发了学生对实验能力的怀疑，这与新课程标准的要求相悖。

在访谈中，许多学生表示愿意参与实验，但由于实验条件不足或实验缺乏趣味性，他们感到失望，甚至认为不如多做几道题。还有一些学生表示，由于学校没有实验室，他们无法进行实验，只能先背诵理论知识。

总之，物理课堂教学中实验环节的缺失不仅影响了学生对物理知识的深入理解，也削弱了学生的学习兴趣，不利于物理课堂教学的管理和学生的学习发展。

（三）学生的物理学习习惯和物理素养较差

学习习惯是指学生在长期的学习实践中，通过反复练习形成的一种自动化的学习行为模式，这种模式对学生的个体发展至关重要。优良的学习习惯能够有效激发学生的学习热情和主动性，帮助他们形成有效的学习策略，提高学习效率，同时也有助于学生自主学习能力和创新能力的培养，使学生终身受益。物理学科因其理论与实际相结合的特点，要求学生在学习时不仅要有良好的学习习惯，还要具备一定的物理素养。物理素养包括对物理概念和定义的深刻理解，物理问题的研究思路和方法，以及在实际应用中表现出的谨慎、务实、耐心、细致和持之以恒的品质。

随着市场经济体制的建立，社会经济在迅猛发展的同时，也对学生的思想产生了深远的影响。金钱至上和权力至上的观念对学生产生了冲击，影响了他们的价值观和人生观。在这种环境下，学生可能会认为学习无用，对学习缺乏兴趣，甚至将学习视为负担。在课堂教学中，学生可能表现出懒惰的态度，不愿意动手、动嘴、动脑，这种现象在物理学科中尤为明显，因为物理学习需要学生的全面参与和积极配合。

高中生物理学习习惯的现状包括：学生在课堂上虽然认真听讲，但缺乏深度思考，依赖教师给出答案；将物理学科当作文科学习，死记硬背，不能灵活运用公式解决问题；缺乏自觉阅读教材的习惯，阅读时不够专注；部分学生因未来不打算学习理科，对物理学习不够重视，导致课堂学习态度不端正。这些习惯影响了课堂教学管理，也阻碍了学生物理素养的培养。

物理学习不仅需要学生具备良好的学习习惯，还需要他们具备一定的物理素养，如语文理解能力、数学计算能力、英语阅读能力以及逻辑推理能力。学生如果在这方面存在缺陷，将难以理解物理问题，丧失学习信心。物理学习鼓励学生的合作和独立思考，通过这些方式，可以培养学生的物理思维习惯和形成个性化的学习风格。然而，学生缺乏基本的物理素养，使得在课堂教学管理中难以激发他们的学习积极性，增加了教学管理的难度。

在访谈中，许多教师反映学生在学习物理时缺乏良好的习惯，不知道如何有效地学习物理，面对习题时思路混乱。例如，在解决力学问题时，学生往往不画受力分析图，直接写出公式或推导表达式，缺乏条理性和系统性。这些问题尽管多次强调，但学生仍然没有改进，这表明学生在物理学习习惯和基本物理素养方面存在缺失。

(四) 学校对课堂教学管理的指导思想不符合学生的实际

学校在制定课堂教学管理的指导方针时，往往未能充分考虑到学生的实际情况，这导致了教师在实际教学过程中难以有效执行这些指导方针。学校的教学管理指导思想对教师的课堂教学管理内容和方式有着直接的影响，因此，这些指导方针的制定应当基于对学生在课堂教学中实际表现的分析和理解。

调查发现，学校领导在制定课堂教学管理指导方针时，很少深入课堂了解学生的实际需求和行为特点，而是基于一些理想化的假设来制定方针。例如，有些学校强调“安全第一”，将学生的安全放在首位，而忽视了学习成绩和纪律的重要性。虽然这种关注学生安全的态度是必要的，但是它似乎忽视了学生在学习过程中的主体地位和自主学习的重要性。另外，一些学校虽推行了“培养学生自主学习能力”的指导思想，但在实际操作中，由于学生缺乏自主学习的能力和自我管理的能力，这种指导方针往往难以落实。

以“先学后教，当堂训练”教学模式为例，这种模式旨在通过凸显学生主体和教师主导的“双主”教学模式来提高学生的自主学习能力。然而，如果学校的学生普遍缺乏学习积极性和主动性，教师在课堂管理中就面临着挑战。在这种模式下，教师被要求在学生自学期间保持沉默，不得随意走动或干预，这对于那些不认真阅读或打瞌睡的学生，仅凭眼神制止是远远不够的。在这种情况下，教师如何进行有效的课堂教学管理成为一个难题，而没有有效的课堂管理必然会导致教学效率的低下，这与教学模式的初衷背道而驰。

因此，学校在制定课堂教学管理指导方针时，应当更加注重学生的实际情况，结合学生的需求和特点，制定出既安全又能够促进学生自主学习的教学管理策略，以确保课堂教学的有效性和学生的全面发展。

二、高中物理课堂教学管理中问题产生的原因

教学活动是一种师生互动的过程，学生是这一过程的核心，而教师则扮演着引导和辅助的角色。正如俗话所说，“师父领进门，修行靠个人”，这句话强调了学生在学习过程中的主体地位和自我努力的重要性。物理作为一门实践性强的学科，尤其需要学生与教师之间的积极互动和合作。在课堂教学管理中，既要发挥教师的主导作用，也要凸显学生的主体地位。为了深入理解物理课堂教学管理中存在问题的原因，可以从以下几个角度进行分析。

(一) 教师方面的原因

1. 物理教师缺乏课堂教学管理的艺术

在课堂教学中，教师的管理艺术体现了其知识水平、勇气、创新思维、能力、个性和

教学风格等多方面素质的综合效应。这种艺术在于教师能够有效地解决课堂中的各种问题、矛盾和冲突，维持课堂秩序，确保教学活动顺利开展，并推动课堂的持续发展。这种艺术以学生的发展为核心，反映了教师的教学智慧，是对教学实践和经验的总结与提升。优秀的课堂教学管理艺术要求教师在教学技巧和课堂活动组织管理方面都有所讲究。课堂教学管理的艺术涵盖了师生沟通、解决矛盾、表扬与批评、吸引学生注意力以及教师肢体语言运用等多个方面。

在物理课堂教学中，物理教师作为教学活动的组织者、教学内容的引导者和学生发展的促进者，扮演着至关重要的角色。如果物理教师缺乏课堂教学管理的艺术，将直接影响教学管理的成效。这种影响主要体现在以下几个方面：

首先，在物理课堂教学过程中，教师未能充分利用肢体语言，特别是手势和动作，以增强教学效果。物理概念的抽象性要求教师通过具体的手势或动作来帮助学生形成直观的理解。例如，在解释“自由落体运动”的初速度为零这一条件时，教师应当通过演示实验和手势来展示物体下落的慢动作，以便学生更好地理解自由落体运动的特点。然而，由于经验不足或其他原因，教师往往未能有效地运用肢体语言来生动地描述物理现象或过程。此外，课堂教学中的声音缺乏变化，过于单调，这无法激发学生的听觉兴趣，长期下去可能导致学生疲劳，甚至引发课堂问题行为，影响教学管理。

在课堂观察中，有一个实例值得注意：一位教师在讲解“弹力”习题时，由于没有携带实验器材，便指导学生通过想象来体验弹力的作用。教师通过语言描述，引导学生想象面前有一根弹簧，并提问他们在按压弹簧时看到了什么？感受到了什么？弹簧对手的作用力方向如何等问题。在没有实验仪器的情况下，教师通过这种语言描述的方式，让学生通过想象来理解弹力的方向和作用。

其次，在物理课堂上，教师面对突如其来的问题时，常常缺乏即兴应对的能力，无法及时有效地处理。课堂问题行为对物理教师来说是一个常见且棘手的问题，如果在课堂上处理，可能会干扰其他学生的学习，并浪费宝贵的教学时间；如果在课堂外处理，效果往往不佳。处理这些问题的效果好坏，不仅会影响师生关系，还会对课堂氛围产生长远的影响。

以一位物理教师在讲解分子运动论时遇到的情况为例，教师注意到一个学生在课堂上偷偷吃苹果。面对这种情况，教师可以采取多种方法：用眼神示意学生停止行为，暂停讲课以引起学生注意，或者直接走下讲台没收苹果或将其丢弃。然而，这些常规方法可能并不足以制止学生的不良行为，甚至可能损害师生关系和课堂氛围。如果教师具备即兴应对的能力，就可以以一种幽默的方式联系课程内容来处理问题。例如提问：“教室里似乎有一种特殊的气味，这个现象说明了什么？”通过这种方式，学生能够轻松地识别出是苹果的气味，接着教师可以风趣地说：“看来有同学想让大家亲身体验分子扩散的现象，不过这样的实验还是留到课后吧。”这样的处理方式不仅有效地阻止了学生的违纪行为，还活跃了课堂气氛，增强了师生之间的亲近感，并且有助于学生对课程内容的理解，实现了多重积极效果。

再次，在课堂教学管理中，教师未能有效地运用表扬与批评的艺术，这在一定程度上影响了教学效率。教师的及时反馈对于激发学生的学习积极性至关重要。如果教师对学生的每次正确回答都使用“很好，你真棒!”等表扬性语言，而对错误的回答总是用“请再认真思考”等批评性语言，那么学生可能会感觉到教师的反馈缺乏真诚，仅仅是教学管理中的惯用手段，这样的语言无法真正起到激励学生的作用。

以一位物理教师在习题课上的处理方式为例。当有学生在下面窃窃私语，干扰了课堂秩序时，教师并没有大声斥责，而是轻轻地问道：“你们在讨论什么呢？有什么问题吗？”这样的处理方式让学生意识到自己的行为违反了课堂纪律，从而感到羞愧，并开始认真听课。这种温和的批评方式比大声呵斥更有效，也更容易被学生接受。

教育家马卡连柯曾指出：“批评不仅仅是一种手段，更应是一种艺术、一种智慧。”充满人情味的温和批评展现了教师的宽广胸怀和高尚境界，同时也体现了教育的真谛——以人为本，润物无声。

最后，在物理课堂教学管理中，教师往往未能有效地引导和维持学生的注意力。物理作为一门独特的学科，其知识应用所展现的奇妙现象能够自然地吸引学生的兴趣。然而，在深入分析和解释这些现象背后的物理原理时，学生可能会感到单调乏味，兴趣从高潮跌落至低谷。如果教师未能关注学生的情绪变化，持续进行讲解，教学效果自然会受到影响。

为了克服这一挑战，教师应在授课过程中不断地将所讲知识与课堂最初引入的现象相联系，以此调动课堂氛围，重新吸引学生的注意力，确保教学活动能够顺利且有效地进行下去。这就要求物理教师在课堂教学中注重理论知识与实际应用之间的联系，从而提升课堂教学管理的效能。

2. 部分物理教师职业倦怠，缺少职业成就感

教师的职业倦怠是在持续的工作压力和个人心理承受能力相互作用下逐渐形成的，这一问题可能导致教师在生理、情绪、认知和行为等方面出现一系列问题，甚至可能引发严重的身心疾病。根据马勒斯等人的研究，职业倦怠主要表现为情绪耗竭、去人性化和个人成就感降低。物理学科与其他学科不同，它要求学生具备多方面的综合素质和一定的物理素养，这也是许多学生觉得物理难学的原因之一。在物理课堂教学中，教师可能会感受到教学效果不佳，这种挫败感会影响教师的心态，长期下去可能导致职业倦怠。

在物理课堂教学管理中，学生的畏难情绪可能导致他们在课堂上无所事事，或者制造

麻烦，这增加了教学管理的难度，并可能影响教师的心情和教学态度。这种心态的转变也是教师从初入职时的热情洋溢到后来的淡然处之的原因之一。物理教师可能付出了巨大的努力，但学生的表现并不理想，这可能导致教师缺乏职业成就感，进而影响其在课堂教学管理中的态度和方法以及教学效果。

例如，在访谈中，有教师表示，物理是学生最难理解和最难取得成绩的学科。尽管许多学生在日常课堂上的表现不错，但考试时却难以取得好成绩，这不仅让学生感到沮丧，也让教师感到痛苦。面对满分为 100 分的试卷，平均分只有 30 多分的情况，教师可能会感到自己的努力似乎白费了，没有任何成就感。

（二）学生方面的原因

在课堂教学活动中，学生既是核心参与者，也是教学管理的关键对象，他们的行为和态度构成了课堂教学管理中的主要问题。根据美国精神分析学家埃里克森的人生发展阶段理论，人的生命周期被划分为八个阶段，每个阶段都伴随着一个危机。对高中生而言，他们正经历着“自我同一性对角色混淆”的危机时期。在这一阶段，学生面临的主要问题包括以下几个方面。

1. 学生的基础知识不能为物理课堂教学管理服务

物理学科既是实验性的，也是理论与实践相结合的学科，同时还是一门对综合能力要求较高的学科。它不仅要求学生在课堂上专心听讲，还要求学生具备一定的知识储备。这些知识基础涵盖了理解文本信息的能力、数学分析技能、动手实践能力以及一定的物理逻辑思维能力。然而，在当前实施九年义务教育的大环境下，学生对学习的关注度不足，他们的基础知识相对薄弱，尤其是提取和应用知识方面的能力。

在高中物理教学中，学生做出影响课堂管理的行为，往往并非因为他们听不懂物理概念，而是因为他们的理解能力和应用知识的能力不足。例如，在讲解速度–时间图（v–t 图）中加速度与时间的比值问题时，学生需要运用正比和反比的关系以及直线斜率的概念。由于学生在正比和反比知识的应用上能力有限，他们可能无法迅速做出反应，这会导致学习困难，进而出现上课不专心、做小动作、交头接耳等行为，影响课堂的正常教学秩序。

在高中物理课堂上，经常需要运用到数学知识，如力的合成与分解课程中需要用到三角函数知识；圆周运动课程中需要了解圆的相关概念；光的反射与折射课程中需要掌握平面几何知识；在解决问题时，需要运用数形结合的思维方式。这些都需要学生具备相应的数学和几何基础知识，使他们在物理学习过程中感到轻松，并使课堂教学活动能够顺利展开。

2. 学生心智年龄偏低，基本素质较差，畏难情绪严重

当前的高中生主要是00后，他们在生理上已经逐渐成熟，大多数已经十五六岁，但他们的心理成熟度仍然有限，这在课堂上经常表现为一些幼稚的行为。他们的一些基本素质有待提高，缺乏明确的道德判断标准，有时会在课堂上中与教师发生冲突，这不利于教学活动的顺利进行。一些学生可能会为了吸引教师或同学的注意而故意做出一些小动作、打断课堂等行为，扰乱课堂秩序。此外，有些学生在之前的学习过程中未能养成良好的学习习惯，缺乏自我控制能力，在课堂上频繁出现违反纪律的行为。在被教师指出错误时，他们也知道自己的行为不当，却难以改正。

00后的学生成长在一个相对和平的时代，他们往往缺乏坚韧不拔的精神，在学习中有较大的畏难情绪。在课堂上，他们可能在想要学习时投入一些努力，但一旦遇到稍许的挑战，就倾向于放弃，转而选择在教室里发呆、睡觉、阅读小说、交谈等，而不是积极参与课堂思考和动手实践。

（三）学校方面的原因

1. 学校管理方面的原因

在当今社会，充斥着大量与学习不相关的物品，如课外书籍、手机等。高中生正处于叛逆期，对于学校禁止携带的物品，他们往往更倾向于带到学校。这些物品的存在无疑会分散学生的注意力，增加教师课堂管理的复杂性。学校的教学管理政策和制定的管理措施将直接影响教师在课堂上的管理策略和方法。例如，如果学校要求教师遏制学生在课堂上打瞌睡的现象，教师就必须在授课时投入额外精力来管理这些学生；当然，如果学校明确规定禁止学生携带与学习无关的物品，一旦发现就予以没收，并要求家长在学年末领回，这样的措施可以有效减少课堂上玩手机等不专注的行为，从而减轻教师的教学管理负担，并提高管理效率。

2. 学校实验设备不完备

实验环节包括课堂演示和学生实操，是物理教学不可分割的一部分。这些实验不仅能够激发学生对物理学科的兴趣，还能减轻教师在课堂上的管理压力。然而，由于许多学校实验设备的不足或缺失，导致物理实验的开展受到限制，有些学校甚至没有演示实验所需的器材，使学生无法亲自体验实验成功带来的成就感，也无法观察到直观的实验现象，从而影响了学生学习物理的热情。

在物理课堂上，如果每节课都是纯粹的理论讲解，学生可能会感到单调乏味，兴趣逐渐减少，这可能导致学习障碍，使学生不愿意听课，进而陷入不良的学习循环。当学生不愿意在课堂上学习时，可能会出现违反课堂纪律的行为，影响教学管理的有效性。

在访谈中，多位教师表示，尽管大家都知道实验对于学生理解和掌握物理知识的重要性，但一方面学校的实验设施不够完善，无法提供实验条件；另一方面考虑到高中生学习时间紧迫，面对高考的压力，可能更倾向于让学生多练习实验题型，认为这样更加高效。同时，许多学生也表示，他们的物理实验都是在教室里通过老师的讲解完成的，从未见过实验仪器，感觉物理知识与现实生活相去甚远。

（四）社会方面的原因

随着社会的发展、人们生活水平的提升，以及思想观念的转变，社会上出现了一些不良风气，这些风气对学生的心理和学业态度产生了深远影响。信息技术的普及使学生手中多了许多非学习必需品，如手机、学习机等，这些物品分散了学生的注意力。课外阅读材料的多样性使得学生更倾向于阅读低质量的言情小说和杂志，这可能导致他们对自我个性的片面理解和强调。同时，单亲家庭和留守儿童数量的增加，使得“问题学生”的数量上升，影响了学生的心理状态。此外，新的“读书无用论”观念使得学生缺乏学习的动力，认为未来遥远，更倾向于享受当下，这种心态也影响了他们的学习状态。

这些因素都在无形中影响着学生的学习态度和心态，同时也增加了课堂教学管理的难度。教师这个职业虽然被誉为“最光辉的职业”，但教师的地位和权益却往往得不到充分的尊重和保障，这也影响了教师的心理状态和对待教学管理的态度。

课堂教学管理问题产生的原因是多方面的，且极为复杂。上述描述的几个原因只是从宏观角度对课堂教学管理问题行为的原因进行了分析。在物理课堂教学管理中，任何一个问题的出现都可能是多种因素共同作用的结果。因此，在处理课堂教学管理中的问题时，应当谨慎行事，首先找出问题行为产生的主要原因，避免盲目和武断的做法，以确保课堂教学管理的预期效果。

第二节 提高物理课堂教学的效率

高中物理课堂教学管理既是一门科学，也是一门具有物理教学特点的管理技巧。它涵盖了目标设定、环境布置和纪律维护等多个方面。因此，高效的高中物理课堂教学管理不仅要求教师能够敏锐地识别并妥善处理学生的课堂问题行为，还要求教师能够充分利用可用资源，为学生营造一个积极的学习氛围。同时，教师需要恰当地调解师生间的矛盾，在“双主”教学模式的指导下，基于师生之间的相互理解和沟通，构建一个民主和谐的课堂教学管理模式。针对高中物理课堂教学管理中的问题和原因分析，本节将主要从几个关键方面介绍处理课堂教学管理中问题行为的基本策略，并对这些策略进行简要阐述。

一、更新课堂教学管理的理念，努力提高自身的综合素质

（一）落实新课改的理念，提高物理课堂教学管理的有效性

新课程改革的核心理念强调关注学生的成长，并要求在课堂教学管理中确立学生的主体地位。课堂教学管理已经从传统的控制模式转变为管理模式，强调管理的民主性，鼓励学生参与并发挥主导作用。在新课程改革实施后，教师需要在课堂教学的三维目标——知识与技能、过程与方法、情感态度与价值观中体现学生的主体性。为了提高物理课堂教学管理的有效性并贯彻新课程改革的精神，教师应从这三个维度细化教学管理。例如，在物理课堂上，当讲授理论知识时，学生可能会感到枯燥和注意力不集中，教师应通过频繁提问来提高学生的参与度，确保每个学生都有机会被问到问题，这不仅体现了学生的主体地位，还能帮助学生集中注意力。比如，在讲解摩擦力这一概念时，学生可能难以理解“相对”一词的含义，教师可以通过举例和与学生对话的方式来探讨“相对”的物理意义，帮助学生理解摩擦力的存在和方向。同时，当讲授与过程和方法相关的知识时，教师应引导学生发挥想象力，思考如果没有摩擦力生活会怎样，这样的问题能让学生体会到物理与社会生活的联系，激发学习兴趣，并积极参与课堂教学管理，同时通过思考这些问题来培养情感态度和价值观。

（二）勤于学习，提高物理教师课堂教学管理的艺术

作为21世纪的高中物理教师，面对的是一群充满活力、思维活跃、有独立见解的学生。他们的心理和行为模式多样且不断变化，因此，教师不能仅凭老旧的管理方法来应对。为了提升物理课堂教学管理的成效，教师需要掌握心理学知识，了解学生的年龄和心理特点，善于与学生沟通，了解他们的想法。同时，教师还应该学习其他优秀教师的课堂教学管理经验，并将其内化为自己的管理技巧。在课堂管理中遇到问题时，教师应具备灵活应对的能力，能够从学生的角度出发，及时恰当地处理问题。例如，当教师发现学生在课堂上不专注，甚至有学生打瞌睡时，可以通过提问来吸引学生的注意力，如询问一个能够激发思考的问题，这样不仅能唤醒打瞌睡的学生，还能促使其他学生认真听讲，并增进师生之间的互动。

课堂教学管理是一个不断变化的过程，无法预料所有可能发生的情况并提前做好准备。虽然教师对于一些常见的课堂问题可以有所准备，但总会遇到一些突发情况。这就要求物理教师持续学习，如向书本、经验丰富的教师学习，针对课堂上出现的问题行为，选择合适的处理方式，提升课堂教学管理的艺术，使物理课堂真正充满活力，展现出民主、和谐、高效的特点。

（三）构建和谐的师生关系，克服教师职业倦怠的心理

在课堂教学管理中，师生关系和同学关系都是至关重要的，尤其是师生关系。这种关系是教师和学生为了满足彼此交流的需求而在教育教学过程中形成的心理联系。正如古语所说："亲其师，则信其道。"师生之间的良好关系不仅会影响教师的教学热情，也会影响学生的学习动力。只有当学生尊敬教师时，他们才会接受教师传授的知识。众多国际研究显示，良好的师生关系能够激发积极的情感体验，促进学生的学习和发展；反之，不良的师生关系则可能导致消极的情感体验，妨碍学生的学习和心理健康。国内许多学者也认同，师生关系对课堂互动、学生的学习成绩以及师生的心理健康具有重大影响。因此，在课堂教学管理中，建立和谐的师生关系至关重要，同时也要树立正确的教师观和学生观。新课程理念要求教师认识到自己是课堂教学的组织者、学生发展的促进者、学生学习的合作者，并且在师生关系中保持平等。新课程还要求教师将学生视为课堂学习的主体，是人格独立、正在发展的人，是有差异的个体，是充满个性化和潜力的人，在师生关系中同样保持平等，并积极参与教师的课堂教学管理。面对学生不同的课堂行为，教师应善于顺势引导，理解学生的心理特点，扮演不同的教育角色，进行适当的教育。美国教育心理学家皮尔逊曾指出："为了赢得教师的关爱，学生愿意做教师喜欢的事情，甚至学习他们最不感兴趣的科目。"为了建立和谐的师生关系，教师需要在课堂教学管理中学会倾听、尊重、真诚关心和爱护学生，让学生通过教师的肢体语言，如眼神、动作、微笑等，感受到尊重、欣赏、鼓励和期望，从而形成师生间的共识，实现"因材施教"，让每个学生都能得到充分的发展。

根据美国的全国教育协会（NEA）的调查，自 20 世纪 80 年代起，职业倦怠逐渐成为影响教师职业发展的一个主要心理障碍。教师这一职业充满了挑战，他们不仅要应对学校管理层和上级的检查与评估，还要在课堂管理中与学生进行智力上的较量。在多重压力之下，教师可能会感到自己的付出与收获不成比例，甚至感到自己的努力没有得到应有的回报，这种职业成就感的不满足可能导致职业倦怠。然而，当师生关系和谐时，即使在社会地位、薪酬和领导评价等方面不尽如人意，教师仍能从良好的师生关系中寻得心理上的慰藉和满足。生活中常有一种现象，即当人们喜欢某项活动时，即使没有物质回报，他们也会充满热情地投入其中，因为他们从中获得了心理上的满足。同样，当师生关系融洽时，教师在课堂上能够得到心理上的安慰，感受到自己的人生价值得以实现，因此会更加喜爱学生和教学工作，教学不仅仅是职业，更是一种乐趣。在这种状态下，教师在课堂教学中会展现出极大的热情和积极性，对每个学生都充满信心和爱心。当学生感受到教师的热情和信心时，也会受到鼓舞，更加投入学习，从而形成良性循环，使得课堂管理变得更加顺畅。

（四）合理设计课堂教学活动，善于利用课堂演示实验提高学生的积极性

教学融合了科学性和艺术性，是教师与学生共同参与的双向互动过程。在课堂上，教师犹如导演，需要精心策划每个教学环节，合理安排教学内容，使得课堂活动连贯且吸引人，这样的课堂不仅充满美感，还能激发学生的学习兴趣，使他们真正有所收获。高中生物理学习心理特点体现在他们对学习的兴趣和思维方式上，他们的思维正从形象思维向逻辑思维转变，尽管抽象逻辑思维开始占主导，但这种思维在很大程度上仍依赖于经验，需要感性经验的支持。因此，在设计和组织物理课堂教学时，教师应充分利用物理实验教学的特色，包括课堂演示实验、学生实验和课堂小实验，课前做好充分准备，随时收集与实验相关的材料，在课堂上展示这些实验，为学生提供感性经验，帮助他们建立对物理现象的感性认识，并在此基础上理解物理知识。同时，通过课堂实验教学，教师还能培养学生的抽象逻辑思维能力，提高他们的物理素养，使课堂教学活动更加顺利。例如，在学习重心概念时，学生可能记住重心位置与物体形状和质量分布有关，但理解上存在困难。此时，教师可以利用手边的物品进行模拟实验，如向水杯中加水，引导学生通过感性材料发挥想象力，理解重心与物体形状和质量分布的关系。再如，在学习圆周运动时，学生对向心力的来源感到困惑，教师可以通过悬挂小球并演示圆锥摆的实验，让学生借助感性材料分析向心力的来源，理解向心力是一种效果力，在特定条件下，向心力可以由某种性质力提供，如宇宙飞船绕地球做圆周运动时，向心力由重力提供。课堂演示实验的引入和精心组织，不仅使课堂充满乐趣，还能让学生在学习过程中感到易于接受，更愿意参与课堂教学活动。

二、培养学生健康的心态，端正学习态度

心理状态影响行为，态度决定成就。自改革开放以来，我国经历了巨变，人民生活水平显著提高，网络信息技术的迅猛发展让人们对世界的了解更加广泛。然而，在信息的海洋中，人们的信息辨识能力有时显得不足，导致不良思想对学生的价值观和判断力产生影响。对 20 世纪 80 年代的学生而言，上学是一种宝贵的机遇，因此，他们会珍惜在校的每一刻，认真学习。但在当前的信息化时代，学习不再局限于校园，学生可以通过网络等途径获取知识，这可能导致他们对在校学习时间的价值认识不足，从而在行动上表现出懒散和懈怠。新的“读书无用论”和“及时享乐主义”等思想对学生的影响深远，加之大学扩招使得学生认为上大学变得容易，这减少了他们对大学的渴望和敬仰。在学习过程中，如果没有明确的目标和积极的心态，学生就难以取得好的学习成

果。因此，在课堂教学管理中，教师需要培养学生的积极心态和健康的学习态度，让他们认识到在当今社会，学会学习是学会生存的关键。今天的抉择将决定未来的生活道路和质量，因此，正确的选择至关重要。

（一）重视方法教育，培养学生的健康心态

新课程改革强调了过程与方法、情感态度与价值观的教育目标。针对学生中存在的“读书无用论”观点，教师可以在课堂教学管理中适时地引导学生理解这一观点的合理性。教师应坦诚地告知学生，在学校学习的文化知识在日常生活中可能不会直接用到，比如不会有人问及物体的受力情况或者提水上楼所做的有用功、机械效率等问题。然而，在学习过程中掌握的方法和技巧，以及长期学习培养的思维方式，对他们解决生活中的问题至关重要，让他们不至于在面对问题时束手无策。学习物理问题的解决方法能够有效培养学生的理性思维能力。物理选择题通常是不定项的，学生在解题时需要认真分析每个选项，并运用所学知识判断其正误。这个过程可以让学生逐渐培养出认真分析问题的能力，学会从多个角度考虑和分析问题，以找出正确答案。长期练习这种能力，可以使学生在面对问题时更加冷静和理性，这种能力对于学生未来的生活至关重要，也是不可或缺的。因此，在课堂教学管理中，教师应重视过程与方法的教育，让学生意识到这些知识对于个人一生的重要性，进而培养学生的积极心态。在学习中，教师应帮助学生树立正确的是非观、人生观和价值观，坚定学习的信念，珍惜学习机会，让青春岁月无悔。

（二）多与学生交流，端正学生的学习态度

课堂教学管理的成效不仅取决于教师在课堂上的教学技巧，还与教师课后与学生互动的质量密切相关。新课程改革倡导师生之间建立亦师亦友的关系，课堂上教师是学生的指导者，而课堂外则是学生的朋友。考虑到学生的心理发展尚未成熟，他们缺乏对复杂事物的判断力，容易受到不良社会思想的影响。因此，教师需要充分利用课后时间与学生进行深入交流，倾听他们的心声，帮助他们妥善处理青春期可能遇到的问题，比如早恋和人际交往等。在交流的过程中，教师还应该对学生进行人生观和价值观的教育，让他们认识到学习对个人成长的重要性，并树立正确的学习态度。经常与学生交流不仅有助于及时掌握学生的心理变化，引导他们形成正确的人生观和价值观，还能促进师生关系的和谐发展。根据马斯洛的需求层次理论，教师与学生之间的交流还能满足学生的爱与归属感以及尊重的需求。当学生在心理上接受某位教师时，他们在课堂上就会更加热情和自信地学习，而信心是学生取得学习成功的关键。

三、学校要健全课堂管理制度，完善实验设施

（一）健全学校的课堂管理制度，制定适合本校学生的课堂管理章程

“没有规矩，不成方圆”，这句话同样适用于学校教育。为了确保课堂教学活动有序进行，必须有一套有效的课堂管理措施作为支撑。但在实际的高中教育环境中，课堂规则和教学管理制度的制定往往不够完善。虽然每个学校都遵循国家制定的中学生课堂行为规范和中小学生日常行为准则，但是却缺少针对本校学生实际情况的管理制度。即便有制度，也往往只是在他校制度的基础上稍做改动，贴在墙上作为装饰，很少真正符合本校实际，因此在课堂教学管理中无法发挥预期作用。在课堂教学管理中，课堂管理制度应当起到规范和调节师生行为的作用，以此共同营造一个和谐愉快的课堂氛围。在制定适合本校的课堂教学管理制度时，应关注以下几个关键点：

首先，制度的制定过程应与新课改的理念相符。新课改的核心理念是“一切为了学生的发展”，因此，在制定规则和课堂教学管理制度时，应遵循民主原则，体现教师主导和学生主体的思想。学生是课堂教学管理的主体，教师在教学中的主要职责是组织和引导学生顺利进行学习活动。为了确保课堂的有效性和学生的接受度，教师需要深入了解学生的心理状态和需求，并在整理了这些信息后，引导学生根据这些资料制定适合物理课堂教学管理的制度。由于学生参与了制度的制定，他们更容易关注并接受这些制度，并努力维护它们，使实施更为顺畅。

其次，制度的执行必须公正。制度制定后的关键是执行。在实际的物理课堂教学管理中，由于学生之间存在差异，教师在处理同一种违纪行为时可能会对不同学生有不同的反应，尤其是对学习成绩不同的学生。例如，对于成绩较好的学生违反制度，教师可能会选择较轻的处罚甚至忽略；而对于成绩较差的学生，教师可能会选择严肃处理或者直接忽略。这种做法会影响制度的执行，有损教师在学生心中的形象，进而影响课堂教学管理的效果，甚至直接影响教学成果。课堂制度和规则是大家共同参与制定的，是大家共同遵守的准则，不应因个别原因而特殊化，影响制度的执行。

最后，在制定制度时，要考虑教师的主导地位，为教师留出一定的操作空间。作为课堂教学活动的组织者和领导者，教师必须拥有一定的话语权，以便在处理学生的课堂问题时，能够根据实际情况和学生的个别特点做出不同的处理。这种处理方式应符合全体学生共同制定的制度，并且能够维护教师在学生中的权威。

（二）加强学校硬件设施的建设，完善物理实验设施

自从伽利略将实验方法引入物理学以来，物理学经历了飞速的发展。在科技高度发达

的今天，物理学的发展依然建立在实验的基础上，实验成为验证新理论正确性的关键。在物理学的发展历程中，实验扮演了至关重要的角色。在学生的物理学习过程中，实验教学同样具有极其重要的作用，它不仅能够提升学生对物理学习的兴趣，还能提供一个直观生动的学习平台，增强学生学习物理的热情，培养他们的多方面能力，提高他们的综合素质。在学校实验设施充足的情况下，教师可以通过多种方式组织实验教学，激发学生学习物理的兴趣，实现物理课堂教学的有效管理。

首先，教师应精心准备课堂演示实验。课堂演示实验是唤起学生学习兴趣和激发学习动机的关键环节。通过精彩的演示实验，不仅能够直观地展示物理现象，还能将学生的思维置于“最近发展区”，激发其学习积极性。其次，教师应组织学生进行实验操作。在物理课堂教学中，有些实验是作为知识学习的验证，学生在学习相关知识后进行。这些实验是将理论与实践相结合的过程，也是检验理论正确性的途径。引导学生做好这些实验，不仅能让他们理解理论与实践的关系，还能从思想上重视物理课堂教学，调整学习态度，积极参与教学活动。最后，教师可以组建物理兴趣小组。物理兴趣小组利用学生对物理的热爱，运用所学知识设计小实验或制作小作品。通过物理兴趣小组的活动，不仅能够锻炼学生的动手能力和理论联系实际的能力，还能拓展学生的思维，使其更好地参与课堂教学管理，提升教学管理的有效性。

通过对课堂教学有效性的分析，笔者发现教学效率有待提高，教学尚未达到有效教学的水平。针对学生的实际情况和问卷调查中发现的问题，结合文献资料，依照《普通高中物理课程标准》的要求，笔者提出了一系列提高课堂教学有效性的方法和策略，以期摆脱过去单调枯燥的课堂氛围，让教师乐于教学、善于教学，学生乐于学习、善于学习。

四、物理课堂高效教学策略

（一）课前准备阶段

1. 教学目标的确立

（1）三维目标的体现。在制定教学目标时，应依据《普通高中物理课程标准》确立三维教学目标，既要满足学生高考的知识需求，也要促进学生能力的成长，同时关注学生身心健康发展，使其具备一定的学习能力和学科能力。新课标强调学习能力的培养，这弥补了以往学科能力培养的不足，它着重于学生阅读科学知识的能力、运用信息技术解决实际问题的能力、有效运用数学知识解决物理问题的能力以及对物理的探究能力。这样，学生在学习物理的过程中，不仅能获得物理知识，还能直接影响他们学习物理的心理特征。

物理作为一门以实验为基础的学科，应以实验现象为媒介，结合概念和规律，强调科学实验方法，以提升学生的科学素养为目标。在重视物理知识学习的同时，还要强调学习能力的培养，通过实践物理知识来整合和渗透能力的培养。提出的目标还应包括改进学生的学习方式，鼓励学生利用信息资源对教学内容进行探究，深入挖掘知识点的应用模式，从而有效提升学生的学习能力。教学目标旨在将知识与技能、过程与方法、情感态度与价值观这三维目标相结合，实现相互促进，提高学生的学习能力，同时培养他们的情操。

（2）阶段性教学目标设置。考虑到教学内容的具体安排和学生实际的学习能力，学习目标应分阶段设定，即基础阶段、过渡阶段和提高阶段。

在基础阶段，即高一上学期，学生刚进入高中，还未完全适应高中的学习节奏。加之初中与高中知识层面存在显著差异，学生可能会感到较大的学习压力，出现学习困难，甚至产生厌学情绪。因此，这一阶段的教学目标应着重于培养学生的学习兴趣和习惯，强调知识的记忆和运用规律解决简单问题的能力，避免设定过高的目标。

过渡阶段是指高一下学期，此时学生已逐步适应高中的学习生活，并积累了一定的知识基础。在这一阶段，教学目标应转向能力的培养，通过解决一些简单问题，引导学生进行猜想、分析、类比、推理和有效验证，帮助他们深入理解概念，熟练运用规律，掌握解决简单问题的方法和途径。

高二进入提高阶段，为了让学生更好地为高三的高考做准备，教学目标的设定应重点关注学生能力的提升。在这一阶段，学生应能够独立发现问题、分析问题和解决问题，并从中归纳总结规律，培养创新能力。同时，通过能力的培养，学生应不断改进学习方法和优化学习效果，以促进身心健康和终身学习的能力。

2. 教学设计处理

在规划教学方案时必须深思熟虑，首先，要考虑的是激发学生的兴趣，毕竟“兴趣是最好的老师”。例如，在设计教学活动时，应充分利用物理学科实验为基础的特质，从日常生活中寻找有趣的实验素材，为学生创造引人入胜的实验情境。例如，在教授液体性质这一课程时，笔者曾设计了一个硬币（一分钱）悬浮实验，极大地激发了学生的兴趣。其次，要深入分析教学的内容、目标和深度。鉴于教学发生在普通高中环境中，应尽量降低学习难度，寻找知识点之间的联系，搜集相关资料，并采用多样化的教学辅助工具，由浅入深，逐步攻克学习难点。教学设计应从指导学生解决关键问题开始，逐步过渡到强调重点知识，突出教学目标，并教会学生如何运用知识规律解决问题。特别是课堂导入环节的设计，应尽可能让学生感到新鲜和兴奋，直接吸引他们的注意力，这样的教学设计更能赢得学生的认同和接受。

（二）课堂的实施阶段

1. 情景创设

创造物理情景是一种高度抽象的思维活动，对学生的想象力和思维能力有很高的要求。鉴于学生受到年龄和经验的限制，教师应能够在他们脑海中构建物理情景，这是上好物理课的关键因素之一。教师可以从“基础情景”入手，通过分析物理过程，运用已有知识逐步引导学生进入新的物理情景，激发他们的思考，促进思维发展，并在学生心中构建起一定的物理情景和解决问题的方法。此外，通过演示实验，可以给予学生直观的感官体验，以真实的物理情景激发学习兴趣，鼓励学生通过观察、分析、探索和总结，形成自己的理论，这样有助于发展学生的分析和思维能力，促进能力的发展。教师还可以借助物理学史，创造一种特殊的人文情景，让学生沿着科学前辈的足迹，加深对物理概念和规律的理解。同时，利用多媒体辅助教学，可以带领学生进入虚拟的物理情景，帮助学生积累素材，激发想象力，辅助学生理解一些抽象和复杂的物理规律。通过多种途径构建物理情景，可以增强学生在学习中的主动性和创造性，帮助他们构建自己的知识体系，从而有效地进行课堂教学。

2. 有效提问

首先，课堂提问应当具有明确的目的性，避免随意性。教师的目标是回顾上节课的内容或激发学生的思考，因此，提问应紧扣教学目标和重点难点。问题应当经过精心设计，根据不同学生的实际情况，问题的难度应当有所调整，且提问的顺序应遵循逻辑顺序。此外，提问的语言应当精确，直接指向问题的核心，紧扣课堂的中心内容。

其次，要确保问题的合理性。人的认知水平分为“已知区”、“最近发展区”和“未知区”，认知在这三个区域中呈螺旋式上升。因此，复习时的提问应侧重于“已知区”，以便学生准确评估自己对知识点的掌握。在常规教学中，教师应找到“已知区”与“最近发展区”的交汇点，避免问题过于困难导致学生丧失信心，或过于简单而使学生感到无聊。这样的问题能够激发学生的思考，鼓励他们运用旧知识解决新问题，点燃探索的激情，并培养良好的逻辑思维习惯。通过这种方式，学生在解决新问题的同时，也能将新知识内化，从“未知区”迁移到“已知区”。

最后，提问时应灵活应对。尽管教师在课前已经精心设计了问题，但课堂上仍可能出现意外，如有时学生可能无法理解教师的问题。在这种情况下，教师必须调整提问策略，从不同角度出发，多试几种方式，这样学生往往能够逐渐理解。有时，学生可能难以立即找到答案，但当教师观察到学生正在朝着正确答案的方向努力时，应适时引导，连续提问，这样能够激发学生的积极性，唤起他们的创造性，增强他们的逻辑思维能力，从而提高学习效率，使教学更为有效。

3. 倾听和鼓励

美国心理学家罗杰斯提出，有效的教学建立在真诚和相互理解的师生关系基础，以及一个充满心理安全感的课堂环境上。因此，教师应当认真聆听学生的观点和疑问，并提供鼓励和支持，使他们勇于表达自己的想法。对于学生的创新性问题，教师应给予指导；对于错误的问题，教师应指出并引导，同时适时地给予正面反馈，这样能够让学生感到温暖和亲近，保持对物理学习的兴趣和热情，感受到自己是课堂学习的主宰者。学生在学习过程中感到身心愉悦，能显著提高课堂教学的效果。偶尔，教师会遇到行为出格的学生，此时不应感到沮丧或愤怒，而应采用恰当的语言和行为来化解尴尬，让学生自我反省，同时也能缓解课堂的紧张气氛，让其他学生能够更加专注于学习。特别是在学生下午感到困倦或对某个问题感到困惑时，适当的幽默可以重新吸引学生的注意力，激发他们的学习动力。

4. 多媒体技术的整合

（1）利用多媒体增大课堂容量。在教学中，教师经常会面临课程内容繁杂的情况，例如，在讲授“机械振动”这一课时，课堂上，教师可以利用多媒体进行模拟实验，这种方法能够吸引学生的兴趣，并且可以控制实验的速度，给予学生更多的时间去观察振动现象。在教师的指导下，学生能够自行发现振动的特性并总结出规律。通过这种方式，学生能够在清晰的物理情景中，通过自己的观察和总结来掌握规律，这不仅有助于知识的掌握和能力的培养，还能有效提升课堂的教学容量，使教学更加高效。

（2）抽象的问题生动化。在物理学中，许多概念都是抽象的，如电场和磁场。学生往往难以直观地想象粒子在这些力作用下的运动情况。为了克服这一难题，教师可以借助计算机软件来模拟这些场景，将抽象的概念具体化，这样做能够激发学生的学习兴趣，为他们的想象力提供助力，使他们能够更加投入地进入学习状态，从而达到提升教学有效性的目的。

（3）为学生搭建一个数据处理的平台。在处理运动学问题时，教师通常会利用数据来绘制速度—时间图像，以此来分析加速度。通过多媒体工具中的电子表格进行数据处理，并插入图像，教师可以直接解决速度图像的相关问题。多媒体技术以一种充满活力的思维方式，向学生展示了物理过程，并展示了科技对日常生活的助力，从而优化了课堂结构，提高了教学效率。

5. 有效的课堂活动

依笔者的教学经验来看，学生在课堂上虽然遵守纪律，但往往因为长期形成的习惯，既不积极动手也不主动思考，导致很容易分心。郭沫若先生曾经指出，教学的宗旨在于培养学生独立学习、研究的能力，让他们运用自己的头脑思考，用自己的眼睛观察，用自己的双手操作。因此，教师应该促进学生参与有效的课堂活动。例如，在讲解超重与失重概念时，可以让学生亲自站上体重计体验这一过程，这样既能激发学生的兴趣，也能加深他们对知识的理解。同时，可以组织学生进行小组合作，通过一些简单的实验和讨论，使他们适应团队协作，并在教师的引导下进行平等的小组讨论和交流，互相学习，共同进步，从而在现有水平上得到全面提高。通过这样的方式，不仅能够培养学生的团队精神，还能教会他们宽容、理解和互助，这对于提高教学效率以及促进学生的全面成长都是极其有益的。

6. 留给学生一定的思考时间

在艺术领域，如音乐和绘画，经常会有意留下一些时间和空间的空白，这种留白能够激发观者的想象力，产生一种静谧而深远的效果。从笔者的教学经验来看，教师过去的失误在于课堂过于拥挤，应该为学生留出更多的心理和思维空间。这样，学生就有时间去深思熟虑，去探索问题，去发挥他们的创新精神，去发展他们的个性；有时间去构建自己的知识体系，去填补思维上的空白；有时间去进行自主活动，增强学习的积极性；有机会发表自己的观点，进行讨论，最终找到问题的答案；有机会相互交流，实现互补，取得共同的进步。给予学生思考的时间是教学开放性的体现，适时的思考时间可以为教师和学生提供更多的探索、交流和互动的机会，这样可以共同发现、深化和拓展教学内容，培养创新能力和思维能力，使教学充满乐趣，师生关系更加融洽，从而有效提高课堂效率。

（三）课后的评价

1. 教师的自我评价

美国知名学者波斯纳曾提出：成功等于经验加上反思。随着教育改革的不断深入，教师必须持续地审视和反思自己的教学实践，不断学习新知，保持与时代同步。撰写教学反思不仅能够丰富教师的教育智慧，还能增加教师的教学经验，因此，教师应当坚持撰写教学反思。在撰写教学反思时，应从以下几个维度进行思考：

（1）教学目标和内容：评估学生对知识点的掌握程度，以便对未来的教学计划进行相应的调整。

（2）教学策略和方法：根据教学成果来评价，保留有效的教学方法，对不足之处进行重新规划。

（3）记录教学中遇到的疑问，并与同事进行探讨，整合他们的观点和建议，形成自己独到的教育理念。

通过课后反思和评价，教师能够更好地成长，为更高效的教学实践积累宝贵的经验。

2. 学生的反馈

通过实施小测验、课堂提问以及对学生进行问卷调查等手段，教师可以及时掌握学生的学习状况和存在的问题。根据学生的反馈，教师可以对教学目标、内容以及教学方法和策略进行相应的调整，这样可以显著提升教学效果。

五、有效教学案例

摩擦力是一个较为抽象的概念，若直接从理论出发进行教学，不仅难以让学生理解，还可能在他们的记忆中造成混淆。为了简化学习难度并唤起学生的学习热情，笔者采取了以趣味游戏为切入点的方法，通过游戏的互动形式，帮助学生深入领会摩擦力的本质。

（一）创设情境

首先，将一张纸平铺在桌面上，让学生尝试拉动它，然后再将这张纸放在讲桌下，让学生再次尝试拉动，并询问学生两次拉动的感受。

接着，笔者在温水中放入一块香皂，让学生挑战用两根手指将其夹起。此外，请学生思考如何在不接触粉笔盒的情况下使其移动，并让他们进行小组讨论。

讨论内容包括：

（1）为什么纸在桌面上容易被拉动，而在桌子下却难以被拉动？

（2）为什么香皂很难被夹起？

（3）如何在不接触物体的情况下使其运动？

接下来，引导学生探讨：

（1）摩擦力是什么？

（2）摩擦力产生的条件。

（3）摩擦力的种类，包括静摩擦和滑动摩擦。

（4）摩擦力的方向问题。

为了让学生进一步理解摩擦力，笔者进行了以下实验：

（1）将粉笔盒放在毛巾上，拉动毛巾，使粉笔盒和毛巾一起匀速运动，然后加速运动，让学生判断是否存在摩擦力，以及是静摩擦力还是滑动摩擦力。

（2）在正常地面上行走和在光滑且涂有油的大理石地面上行走，让学生感受摩擦力的方向。

（3）通过推桌子实验，让学生感受摩擦力的方向。

通过这些实验和讨论，学生对摩擦力的概念、产生条件、种类和方向有了更深入的理解。

一张纸在桌面上轻易地被拉动而压在桌子下面很难被拉动，说明摩擦力大小和什么有关系？

小车从高处滑下在平整木板和毛巾上运动，滑行距离一样吗？说明滑动摩擦力大小还和什么因素有关？

用拉力计拉动粉笔盒运动，力由小变大的过程中观察拉动瞬间和后来匀速运动的力大小进行比较，说明最大静摩擦和滑动力之间的大小关系。

举出生活中与摩擦力有关的实例，判断摩擦力充当的是动力还是阻力？

（二）教学反思与讨论

在采用这种教学方式后，摩擦力这节课取得了显著的成功。首先，学生有了一个充分表达和交流自己想法的平台，这打破了他们以往被动接受知识的单一学习模式，让他们有机会展示自己，积极地参与到课堂讨论中。其次，教师从传统的课堂权威角色中解放出来，不再是简单地传授知识，而是鼓励学生通过自己的感官去探索问题，并通过小组合作来寻找解决方案。这样的教学方式让教师能够更深入地参与到学生的讨论中，体验到思维碰撞的火花，激发了学生的智慧和创造力。当教师成为参与者甚至求助者时，更能激发学生的学习热情，增强他们的自信心和成就感。最后，这种教学方式为学生提供了广阔的想象空间，让他们不再局限于单纯的知识记忆，而是能够提出自己的想法并进行讨论交流。这样的教学方式不仅加深了学生对知识的理解，还为他们提供了更多获取知识和信息的机会。在交流过程中，学生不仅培养了自己的自信心，还锻炼了语言表达和逻辑思维能力。同时，教师也从学生的思考中获得了许多启发，实现了师生共同成长的目标。给予学生时间和空间，他们所展现出的智慧常常会给教师带来意想不到的惊喜。

第三节　物理课堂教学与翻转课堂

一、翻转课堂的内涵

长期以来，人们通过父母、长辈、报纸、杂志、媒体和网络等多种途径获取知识。然而，要系统化、全面化、有序化地学习科学文化知识，通常需要在学校中，通过教师的口授心传来完成。在传统教学中，教师主要扮演着系统知识传递者的角色，而知识的内化、巩固、掌握和应用等更为困难的过程，则由学生在课后独立完成，此时教师的辅导和帮助往往显得不足。因此，学生独立解决问题的能力往往决定了他们成绩的优劣。

翻转课堂教学模式颠覆了这一长期存在的传统。从表面上看，它颠倒了课堂教学的顺序。在传统课堂中，教师在课堂上讲解新知识，学生在课后做作业以巩固知识。而在翻转课堂中，学生课前自学新知识，课堂上则用来解决疑难问题。这种翻转不仅是表面的教学顺序改变，更深层次的是随着信息技术的发展，教学过程追求有效和高效的必然趋势。

在中国，一些中学在改进教学模式时，也将知识传授的过程移至课前，这在广义上也是一种翻转课堂的实践。他们采用导学案的方式，让学生自主完成新知识的学习，课堂上则进行交流和讨论。导学案模式在一定程度上取得了成效，最为著名的如山东杜郎口的“10+35”导学案模式，此外，还有其他学校也在进行这方面的探索。

二、翻转课堂的特征

（一）翻转课堂的课程教学特征

翻转课堂模式根据教学场所的不同，将学习过程分为课前自学和课堂互动两个阶段。在课前阶段，学生是知识获取的主体，他们可以通过观看教师提供的视频教程、进行模拟实验、完成针对性练习、参与在线话题讨论或向教师提问等方式进行学习。这一阶段是教师辅助学生在家自主学习的教学环节。而课堂阶段，则是学生通过解决疑难问题和运用新知识来巩固和深化理解的关键环节。教师可以根据学生课前的提问和作业完成情况来安排课堂活动，如组织讨论、互评，共同探究重难点知识，指导学生进行实验，或针对学生的习题困难进行个别辅导。这一阶段是教师辅助学生运用课前自学知识来解决疑难问题的教学环节。

从教学方式来看，翻转课堂强化了教学过程中最有效的部分——交流与互动。教学的根本目的是在教师的指导下，学生能够学习并掌握科学文化知识，提升技能，促进身心健康，并形成良好的思想品德。在传统教学中，教师的传授作用明显，但指导和解答疑惑的作用却相对较弱，这主要是因为课时有限和班级人数众多。在有限的时间内面对众多学生，教师往往只能采取统一讲授的方式，这种方式虽然提高了课堂效率，却以牺牲学生的个性和学习能力为代价。而翻转课堂实际上利用现代信息技术将学生的辅导贯穿于教学的各个环节，通过改变教学顺序，节省出更多课堂时间用于与学生面对面交流和互动，从而大大增加了分配给每个学生的个别指导时间。

（二）翻转课堂教学模式中的学生学习特点

建构主义认为，学生应能够独立地理解周围的环境和事物，并能够通过不断地超越原有的认知来优化自己的行为。这一理论阐释了学生学习的核心。翻转课堂的教学模式正是基于这种学习理念，对传统教学进行了革命性的创新，使得学生的学习更加主动和积极，更贴近学生学习的本质。

第一，翻转课堂强调学生的自主学习能力。在传统的教学模式中，学生通常处于一种被动的学习状态，主要是通过听讲、练习和考试来学习。听讲是指学生根据教师的讲解来学习，教师讲多少学生就学多少，对学生在课堂上的学习评价是标准化的，即记忆得多、快、准确的学生被认为是学习得好。练习是指学生完成教师布置的作业，从中掌握知识的运用技巧。考试是指学生参加教师组织的考试，通过成绩来评估学习成果。这种学习方式只要学生听话，按照教师的安排逐步完成即可，是一种被动的学习方式，它过于重视知识点的记忆，而忽视了能力和兴趣的培养，对所有学生采取统一的要求和评价标准。相比之下，翻转课堂将学习的主动权交还给学生，使学生成为学习的主体。在教师设定的大框架下，学生可以自主安排学习的时间、内容、顺序和频率。学生对自己学习时间的安排、内容的选取、练习的选择等，都体现了学生自主学习的能力。高中物理课程的总目标之一是培养学生的自主学习能力，养成良好的思维习惯，并能够运用物理知识和科学探究方法解决一些问题。具体来说，就是要求学生能够规划并控制自己的学习过程，通过自己的努力解决学习中遇到的物理问题，具备一定的自主学习能力。从这个目标和具体要求来看，翻转课堂的教学方法正好能够培养学生的自主学习能力，这是传统教学难以实现的。

第二，翻转课堂将学习的挑战留在了教室和课堂上，通过学生之间的讨论和师生之间的互动来共同解决。课后作业是掌握和运用知识的过程，但如果遇到难题，学生往往无法立即与人交流讨论。他们可能需要等到第二天甚至下周教师在课堂上解答，这种学习互动的间隔时间过长，缺乏即时性。而翻转课堂则倡导将知识的内化过程反转到课堂上，这样就能够为学生之间的交流、师生之间的交流提供机会，从而更好地帮助学生掌握知识，提升技能。与传统的学生课后独立完成作业相比，这种方式降低了学生学习的难度。在学习过程中遇到难题是不可避免的，而学会不懂的知识是学习的真谛。如果学生在遇到难题时始终得不到帮助，无法解决自己的困难，他们可能会逐渐丧失学习的兴趣和动力；相反，如果在遇到难题时有学生和教师的帮助，能够突破问题并解决问题，这将使学生获得成就感，激发学习的动力。因此，翻转课堂将重点、难点、易错点留在课堂上解决的做法，可以有效地增强学生的学习成就感。

第三，翻转课堂为学生的学习和复习提供了极大的便利。新知识的学习往往是一瞬即逝的，学生在课堂上听讲是获取新知识的唯一机会，如果课堂上没有及时掌握，课后很难有机会重新学习。而在翻转课堂教学模式下，学生可以随时通过观看教学视频来复习遗忘的知识点，对疑难问题和容易出错的习题进行多次练习。这样，遗忘导致的知识缺失就不再是学习上的障碍。

第四，翻转课堂能够适应不同学习能力的学生，让他们各有所得。不可否认，任何一种教学模式都无法消除学生在学习能力上的差异，也不可能让所有学生达到相同的水平，更不可能统一学生的兴趣点。但是，翻转课堂可以让不同能力和兴趣的学生在达到一定标准后，还能够根据自己的情况获得相应的收获。

第五，学生合作探究的能力得到增强。在传统的物理教学中，学生通常只有在实验课上才有机会进行合作和探究，其他课堂很少有机会锻炼这方面的能力。新的教学目标明确要求学生参与科学实践活动，思考并发表自己的见解，尝试运用物理原理和研究方法解决与生活和生产相关的实际问题。翻转课堂模式在这方面可以实现重大突破。因为知识的传授已经在课前完成，课堂上的教学重点转向解决困难和疑惑，这与传统课堂有显著不同。翻转课堂的课堂教学以小组讨论活动为主，这自然培养了学生的合作交流能力，同时，通过设计一系列问题让学生尝试解决，探究能力也得到了训练和提高。这在学生合作和探究能力的培养上是长期且有效的。

（三）翻转课堂中的教师教学特征

在传统教学中，教师年复一年，甚至几十年如一日地重复讲解相同的内容，面对的是一届又一届的新学生。每个教师都清楚地意识到，自己是在进行重复性的工作，缺少创新。然而，现代网络技术提供了解决方案，通过录制教学视频，学生可以多次学习，从而减轻教师的重复劳动负担。

在翻转课堂教学模式中，教师的角色经历了显著的转变：从知识的传递者变成了新教学理念的实践者、学习的主导者和推动者、课程资源的开发者、学习活动的组织者。

第一，教师需要先行了解新的教育理念。新课改倡导的教学不再是单纯地围绕高考和分数，而是强调学生的全面发展，关注学生终身学习所需的具体知识、能力、过程与方法，以及情感态度与价值观。翻转课堂模式在这种理念下表现出色，教师应主动学习和应用更有效的教学模式来实践这一理念。

第二，教师要有效地实施翻转课堂教学，必须坚定地确立自己作为主导者的地位。教师要引导学生学习，指导学生如何学习。课堂上的“先学后教”是以教师为中心的最后堡垒。教师应敢于放手，相信学生在自己的引导下能够学得更好，主动摒弃填鸭式和灌输式的教学方法，积极思考如何引导学生学习，成为学生学习的指导者，成为学生学习道路上的引路人。在翻转课堂模式下，教师要做到导学一体，成为能够启迪学生智慧和思维的导师型教师。教师的目标应是坚持以学生为中心，以学生为本，努力成为导学一体的主导型教师。

第三，教师是课程资源的开发者。过去教师习惯于编写教案，然后按照教案进行教学，实际上这时教师扮演的是演员的角色。在翻转课堂教学模式下，教师需要考虑如何将这种表演转化为视频教学，使教学既传递知识又不失趣味。教师应根据自己的教学风格重新开发课程资源，制作适合自己的教学视频，成为翻转课堂中不可或缺的一环。同时，教师还需要掌握一定的信息技术，比如视频录制软件，以便录制教学内容供学生在课外学习；需要掌握一定的交流互动软件，以便及时了解学生的学习进度和层次，并能与学生进行远程交流。

第四，教师在翻转课堂中是课堂活动的组织者。翻转课堂的核心在于在有限的课堂时间内加强学生之间、学生与教师之间的交流互动，通过合作提高课堂效率。这要求教师能够组织好课堂讨论，收放自如，使讨论和交流有序进行。教师要组织好课堂活动，确保课堂上学生有作业可做，有协作探究的机会，有展示自己学习成果的舞台，学会问题引导。这对教师来说有一定难度，但相信经过一段时间的实践，每位教师都能在翻转课堂教学中具备较高的组织和交流能力，高效地承担起课堂活动的组织工作。

第五，在翻转课堂中，教师会发现面对每个学生的机会增多，对学生的个性化辅导也增多，因此教师会更加了解每个学生的学习情况，有针对性地解决问题，关注更多学生的进步和提高，这将极大地提升教师的职业幸福感。

（四）中学物理学科适用翻转课堂教学模式的典型特点

据实施翻转课堂的实验学校统计，翻转课堂的成功案例主要集中在理工科领域。高中物理是一门以实验为基础的自然科学，但实验课程相对较少。如果将物理教学重点放在培养思维能力上，主要体现在解决实际问题上，如习题解答、问题探究等，这些过程以往都是在课外完成的，教师只能通过结果来分析学生是否有所收获。而翻转课堂将这一过程纳入课堂活动，教师可以更方便地发现学生思维上的不足和疏漏，并加以指导和点拨。此外，高中物理教学旨在培养学生的能力，而不仅仅是知识的获取。过去，教师常感叹即使教得再多，如果学生能力不足，成绩也难以提升。而翻转课堂将知识传授放在课外，能力培养放在课堂上，教师可以面对面地指导学生，提高学生的理解应用能力、交流合作能力等，将能力培养置于教学的核心位置。

三、翻转课堂实现的平台

（一）现阶段可以辅助实现翻转课堂的平台

本部分将阐述笔者在实施翻转课堂实践教学中所采用的一些信息技术和平台，旨在协助一线教师迅速实现课堂的翻转。目标不仅在于理论研究和理解翻转课堂这种教学模式，更在于在实践中探索其优势和不足。

1. 录制课前视频的常用技术

制作课前视频是实施翻转课堂的初始步骤，也是教师们普遍感到较难的一步。这是因为视频录制技术需要后续的编辑工作，所以不论教授哪个学科的教师，在录制课前视频时都需要学习新的信息技术，提升教学技能，这无疑在翻转课堂的早期阶段增加了教师的工作量。

下面笔者将介绍录制课前视频的技术。根据操作方式的不同，录制课前视频的方式分为两种：一种是使用摄像机结合实际场景录制；另一种是利用计算机软件直接进行屏幕录制。

首先，使用摄像机结合实际场景的录制方式，这种方法最初被教师用于记录课堂教学。例如，武汉市每年举办的录像课比赛就采用的是这种形式。这种方式对于因病或缺席而错过课程的学生在家补课非常有帮助，而且不会大幅增加教师的工作量。然而，这种方式对于实现翻转课堂的意义并不大，因为学生并没有真正参与到翻转课堂的学习过程中。要让学生在家反复观看教学视频并自行学习，实际上并不可行。一方面，已经上过课的学生需要从长达 40 分钟的视频中找出自己遗漏或遗忘的内容，这需要花费大量的时间和精力，并不容易实现；另一方面，中学生在家里自觉学习，长时间观看没有互动的视频，这并不符合中学生的心理发展特点，他们的有意注意时间无法持续这么久。实际上，真正采用课堂实录作为翻转课堂教学视频的，更多出现在高等教育阶段，如国内外著名高校的网络公开课。

基于上述考虑，当制作适应于中学翻转课堂的预习视频时，要对采用摄像机加场景的方式进行一定的制约与规范化，目的是使其更贴合中学教学的要求以及中学生的学习心理。在内容层面，规定每个视频应仅涵盖 1~3 个知识点，或者 1~2 个讨论主题，抑或是一个实验操作；在时长上，将其限制在 3~15 分钟，最佳时长不超过 10 分钟。至于摄像技艺与场景选取，则相对放宽了要求并进行了相应的优化。随着科技的进步，具备录像功能的设备日益普及。在调研以及与同行的交流中，笔者发现使用手机录制视频的频率逐渐增加，这是因为手机的摄像功能能满足教学视频的基本需求，且携带使用更加方便。同时，视频录制的场景也变得多样化。从最初的只有教室和黑板的录播室，到讨论桌、操场，甚至是白纸、桌面等任何可以用来展示或演示教学内容的环境，都可以成为教师录制视频的场所。

其次，使用计算机软件进行屏幕录制的方法制作翻转课堂预习视频。这种方法最著名的例子是可汗学院所采用的方式。

虽然这种计算机软件屏幕录制对教师来说可能不是那么容易上手，但是它能够产生出色的效果。目前，教师们在课堂上广泛使用 PPT 课件进行教学，这实际上为录屏制作视频奠定了基础。因为计算机软件录屏可以直接捕捉到 PPT 这类有顺序的课程内容，教师可以利用现有的资源，直接转换成翻转课堂的视频资料，这样可以大大减轻教师开发课程资源的负担，对教师来说，这是一个相对容易开始的操作。

然而，对教师而言，使用这种方式录制视频的一个主要挑战是——教师需要掌握至少一种计算机录屏软件。笔者将以目前最常用的 Camtasia Studio 软件为例，简单介绍录屏式视频的制作流程。

首先，教师从官方网站下载 Camtasia Studio 软件并安装到电脑上。注意，教师需要安装 PPT 加载项，以便能够直接录制 PPT。

其次，教师准备好要录制的 PPT。如果教师希望在录制时加入画中画效果，显示教师的头像，那么在准备 PPT 时就要考虑好头像的位置，并留出空间。同时，调整 PPT 的背景、字体大小、样式和字数。

接着，打开 Camtasia Studio 软件。如果已经安装了 PPT 加载项，那么在打开 PPT 时，Camtasia Studio 软件也会自动启动。

然后，点击“Record”按钮开始录制，调整音量和摄像头位置，然后点击“Start Recording”按钮。录制完成后，按 Esc 键结束录制。系统会提示教师将录制内容保存到指定位置。

保存后，系统会自动跳转到 Camtasia Studio 的工作区，教师可以在那里进行剪辑。

在软件界面的下方，时间轴是横向的，系统会将头像录制和 PPT 录制放在纵向的两个不同轨道上。教师可以剪切掉不需要的部分，调整头像画面的位置，添加文本，添加片头，然后导出视频。

在众多教师的翻转课堂实践中，录屏方式在初期开发视频资源时显示出其快速和便捷的优势。更重要的是，考虑到中学物理课程的特点，这种制作视频的方法特别适用于习题课的教学。它能够详尽地展示习题的解答过程，并且能够节约大量的课堂时间，使得学生和教师的面对面交流能够集中在其他对学生学习更有益的领域。例如，在试卷讲评课上，教师可以引导学生讨论共性问题，而将每一题的详细解答制作成视频，让学生在课后针对自己的错误进行纠正和学习。

2. 发布视频的常用平台

一旦课前视频录制完成，教师便可将其发送给学生，以便他们能够在任何时间和地点进行学习。这种“发送”方式已经不再是传统意义上的分发作业或试卷。在翻转课堂初期，将视频资源复制到教室的公共电脑上，让学生使用 U 盘拷贝回家观看，但这种方法存在一些问题。首先，所有学生需要逐一进行拷贝，耗时较长；其次，公共电脑容易受到病毒攻击而瘫痪。后来，学生建议将视频上传到 QQ 文件中，他们自行下载。这种方式虽然有所改进，但有时视频文件过大，上传和下载都不方便。最终，在学生和其他教师的帮助下，笔者发现了两个更为实用的平台。

首先，可以利用“播客”这一网络平台来发布视频。播客是一个基于视频的交流平台，用户注册账号后，可以上传和发布视频；其他注册用户可以搜索并观看他们感兴趣的任何视频，还可以订阅某些账号，一旦订阅的账号发布新视频，系统会自动提示观看。这个平台相当于为教师提供了另一个教学场所，同时也为学生提供了一个随时随地进行学习的空间，让他们在课前学习时有教师的讲解指导，并且可以反复观看。在实际使用过程中，还发现学生也能逐步学会制作视频，在播客上发布，展示他们感兴趣的内容或自己的创新点，并与教师进行交流，获得反馈。

其次，可以使用“优酷”这一网络平台来发布视频。优酷是一个使用更为广泛、用户覆盖率更高的视频发布平台，其优势在于，在上传者授权的情况下，即使没有注册的用户也可以观看视频。这吸引了那些不习惯在网络上注册的用户。优酷的视频上传和审核也有一定的流程，这里就不详细说明了。

3. 建立讨论互动的技术平台

实施翻转课堂，将知识传授的过程转移至课前，根本目的在于：互动交流是学生学习过程中最为高效和有效的途径。通过这种方式，课堂上能够空出更多的时间来促进学生之间以及学生与教师之间的互动。这种课堂上的互动，是翻转课堂能否成功的关键所在，因此，教师需要深入探究如何在课堂活动中有效设计和安排互动。然而，由于课堂活动涉及的是师生之间和学生之间的面对面交流，因此，在技术上并不需要过多依赖信息技术，这里主要指的是课堂之外互动所需的技术支持。

学生在课外学习时难免会遇到疑问，这自然产生了他们之间进行交流的需求。目前，学生之间在课外主要通过 QQ 聊天软件进行互动。该软件普及率极高，几乎人手一个 QQ 账号，其交流功能也十分全面，能够发送文字、图片、音频和文件等，充分满足了学生之间的交流需求。

在课外的学习环节，教师通过制作教学视频为学生提供辅导，同样地，教师也应参与到学生的交流活动中。教师参与的方式可以简单地加入学生的讨论群。对于教师的参与，学生有两种不同的态度：一方面，他们希望教师能在遇到问题时提供权威的解答；另一方面，他们又担心自己的想法尚不成熟时被教师看到，害怕受到批评或被认为问题简单。

针对学生的这些顾虑，教师应如何参与课外的学习辅导，并在学生需要时恰当地出现呢？经过众多教师的探索，一致认为，首先，应给予学生一定的独立交流空间。例如，不加入学生自发建立的 QQ 讨论群。其次，要在学生需要教师时建立有效的沟通渠道。比如，向学生公开自己的 QQ 账号，成为他们的好友，当学生有问题时，可以在好友中找到教师，私下留言。这样，教师就能够提供针对性的个性化辅导了。

除 QQ 聊天软件外，也有教师尝试使用微博、博客等工具与学生进行课外交流，同样取得了良好的效果，这里就不一一赘述了。

4. 基于武汉教育云的综合性平台

在翻转课堂的各个实施阶段，教师和学生可以利用多种技术工具。例如，上文提及的视频制作可以通过摄像机或 Camtasia Studio 软件完成，视频的分享可以通过播客或优酷进行，而交流和讨论则可以通过 QQ 或博客来实现。那么，是否存在一个平台能够整合这些功能呢？

由武汉市教育局推广的武汉教育云平台在这方面取得了显著进展，它能够支持翻转课堂的多个环节。在武汉教育云平台上，教师可以上传视频、批改作业、参与讨论；学生可以观看视频、提交作业、加入讨论区等。然而，武汉教育云平台目前的主要不足在于用户数量有限，用户习惯尚未形成。对学生来说，使用这个平台感觉像是为了学习而特别登录，这样的心理负担较重，不如其他软件那样轻松自如。

（二）未来可能实现的新的技术与平台

翻转课堂在技术层面已经取得了显著的进步，并且基本满足了教师和学生的需求。然而，教师们仍然渴望在两个方面取得进一步的自动化：作业批改和数据收集。

作业批改是教学过程中教师必须完成的重要任务。在传统教学模式下，学生提交纸质作业本，教师需要逐本批改，之后还要进行错题分析和知识点掌握情况的分析，这需要教师投入大量的时间和精力。而且，由于样本数量的限制，教师通常只能分析自己班级的数据，很难与其他班级进行比较，这限制了教师发现教学问题的能力。

如果能够开发一款软件，它能够自动批改作业，允许学生互相评价作业，或者在学生做作业时即时提供正确与否的反馈，尤其是能够在学生完成作业后提供详细的分析数据，这将极大地辅助教师开展课堂教学活动。

目前，在实施翻转课堂的实验学校中，只有可汗学院采用了类似的系统，它能够及时捕捉到学生在问题上的困难，使教师能够根据这些信息提供及时的辅导和帮助。期待未来有更多这样的系统出现，以便一线教师在实施翻转课堂时能够使用，从而提升翻转课堂的效果。

四、翻转课堂模式在高中物理教学中的应用

针对不同种类的课堂，如新知识讲授、物理学史课程、习题讲解、复习课以及实验课等，应当采用各自适宜的翻转教学模式。接下来，笔者将基于自己在翻转课堂实践中的观察和体会，针对这些不同类型的课程，探讨在翻转课堂教学中可能遇到的问题。

（一）翻转课堂在高中物理知识点性新课中的应用

所谓知识点性新课，主要是指那些以介绍知识点为核心的课程。这类课程涵盖了知识

背景的阐述、概念的解读、易混淆概念的辨析、常见错误思维的纠正以及知识在实际生产和生活中的应用等方面。在高中物理教学中，知识点性新课是最为常见的一种课堂形式，无论是力学、热学、声学、光学、电学还是原子分子物理的每一章节，通常都是从引入新的知识点开始的。因此，如何有效地处理知识点性新课对高中物理教学来说至关重要。

在传统课堂上，这些内容都是在课堂时间内完成的。由于需要讲授的内容繁多，教师通常采取两种处理方式：一是将内容分成两节课或多节课逐步完成，这样做虽然教师讲解得更为详细，学生获得的知识也更全面，但缺点是课时有限，难以在高中标准课时内保证充足的课时来深入讲解某一章节，这可能导致教师牺牲其他非重点考核的章节以获得课时，这是应试教育的一种遗留问题。同时，由于多节课都在逐步深入讲解同一内容，为了保证课程的连贯性，教师在每节课的开头都需要回顾上一节课的内容，这无疑增加了课时负担。二是教师经常采取弱化基础知识，突出重难点的教学方法来保证课程的深度，这样做可以按照标准课时进行教学，课堂上也能突出重点、突破难点，对有良好学习习惯、能提前预习和自学的学生来说，这种课堂效果更佳，高效课堂的特点也更明显。然而，对一般学生来说，这种课堂的缺陷也很明显，他们在听完基础知识介绍后还没来得及记忆和消化，就被要求投入重难点的思考中，这对学生来说难度较大，可能导致在重难点讲解中的参与度下降，教学效果降低。

鉴于传统知识点性新课中存在的问题，笔者在翻转课堂实践中进行了针对性的思考：哪些内容可以通过计算机网络技术辅导学生在课前完成？哪些内容需要教师在课堂上现场指导和学生合作学习？也在考虑课前和课堂之间的联系，以及如何设计课前的视频和展开课堂的教学。经过反复实践，笔者总结出了一些经验，并针对高中物理知识点性新课的翻转课堂教学模式进行了总结。

通过对比两种教学模式，可以看出翻转课堂将教师在课堂上讲授、学生易于理解和掌握的知识点移到了课前视频中，而将课堂时间集中在解决重难点上。在课堂上，学生从以听为主转变为动手操作、动脑思考和动嘴讨论，学生的参与度和投入度都有所提高。小组讨论和展示式的活动使学生对重难点的理解和掌握更加深刻。从教学的有效性和高效性来看，翻转课堂是一次巨大的提升。

（二）翻转课堂模式在高中物理学史课堂中的应用

物理学史是高中物理教学的重要组成部分，它涉及科学真实的发展历程，是学生拓宽视野、了解科学的重要途径。通过物理学史的学习，学生能够培养情感态度与价值观，这是教育三维目标中至关重要的一环。

在传统教学中，物理学史的学习方式相对单一，通常是在介绍知识背景时，教师会提及一些科学家的贡献，这种叙述往往是简单的介绍或故事性的呈现。学生的学习现状并不理想，大多数学生只是被动地听教师讲述的一些故事，缺乏深入理解和重视。因此，在备考物理学史时，教师甚至需要将“科学家、物理知识、事件”作为知识点来要求学生记忆和背诵。这种教学方式虽然在应试教育中能够帮助学生获得一定的分数，但是却无法让学生真正体验科学精神和态度，也无法激发学生对科学的热爱，这与新课程标准的要求显然不符。

尽管教师和学生都充分利用了多种多媒体手段，但是学生的学习仍然主要集中在对知识的“看、听、想、练”四个层面。以质谱仪为例。从上课的体验来看，当教师讲述质谱仪的研发历史时，学生缺乏情感的投入和共鸣，也没有表现出对科学家或科学的好奇和崇拜，仅仅是将其作为知识点来记忆。在质谱仪的设计环节，学生也只是简单地模仿课本插图，缺少自己的理解和思考。这样的课堂自然无法给学生留下深刻印象。

通过翻转课堂的实施，课堂上学生的发言明显增多，从课堂反馈来看，学生对这段研究历史表现出了浓厚的兴趣。有的学生对阿斯顿进行了深入研究，有的学生对 J. J. 汤姆孙充满好奇，甚至有的学生对卡文迪许实验室产生了 29 位诺贝尔奖获得者进行了研究。同时，在设计质谱仪时，学生不再简单地复制，而是能够对其原理进行深入分析，学习效果相比翻转前有显著提升。

（三）翻转课堂模式在高中物理习题课中的应用

习题课主要以讲解练习题为核心。在传统教学中，习题课可能针对某一节课的特定知识点，也可能针对某一专题或解题方法的练习题进行讲解，还包括试卷评讲等。习题讲解的目的是帮助学生更好地理解知识、运用知识，掌握解题的步骤和方法，以及在考试中取得优异成绩，这是高中理科教学与文科教学或高等教育最明显的区别之一。

传统的习题课流程通常是：教师提前布置作业，学生在家独立完成，第二天教师批改，然后在课堂上逐一讲解，课后学生自行订正。然而，这种逐一讲解习题的方式已被证明是低效的，因此，改进后的课堂主要针对讲解环节，教师将不同类型、不同解题方法或考查不同知识点的题目进行归类整理，分类讲解，以便学生在整理知识点、归纳解题方法等方面获得更多收获。但习题课的基本流程一直没有改变。从这个流程中可以看出，学生的学习方法局限于独立完成、独立听讲、独立订正。在独立完成阶段，学生只能在自己解决问题的能力范围内学习，缺少相互讨论和启发，缺乏合作学习。在独立听讲阶段，学生只能基于自己的理解能力进行理解和模仿，教师的讲解也只能针对多数学生，缺少个性化的师生互动。在独立订正阶段，学生只能重复自己已经理解的内容，对不懂的部分仍然一无所知。这些问题在传统教学流程中难以解决。幸运的是，现代信息技术和网络技术的发展为习题课的改革和创新提供了关键的技术支持。

第四章　高中物理课堂教学的自主探究模式

第一节　自主探究教学模式理论

一、教学模式的结构

在国内，教学模式的评价主要基于五个关键维度，因此，国内学者认为教学模式应由这些维度构成。这些维度应具备必要性和不可替代性。教学活动在特定的空间和时间背景下进行，空间上涉及根据教学理论来处理和调和教学过程中各个要素的地位和相互作用；时间上则涉及如何安排教学活动的各个阶段或环节。不同的教学理论会导致设计不同的教学目标，以及安排和组织师生活动的差异，从而形成不同的教学模式。国内学者认为，一个完备的教学模式应包含五个基本要素：理论基础、功能目标、实现条件、活动程序以及教学评价。这些要素相互关联、相互影响，共同构成一个完整的教学模式。接下来，笔者将分别对这五个基本要素进行详细介绍。

（一）理论基础

所有教学模式都是建立在一定的教育理论之上的。建立在特定理论之上的教学模式，其教学理论或思想是模式的深层驱动力和核心，它决定了教学模式的导向和独特性。理论基础既独立于教学模式的其他要素，又渗透或体现在这些要素之中，其他要素都是基于理论基础构建的。例如，程序教学模式的基础是行为主义心理学，而非指导性教学模式的基础则在于人本主义心理学。有些教学模式还会共享理论主题，如布卢纳的概念获得教学模式、加涅的累积性教学模式、奥苏贝尔的先行组织者教学模式等，它们的理论基础都是现代认知心理学。通过考察一个教学模式的理论基础是否成熟，可以判断该教学模式是否成熟。

（二）功能目标

建立任何教学模式的初衷都是为了实现特定的教学目标，因此，教学模式的设计要素都是围绕这一目标进行构建的。功能目标是对教学活动在学生身上可能产生的效果和程度的预期。它是教学模式的核心，占据教学模式构成要素的中心位置，对其他要素具有决定性影响，并作为教学评价的标准。例如，德国的范例教学模式的功能目标是让学生掌握选自基本概念和知识点的典型材料，能够进行类比和应用，培养独立思考和工作的能力；合作教学模式的功能目标是培养学生具有民主意识、独立人格和创造性能力。功能目标在一定程度上指导教学模式的研究方向，为教学模式的构建提供反馈，帮助人们调整或重构教学结构，以促进教学模式的不断完善。

（三）实现条件

实现条件是指确保教学模式有效运作并实现其功能所需的各种因素。教学模式的有效性取决于特定条件的满足。这些条件涵盖了多个方面，包括教师、学生、课程内容、教学工具以及教学的时空安排等。例如，布卢姆的掌握学习模式将学习结果的性质的三大变量（认知前提行为、情感前提行为、教学的质量）视为模式实现的关键条件。深入研究并确保教学模式的实现条件，有助于教师更好地掌握和运用教学模式，从而成功地实现教学目标。

（四）活动程序

教学模式从另一个视角可以视为教学活动开始前预设的程序。不同教学模式对应着不同的教学步骤。每种教学模式都包含着一套特有的操作程序，这些程序具体而详尽地阐述了教学活动的逻辑顺序以及每个步骤需要完成的任务。通常，活动程序的实质在于安排教师、学生与教学内容之间的关系，以及它们在时间上的实施顺序。然而，由于教学过程不仅涉及教学内容的展开顺序和方法的使用顺序，还包括内在复杂的心理活动顺序，因此可以根据不同的侧重点制定不同的教学程序。在实际教学中，经常会遇到各种突发情况，因此实际的活动程序只能是基本和相对稳定的，而不是固定不变的。

（五）教学评价

不同的教学模式对应着不同的评价准则。每种教学模式都有其特定的适用场景和功能，因此，相应的评价标准、评价手段以及反馈和调整机制也各不相同。

二、物理自主探究教学模式设计的理论基础

（一）建构主义学习理论

1. 建构主义学习理论的起源

建构主义学习理论起源于瑞士心理学家皮亚杰对儿童认知发展的研究。皮亚杰提出，

儿童是在与环境的相互作用中逐渐建立起对世界的认识，并通过这一过程促进其认知结构的发展。建构主义在继承认知理论的基础上，强调知识不是被动地从教师那里接受，而是学生在特定的社会文化背景和情境中，借助他人的帮助和必要的学习资源，通过人际合作和交流活动，根据自己的原有知识和经验主动地建构意义而获得的。建构主义认为"情境""协作""对话""意义建构"是学习环境中的四个关键要素。

建构主义认为学习总是发生在特定的情境之中，情境是构建学习的重要组成部分。学习与社会的情境紧密相连，实际情境中的学习可以使学习者利用原有的认知结构来同化新知识，从而赋予新知识以意义；如果原有经验无法同化新知识，则会引发"顺应"过程，即对原有认知结构的改造和重组。通过"同化"与"顺应"，学习者能够建构对新知识意义的理解。

建构主义还强调学习中学习者与他人的协作和交流是必不可少的，这一过程伴随着学习的始终。从问题的提出、假设的建立、资料的搜集与分析、结果的验证到学习成果的评价，学习者之间的协作和交流都发挥着重要作用。学习者在学习过程中的互动是建构主义的核心概念之一。在教师的组织和引导下，学生共同讨论和交流，建立学习共同体，并成为其中一员。在这样的共同体中，学生共同批判性地探讨各种理论、观点、信仰和假设，进行协商和辩论。通过这种协作学习环境，学习者共同体的思维和智慧得以共享，即整个学习共同体共同完成知识的意义建构，而不是由个别学生独立完成。

建构主义强调的是对事物本质和内在联系的理解。在学习过程中帮助学生建构意义就是要帮助学生深刻理解学习内容所反映的事物的性质和规律，这种理解在大脑中的长期存储形式就是认知结构。

2. 建构主义对学习的重要看法

建构主义将学习视为学习者在特定环境中，通过与周围的人和信息进行互动交流，以及对自身已有知识的重新整合，主动获取知识的过程。这一过程涉及学生从旧的知识结构向新的认知结构的转变。

建构主义重塑了学生在学习过程中的角色，强调学生是知识建构的积极参与者。学生需要主动地对外界信息进行加工和整合，使之成为自己的知识。这与传统教学理论中学生作为被动知识接受者的观点截然不同。

随着学生角色的转变，教师的教学角色也需相应调整。教师不再是单纯的知识传递者，而是转变为引导学生进行意义建构的引导者和推动者。

3. 建构主义学习理论对物理自主探究教学模式的启示

建构主义学习理论与物理自主探究教学模式的目标是一致的，并且为自主探究教学模式的设计提供了重要的指导。首先，自主探究教学模式需要设计出适当的教学情境；其次，要组织学生进行合作交流学习，以促进学生共同构建知识。

（二）布鲁纳的发现学习理论

布鲁纳是20世纪60年代学科结构运动的领导者。他的教育理念基于皮亚杰的“发生认识论”，提倡“发现学习”。这种学习方式的特点包括重视学习过程、直觉思维、内在动机和信息提取。

布鲁纳认为，在教学活动中，学生应当是学习的核心，是积极的探索者。教师的职责是帮助学生构建探索知识的情境，而不是直接传授知识。他主张教学不仅仅是建立一个充满知识的小型图书馆，而是要激励学生自己去思考，参与到知识获取的过程中。他认为，认识是一个过程，而不是一个静态的产品。学习不仅仅是要吸收现有的知识，而是要参与到构建学科知识体系的过程中。布鲁纳强调，学生不应是被动接受知识的对象，而应是主动探索知识的主体。

布鲁纳的发现法不仅注重学习过程，还强调直觉思维在学习中的重要性。他认为，直觉思维与分析思维不同，它不是按照预定的步骤进行，而是通过跃进、超越和寻找捷径的方式进行思考。无论是在学术领域还是在日常生活中，无论是科学家还是小学生，直觉思维都是必要的，只是程度不同。直觉思维在科学发现中扮演了重要角色。直觉思维的形成通常不依赖于语言信息，尤其是教师的指示性语言。直觉思维的本质是形象化的。因此，教师在学生的探究活动中应帮助学生发展丰富的想象力，防止过早的语言化。与其指导学生如何行动，不如让学生自己尝试，边做边思考。

布鲁纳认为，学生的学习动机往往是复杂的。例如，有些学生追求好成绩是为了获得教师和家长的奖励和认可，或为了与同学竞争。这些都是外部动机，而布鲁纳更看重的是培养学生的内部动机，或将外部动机转化为内部动机。发现活动可以帮助激发学生的好奇心，学生往往会被好奇心驱使，对探究未知结果表现出极大的兴趣。

布鲁纳对记忆过程有独到的见解。他认为人类记忆的关键不是存储，而是检索。从检索的角度看，记忆过程也是一个解决问题的过程，即发现的过程。布鲁纳据此指出，根据个人的兴趣和认知结构组织起来的材料最有可能在记忆中自由出入。因此，发现行为能够促进记忆的保持。

从布鲁纳的发现学习理论可以看出，教学过程不应像传统那样，只是将知识作为现成的结论传授给学生，而应让学生通过探究来发现知识。在探究过程中，学生不仅能获得知识，还能培养探究的态度和方法。

布鲁纳的发现学习理论对物理自主探究教学模式的启示包括：让学生亲自经历知识探究的过程；激发学生的好奇心，从“要我学”转变为“我要学”；鼓励学生自主建构知识，而不是简单地记忆知识。

（三）建构主义学习理论和布鲁纳发现学习理论的学习方法

建构主义强调学生在学习中的中心地位，同时也不忽视教师在教学中的重要性。教师的角色是帮助学生建立教学情境，引导学生构建自己的知识体系。学生不再是被动地接受知识，教师也不再是简单地传授知识。这就要求学生在学习过程中注意以下几点：

（1）多采用探索法和发现法来建构知识的意义。

（2）在建构意义的过程中，主动搜集和分析相关信息和资料，对学习问题提出各种假设，并通过多种途径验证。

（3）多思考和联系，将当前学习内容与已知事物相联系，并对此进行深入思考。

在教学过程中，教师要充分发挥在学生知识构建中的作用，应做到以下几点：

（1）激发学生的学习兴趣，帮助学生形成学习动机。

（2）创设符合教学内容要求的情境，提示新旧知识之间的联系，帮助学生建构当前所学知识的意义。

（3）为了使意义建构更有效，教师应在可能的情况下组织协作学习，并引导协作学习过程，使其向有利于意义建构的方向发展。

建构主义学习理论和布鲁纳的发现学习理论为建构物理自主探究教学模式操作流程中的要素提供了重要的理论支持。自主探究教学模式中的许多重要因素都是根据这两个教育理论建立的。例如，自主探究教学模式操作流程中的探究、情境、问题等要素，正是基于这些理论的基本概念。而自主探究教学模式中的多维活动、网络环境与调节则是根据特殊时代特征对教学模式的一种创新。

第二节　自主探究教学的方式与策略

一、自主探究教学模式的基本流程

自主探究教学模式是一种创新的教学模式，它倡导学生通过独立探索来学习知识，使学生能够全面理解学科的内容体系、思想方法、科学概念、理论以及其历史、现状和前沿。这种模式打破了传统教学对学生主动性和创造力的限制，有助于提升学生的科学素养。在物理教学中，根据内容适当采用自主探究教学模式，可以带来显著的教学效果。然而，如何在教学中实施自主探究教学模式，以及构建何种模式的自主探究教育，是本节将要探讨的主题。本节内容将从现代教育理论和学科教学模式设计出发，为物理教学设计出符合教育改革和发展学生创造力的操作流程。

不同的自主探究模式设计有不同的特点，如以问题为中心的自主探究教学模式、指导型自主探究教学模式和循环型自主探究教学模式等。接下来，将对这三种不同的自主探究教学模式的创建流程进行详细说明。

（一）以问题为中心的自主探究教学模式

这种教学模式以学生的独立学习作为核心，旨在培育学生的创新意识、创新精神和创新能力。其具体的实施流程如下：创设情景→提出问题→自主探究→协作讨论→分层测试→课堂小结。

该流程的操作特征如下：

1. 创设情境

教师应考虑学生的实际年龄、知识背景、能力水平和认知发展等要素，把握学生思维的关键点和兴趣点。根据学生的“最近发展区”，教师应提供充足的背景资料，打造生动直观的问题场景，激发学生的好奇心，引导他们主动探索、发现问题并积极提出疑问。

2. 提出问题

在我国古代，“学问”被视为获取知识和提升道德修养的关键途径，其中“问”是一个重要的环节。然而，现今学生缺乏提问的能力，这往往是因为教师未能重视培养学生的问题意识。传统的“填鸭式”教学法可能抑制了学生提问的积极性，导致学生过度依赖教师的直接传授，而处于一种被动的学习状态。因此，教师应引导学生运用多种质疑技巧，如对课题的质疑、因果关系的质疑、联想质疑、方法质疑、比较质疑和批判质疑等，以培养他们的问题意识。通过学生自我提问、学生间相互提问、师生间互动提问等方式，学生能够自主发现问题并提出问题，从而从被动的知识接受者转变为主动的知识探究者。为了实现这一目标，教师需要营造一个开放和民主的课堂氛围，对学生的提问给予恰当的反馈，将讲解转变为引导学生自主解决问题的指导，并鼓励学生独立寻找答案。同时，教师应及时给予评价，以激励学生积极思考，培养他们深入钻研、独立思考并乐于提问的习惯。

3. 自主探究

“听到的，忘得快；看到的，记得牢；动手做的，理解深。”这是美国华盛顿大学关于知识学习的宣传口号。在传统教学中，学生通常需要接受既定的知识内容，并试图将其内化为自己的知识体系。然而，由于缺乏个人的经验基础，这种内化过程可能会导致在将知识应用于解决科学问题时遇到障碍。相比之下，探究式学习让学生通过实际“做科学”来“学科学”，学生需要在特定的情境中识别问题，提出假设，搜集资料，进行实验验证，处理信息，并解决问题，所有这些活动都成为学生个人经验体系的一部分。因此，探究验证是自主探究教学模式中的关键环节。此外，探究验证过程模拟了科学家的研究环境，以观察和实验为基础，以假设为出发点，以质疑和验证为手段，建立新旧知识之间的联系网络。

4. 协作讨论

在协作讨论的过程中，可能会出现各种情况。例如，一些学生可能会因为害怕或羞涩而不愿意参与讨论。在这种情况下，教师可以采取多种灵活的策略，如小组讨论、不同小组之间的讨论、师生讨论等，以利用集体的力量来解决问题。讨论的分组可以根据学生的实际水平进行灵活配置，既可以按照学生的水平层次划分，又可以进行交叉分组。在讨论过程中，教师应将主导权交给学生，并适时引导他们从自由讨论转向小组讨论。在协作交流的过程中，教师应根据教学内容和学生的实际情况，激发学生的思维活力，培养他们的交流协作能力。在交流的最后阶段，各小组形成自己的观点，教师可以选择几个具有代表性的小组，让他们派出代表在班级范围内分享研讨成果，通过修改、补充和完善结论，最终达成共识。通过这样的自主研讨、自我分析和广泛交流，学生不仅能体验到获取知识的过程，感受到成功的喜悦，还能显著提高他们的语言组织和口头表达能力。

5. 分层测试

分层评估的宗旨是根据学生现有的物理知识水平提出不同层次的要求，这样既能让成绩较差的学生感受到进步的喜悦，也能对成绩较好的学生产生激励效应。基于教学经验，教师可以将评估题目设计为四个级别：第一级别是基础达标级，依照物理课程标准来设定；第二级别是提高级，在基础达标级的基础上，增加了对分析能力的培养和变式练习；第三级别是优秀级，这一级别增加了将新旧知识综合运用的练习；第四级别是挑战级，提供与学习内容相关的开放性问题、高考题以及物理知识应用竞赛题的分析和解答。这四个级别是逐级递增的。传统的教学模式往往采用统一的标准进行评价，这种评价方式的缺点在于，如果标准过低，优秀学生可能会因为缺乏挑战而失去学习兴趣；反之，如果标准过高，成绩较差的学生可能会感到沮丧。因此，自主探究教学模式中的四个评价层次能够全面考虑到每位学生的需求，并根据个人差异进行评价，有效解决了传统教学中存在的“跟不上”和“不满足”的问题，让每个学生都能“跳一跳，够得着”，努力确保所有学生都能获得成长和进步。

6. 课堂小结

课堂总结的方式具有多样性。它既可以由学生独立完成，也可以是师生共同完成的成果。这种总结可以是口头的，也可以是书面的，甚至可以是论文的形式。课堂总结的内容主要涵盖三个方面：首先，学生需要对自己的探究过程进行总结，阐述自己的探究成果或实验观察到的现象以及得出的结论，并对自己的探究过程和结论进行深入的反思和评价；其次，学生需要对他人的探究过程和结论进行反思和评价，提出有益的建议和意见；最后，教师需要对学生的总结进行适当的补充、概括和评价。

以上就是以问题为中心的自主探究教学模式构建的步骤和需要注意的关键问题。

（二）指导型自主探究教学模式

这种教学模式的目标是将探究式教学和传统教学的长处结合起来，特别是在构建特定的物理概念教学中显示出其显著的优势。然而，这并不是简单地将传统教学和自主探究教学相加。其具体的实施步骤包括：创设情境，提出问题→科学猜想，实验验证→分析讨论，得出结论→课题小结，测试反馈。

指导型自主探究教学模式有以下的特征：

1. 创设情境，提出问题

针对不同学校的教学资源，教师可以设计多样化的教学环境。利用现代技术手段，教师可以为学生提供充满活力的教学情境，如实验操作、观察活动、案例分析、研究图像等，以此激发学生发现问题的能力，并鼓励他们用文字形式提出科学问题。当学生融入学习环境后，教师通过指导和讨论的方式向学生展示待研究的课题，并为他们提供解决问题所需的信息资源、实验设备等。

2. 科学猜想，实验验证

探究式教学的关键在于指导学生制订探究计划，展开学习探究，并最终形成结论。这包括以下几个步骤：学生基于自身知识、经验或搜集的信息，提出合理的推测、假设并规划探究方案；在拥有网络资源的学校环境中，学生可以自行上网搜索资料，对提出的问题进行探索和假设；学生在问题的引导或实验方案的指导下，利用网络资源独立进入教师设定的学习场景中进行深入探究；或者利用现代信息技术和多媒体实验辅助系统进行实时实验探究，并搜集实验数据。

3. 分析讨论，得出结论

首先，学生需要对他们收集到的信息进行深入的分析、筛选和处理，以便得出初步的结论，随后对这些结论进行科学的阐释。在分析和讨论阶段，学生可以通过团队合作和交流，分享彼此的猜测、假设、实验设计和结论。这种交流有助于学生从多个角度全面理解问题，意识到自己可能忽视的方面，并深刻体会到在科学研究中建立合作精神的重要性，从而促进学生在多方面的成长和进步。

4. 课题小结，测试反馈

学生各自对探究过程进行总结，阐述自己的探究结果或通过实验观察到的现象以及得出的结论，并对自己的探究过程和结论进行评估和思考；学生对他人的探究过程和结论进行评估和思考，提出有益的建议和意见；教师对学生的小结进行适当的补充、概括和评价，并让学生审阅这些小结（这可以通过幻灯片、图片、多媒体、网络等方式进行），课题小结之后，教师指导学生进行自我测试，并及时给予鼓励，以激发学生的学习热情。这种教学模式不仅注重学生“知道什么”，更重视学生“如何获取知识”，在“让学生自己学会并掌握研究方法”方面下足功夫，通过学生的积极参与和亲身体验，推动学生对科学知识的“动态建构”。

（三）循环型自主探究教学模式

循环型自主探究教学模式的关键在于教师传授关键知识点，而学生则通过运用这些知识或理论来深入理解问题。这种模式旨在摒弃学生的错误观念，同时培养他们的思维和探究技能。这一教学模式包含三个主要阶段：探索阶段、理解阶段、应用阶段。

1. 探索阶段

教师设计新颖的教学场景，让学生接触物理领域的新概念。学生通常会对未知的事物和现象产生浓厚兴趣，尤其是那些他们无法用现有知识或思维模式解释的现象，这些现象能有效激发他们的好奇心。在这一阶段，教师应避免过多的指导，而应给予学生充分的自由，让他们自行探索，并体验在探索过程中知识带来的快乐。同时，教师应鼓励学生充分利用所有可用资源，寻找问题的答案。

2. 理解阶段

在教师的引导下，学生将重塑他们先前的观念，利用科学的新定义来诠释他们新接触到的知识。在这个过程中，教师的作用是帮助学生理解知识的内涵，把握不同知识之间的联系，从而深化对第一阶段遇到的奇特现象的理解和认知。

3. 应用阶段

这一阶段要求学生将新学的知识与不同的情境相结合。通过在不同情境下运用新知识，学生能够自行揭示知识的核心特性。

二、三种自主探究教学模式的比较

三种自主探究教学模式根据教师指导学生的程度不同而有所区别。在以问题为中心的探究教学模式中，教师的直接介入较少，主要任务是创造学习环境，而学生则在整个学习过程中扮演自主探索的角色；在指导型自主探究教学模式中，教师的角色最为积极，负责指导、管理和组织学习活动，学生在教师的直接指导下进行探究；在循环型自主探究教学模式中，教师的参与程度适中，主要负责传授关键知识点，并创造学习情境，学生在这些情境中进行学习。这三种模式的共同特征在于：学习者被科学问题所吸引；在解决问题时，学习者首先考虑证据；学习者使用证据来构建解释；将解释与科学知识相结合；学习者之间交流并验证彼此的解释。

第三节　物理课堂自主探究教学的展开条件

一、物理课自主探究教学模式实现的条件

（一）自主探究教学模式对学生的要求

在实施自主探究教学模式时，班级规模应适中，通常不超过 40 名学生。教师需对班级学生进行合理分类和分层组合。通过诊断性评价来了解学生的认知结构和兴趣，并参考学生的自我评价来进行分组。学生的兴趣是分类的一个重要依据，而每一类别的学生可以根据他们的学习欲望和知识基础进一步分层。分层的目的是帮助教师更好地理解学生的个性特点和认知结构，以便能够针对每个学生的特点进行个性化教学。

（二）自主探究教学模式对教学条件的要求

实施自主探究教学模式时，可以根据学校的具体条件来创设教学环境。通常，对教学设施的最高要求是建立一个虚拟实验室。这样的实验室包括两个主要部分：一部分是硬件设施，另一部分是软件系统。

在自主探究教学模式中，硬件设施主要包括多功能教室。这类教室配备有高配置的电脑、投影仪、录像机、高级 DVD 播放器、无线麦克风、电子教鞭等设备。此外，还有交互式多媒体计算机机房，它们通过局域网连接服务器、教师机和学生机，并安装有交互教学系统和电子阅览室等。

软件系统主要包括网络光盘资源共享系统、网络视频点播（VOD）系统、互联网资源共享系统、视频广播系统、屏幕广播系统、师生网络学习与创作的编辑系统、高中物理教学软件系统以及高中物理网上测试和评估软件系统。

除了对硬件设施和软件系统的要求外，自主探究教学模式还强调对研究人员和学生的培训。研究人员的培训可以通过自学、专题培训、讲座、讨论和外出参加培训等多种方式进行。他们需要深入理解现代教育理论，特别是建构主义相关理论，以及不断更新教学观念和思想，掌握教育实验研究方法，并学习现代信息技术，以便能够有效使用多媒体和网络教学。学生的培训则侧重于让他们熟练掌握计算机多媒体和物理实验工具软件的使用方法。这项培训由课题组成员和计算机教师共同负责。

（三）自主探究教学模式的评价

课堂教学评价涉及根据特定价值标准对教学活动的多个方面及其进展进行评估。有效

的课堂教学评价应从评价的目标出发，确立评价的价值导向，并采用恰当的研究和评估方法，构建合理的评价体系。

教学评价是课堂教学的一个关键组成部分，其核心在于检验和提升教学效果。在自主探究教学模式中，对学生的评价应着重于他们探究活动的过程。评价主要关注以下几个关键方面。

1. 评价的内容

自主探究的评价主要分为认知和非认知两大类，展现出多元化的特点。这种评价侧重于学生在原有水平上的进步，即学生自我提升的幅度。评价从多个视角和维度进行，全面考量学生的表现。在认知方面，评价涉及学生对于基础知识的掌握、理解与应用，以及思维方法的提升等。非认知方面的评价则包括对物理学习的动机、创新能力、评估能力、自我调节能力、探究能力、对物理学习的兴趣、信心、态度、思维的灵活性、民主意识、合作精神、问题意识、课堂情绪、对学习的喜好与畏惧、求知欲、对同伴的关心程度、课堂参与度、学习压力、独立性等方面。

2. 评价的方式

自主探究教学模式强调的是学生个人的成长和探究及创新能力的增强，这些都是较为主观的要素，因此，评价标准应以定性评价为核心。

在自主探究教学模式的评价中，常用的方法有教师对学生的评价、学生之间的相互评价以及学生的自我评价，学生的自我评价即学生依据一定标准对自己进行的主观评价。

同时，可以结合教师的评估与学生的自评、互评，小组评价与个人评价，以及定性与定量评价等多种方式，从多个维度进行全面评价，并构建一个多维度的评价体系。对于学业成绩的评定，可以采用开卷考试与闭卷考试相结合的形式。

3. 评价的原则

对学生学习的评价旨在将学习的重点从单纯的知识传授和积累转变为对知识探究过程的理解，从而促使学生从被动的知识接受者转变为主动的知识探索者。为了实现这一目标并取得理想的效果，应遵循以下原则：

（1）启发性原则：教师在教学中的任务是激发和引导学生，避免简单地灌输知识。因此，教师应利用多媒体和网络技术不断创造促进学生探究的情境，通过全方位的输入方式（视觉、听觉、动手操作等）帮助学生发现、分析和解决问题。

（2）主体性原则：自主探究教学模式强调学生在教学过程中的主体地位。在课堂教学中，教师应通过创设问题情境，鼓励学生独立探索、思考和发现，确保每位学生都能体验到知识的发现和创造过程。

（3）开放性原则：教学环境应开放且动态；教学内容应灵活多变；教学时空应开放，

具有广阔性；教学反馈应即时；教师应利用多媒体和网络技术创造适合不同层次学生的非线性教学环境，满足学生个体差异的需求。

（4）自主性原则：教学过程应挖掘学生的潜能，激发学生对问题的兴趣和探索的热情，让学生进行充分的自主探究，真正实现学生自我发现规律。

（5）发展性原则：教学设计应以学生的发展为核心，旨在以促进学生的主体性、创新精神、实践能力以及学生素质的全面发展为最终目标。

（四）自主探究教学模式对教师的要求

自主探究教学模式具有较大的适应性，它对教学设施和教师资质的要求因学校而异，适用于各种级别的中学物理教学。这种模式对学生的能力和教师的素质都有较高要求，教师在教学过程中的正确引导和方法对教学成功至关重要，它为教学的顺畅提供了保障。教学条件的优劣会直接影响教学效果。教学模式的实施条件主要涉及教师、学生和教学工具三个层面。对教师的基本要求大致涵盖以下七个方面：

（1）教师应具备扎实的专业知识和广泛的兴趣，知识面丰富。

（2）熟练掌握现代教育理论，以及多媒体和网络技术的应用技能。

（3）关注并了解世界科技最新发展，持续进行教学研究。

（4）拥有教学设计、实验操作和师生沟通的技能。

（5）具有深厚的爱心、事业心和责任感。

（6）灵活应对教学情境，具有强烈的民主意识和组织能力。

（7）形成自己独特的教学风格和个人魅力。

二、物理课堂学生自主能力培养的要求

在课堂教学的实施中，教学环节是教学设计理念的直接体现，它们是确保课堂教学有效性的核心部分。这些环节通常包括课堂导入、新知识的学习、反馈与小结以及作业布置等。为了有效进行这些环节，需要构建一个平等、和谐、相互尊重的师生关系；课堂导入应当能够唤起学生的兴趣和思考；在教学过程中，学生应当是主体，应给予他们足够的时间和空间进行思考和讨论；教学内容应基于学生的实际知识和经验，并与他们的生活实际紧密相关；课堂小结不容忽视；课外作业的布置应当适量，并具有针对性。

课堂不仅是学生学习的中心地带，也是培养他们自主学习能力的理想环境。在课堂教学过程中，教师需要精心设计每一个教学环节，以促进学生自主学习能力的发展。新课程的导入应当通过创设引人入胜的问题情境来激发学生的思考，当学生对提出的问题产生兴趣时，他们的求知欲将被点燃，从而积极参与学习。导入可以从学生的日常生活出发，通

过揭示他们已有的误解或知识之间的矛盾来引发兴趣；或者通过实验演示与已有知识的不一致来引起学生的好奇心；还可以从学生周围的生活现象出发，探索这些现象背后的原因，引发学生的积极思考，并鼓励他们表达自己的观点。教师与学生共同探讨问题、共同寻找答案，从而自然过渡到新课程的学习。

在新知识的学习阶段，教师需要营造一个自由、民主、和谐的课堂氛围，教学内容应与学生的日常生活紧密相连，通过发现和探索身边的物理现象来学习。根据学生的现有水平和教学内容，教师应个性化地处理教材，选择适当的教学方法。在课堂上，教师应尊重学生的个体差异，将学习的控制权和决策权交给学生，鼓励他们勇于质疑，并引导他们从多个角度分析问题。确保每位学生都有机会亲自进行实验，体验发现规律和原理的过程。同时，教师应注重物理学史的教育，让学生了解所学知识的起源和发展。只有当学生真正参与到学习过程中，课堂才显得充满活力，才能培养出学生的自主学习能力。

在教学过程中，反馈与小结同样扮演着重要角色。反馈环节可以揭示学生在理解和应用新知识方面的不足，也是及时纠正错误和补充不足的绝佳时机。因此，教师应鼓励学生勇于提出疑问。面对学生提出的问题，教师不应回避，而应思考学生知识掌握上的不足，并与学生共同探讨，给予适当的指导。小结应简洁明了，突出知识的逻辑性。作业则有助于学生对知识的理解和巩固，作业设计应以学生为中心，教师应创造性地设计具有层次性的作业，如创意作业、情境作业、学生自选作业等，让学生根据自己的兴趣和需求自主选择，从而提高他们自主学习的能力。

三、物理课堂自主探究教学的实施步骤

（一）问题导入阶段

在物理课堂的自主探究教学中，问题导入阶段至关重要。这一阶段的核心任务是为学生营造一个开放、富有挑战性的课堂氛围，以激发他们的探究欲望和学习兴趣。教师在这一阶段的任务不仅是提出问题，更要引导学生进入情境，激发学生内在的好奇心。教师可以采用多种方式来引导学生进入探究状态。例如，设问是一种常用且有效的方式，教师可以提出一些看似简单、实则蕴含物理原理的问题，激发学生深入思考。此外，教师可以展示实际生活中的物理现象，或播放相关视频来帮助学生形象地感知问题。例如，在引入“磁场”概念时，教师可以在教室中央展示一个通电导线和磁针的实验装置，并设置情境提问：“为什么当电流通过导线时，磁针会发生偏转？”此类问题能够引发学生的强烈好奇，让他们主动思考背后的原因，从而为接下来的探究活动奠定良好的心理基础。

这种问题导入方式可以带给学生一种悬念感，引导他们带着兴趣和疑问进入学习过

程。此外，教师也可以结合学生的生活经验，将问题设置得更具现实感和贴近性。例如，可以问“为什么手机导航会使用磁场？”或“为什么我们能通过指南针辨别方向？”这些生活化的问题能够帮助学生发现物理知识与现实生活之间的联系，增强他们对物理学习的动机和探究兴趣。

在提出问题的同时，教师还需要清晰地传达本次探究活动的教学目标，让学生明确自己即将探索的方向和预期的学习成果。例如，在探究“磁场与电流的关系”时，教师可以告诉学生本次探究的目标是理解电流产生磁场的现象和原理，学生需要通过实验和观察，找到电流与磁场之间的关联。这样的目标设定不仅有助于学生在探究中有明确的方向，也有助于学生自我监控学习过程，确保自己在探究活动中能够逐步达到目标。

另外，在导入过程中，教师还可以通过提问和互动来鼓励学生提出自己的见解和猜想，引导学生自主生成问题。例如，可以问学生：“你们觉得磁针为什么会转动？它与电流有什么关系？”鼓励学生在头脑中构建初步的猜想和假设。这样的互动不仅能加深学生对探究主题的初步理解，还能让他们体验到科学探究的魅力，感受到自己作为学习主体的存在感。

总之，问题导入阶段的任务是通过设置开放性、富有挑战性的问题，引导学生主动进入探究状态，明确探究的方向和目标，为接下来的自主探究活动做好充分准备。这一阶段不仅仅是课堂的开始，更是整个探究学习的基础，它直接影响着学生在整个活动中的积极性和主动性。

（二）自主探究阶段

自主探究阶段是学生在物理课堂上自主构建知识的核心部分。在此阶段，学生围绕导入阶段提出的问题，通过动手实验、现象观察、数据收集和记录等一系列探索活动，自主构建知识和加深理解。这一阶段强调学生的自主性与实践能力，是学生将理论转化为实践，进而从实践中抽象出理论的关键过程。

首先，学生需要根据教师提出的探究任务，结合已有的知识，设计出合理的实验方案。教师在前期指导学生明确探究目标的基础上，可以鼓励学生通过头脑风暴等方式，提出自己的假设和实验思路。比如，在探究“浮力”与物体在水中的沉浮现象时，学生可能会设计使用不同密度的物体（如木块、铁块、橡皮等）来进行测试。学生可以对这些物体逐一测试在水中的浮沉情况，记录下每次实验的数据，观察其中的规律。

在实验过程中，学生将会亲自动手操作实验器材，观察现象的变化和结果。这种亲历的过程可以大大增强学生的参与感与沉浸感，同时通过实验加深对物理原理的理解。例如，学生在做浮沉实验时，可以观察到木块漂浮在水面，而铁块则沉入水底。这种现象不仅验证了浮力与物体密度的关系，也为学生理解物理中的浮力概念奠定了实际的体验基础。

数据收集和记录是自主探究阶段的重要一环。在实验过程中，学生需要记录下每个实验条件下的结果，包括实验条件（如物体类型、体积）和实验现象（如浮沉状态）。学生可以通过实验观察、数据记录等方式分析物理规律，从而逐步掌握将数据转化为结论的科学思维方法。比如，在探究不同物体的浮沉情况时，学生记录的数据可能会揭示出物体密度与浮沉现象之间的关系。这些数据不仅可以帮助学生在小组讨论和后续总结中进行更深刻的分析，也为他们在物理学科的后续学习中建立科学数据处理能力提供了实践经验。

在这一过程中，教师的角色十分关键。教师应在提供必要实验器材的同时，给予学生一定的自主空间，鼓励他们独立思考和探索。对于有些学生可能会遇到的操作问题或概念困惑，教师可以提供适当的引导，但要避免直接给出答案。比如，如果学生在实验中不理解为何铁块会下沉，而木块会漂浮，教师可以通过设问的方式引导学生思考物体密度的差异，而非直接告诉学生答案。通过这种适度的引导，学生可以在逐步思考中自行解决问题，培养独立探究的意识和能力。

此外，教师可以在实验过程中观察学生的操作和思维过程，并对他们的发现给予积极的反馈。教师的鼓励和认可可以增加学生的成就感，使他们在探索中感受到学习的乐趣和价值。比如，当学生发现某种新的规律或提出独到的见解时，教师予以表扬和肯定，从而进一步增强学生的探究兴趣和成就感。

总体来说，自主探究阶段的核心在于让学生在亲身实践中动手动脑，自主构建知识。通过观察实验现象、分析数据并得出结论，学生不仅能够直观理解物理现象，还能在实验操作中获得成功的体验。这样一来，学生在完成探究任务的过程中，将会进一步增强其对物理学习的兴趣和信心，同时培养科学探究的基本素养。

（三）小组讨论与分享阶段

在自主探究完成之后，学生进入了小组讨论与分享阶段。这一阶段为学生提供了一个集体交流、相互启发的机会，使他们不仅能够从自己的探究结果中获得理解，还能够通过团队合作与多角度思考进一步深化对所学内容的认知。小组讨论与分享也是培养学生团队协作、交流能力和批判性思维的重要环节。

首先，在小组内，每位成员可以分享自己在探究过程中的发现和实验结果。通过交流，学生可以了解同组成员在实验中遇到的不同情况以及各自的观察和分析。例如，有的学生可能发现不同物体的浮沉情况与密度的关系，而另一些学生则可能注意到实验中的误差或设备对结果的影响。这种多角度的讨论可以让学生意识到物理探究的复杂性和实验的多样性，从而促使他们更全面地思考问题。

在小组讨论中，学生还会有机会分析各自的实验结果，并在组内进行对比与评估。当遇到不同结果时，学生可以尝试探究原因并提出改进方案。比如，讨论实验操作中的差异、数据记录中的误差等。这种分析和修正过程能帮助学生更好地理解实验的科学性，认识到物理探究中控制变量和保证实验严谨的重要性。例如，如果某组在浮力实验中发现木块偶尔下沉，学生可以讨论实验操作是否规范、水的密度是否受到外界影响等。这样一来，学生能够在修正过程中加深对物理知识的理解，并逐步掌握科学研究的严谨态度。为了帮助学生更系统地整理和表达自己的思考，教师可以鼓励小组制作探究成果的展示内容，如数据图表、实验报告、海报等形式。数据图表可以使实验结果更直观易懂，实验报告可以帮助学生系统梳理实验过程、得出结论并反思改进之处。这种成果展示的准备不仅有助于学生对实验内容的进一步理解，也能够培养他们整理和总结信息的能力。

在小组讨论后，教师可以安排各小组进行口头陈述或展示汇报。每个小组可以总结自己的探究结果并在全班分享，这种形式不仅为学生提供了展示自己实验成果的机会，还能让学生相互学习。通过小组展示，学生可以看到其他小组的探究思路和结论，获得新的启发。例如，一组可能在浮力实验中发现物体体积与浮力大小的关系，而另一组则可能注意到液体密度对浮力的影响。通过交流和比较，学生能够从其他小组的研究中获得不同视角，对实验结果有更加深入的理解。

在这一阶段，教师的作用同样不可忽视。教师可以引导学生对各小组的展示进行提问和讨论，帮助学生从他人的探究过程中找到不足或发现新的思考方向。教师还可以提供点评和反馈，对小组的分析和展示提出建设性意见，指出亮点并建议改进之处。例如，教师可以指出某组数据图表的展示效果较好，或建议另一组在汇报时加强对实验误差的分析。教师的指导和鼓励有助于提升学生的自信心，增强他们对探究活动的兴趣，同时营造良好的课堂互动氛围。

通过这一阶段的分享与讨论，学生不仅深化了对问题的认识，还能够在集体中获得来自同伴和教师的反馈，进一步提升探究的深度。在这一过程中，学生通过表达、倾听、批判与反思逐渐养成了合作与交流的素养，也为未来的物理学习和更深入的科学探究打下了坚实的基础。

（四）教师总结与反馈阶段

在学生完成自主探究并进行了小组讨论与分享之后，教师需要对整个探究活动进行系统的总结与反馈。教师的总结不仅是对学生学习成果的评价，更是对本次探究活动的升华，通过点评、反馈和知识归纳来进一步深化学生的理解，并为他们提供进一步探究的方向。

首先，教师可以从各组的探究成果入手，逐一进行点评。教师可以从实验设计、数据分析、结论推导等多个方面对各小组的表现进行评价，肯定学生的优点和创意，同时指出需要改进的地方。例如，教师可以表扬某小组的数据记录清晰、逻辑严密，而对另一些组则建议加强实验过程的控制变量或数据分析的细致性。这样的点评有助于学生明确自己在实验和探究中的优势与不足，提升他们的实验能力和科学思维。

在具体点评中，教师还可以特别关注学生在探究过程中表现出的科学思维和实验技能，并给予适当的反馈。例如，若某小组在探究过程中提出了新的假设或对实验现象的解释，教师可以鼓励这种主动思考的态度；而对于那些在实验操作中表现出较强实验技能的学生，教师可以表扬他们的动手能力和严谨态度。这样的反馈不仅能让学生感受到成就感和认可，还能鼓励他们在未来的学习中继续保持探索精神和思维敏锐性。

其次，教师在总结时可以结合学生的探究结果，对探究内容涉及的物理知识进行补充说明或系统归纳。教师可以通过对学生探究成果的梳理，引导学生更好地理解概念。例如，在浮力探究的活动后，教师可以进一步补充说明阿基米德原理的实际应用，讲解物体在不同液体中浮沉的情况，或者扩展到液体密度对浮力的影响。这种对知识的补充不仅加深了学生对实验现象的理解，也使学生的知识结构更加系统化，帮助他们建立牢固的物理概念。

在总结过程中，教师还可以提出进一步的学习建议或探究思路，引导学生延伸思考，培养他们持续探究的兴趣和能力。例如，在浮力的探究实验后，教师可以提出一些延伸性的问题，如“为什么同样体积的不同材料在水中的浮沉状态不同?”或“怎样设计实验来测量不同液体的密度?”通过这样的引导，教师鼓励学生继续探索相关问题，培养他们提出新问题并尝试解决的能力。这不仅拓展了学生的知识边界，也培养了他们主动学习、持续探究的兴趣。

最后，教师还可以鼓励学生从更广泛的角度思考问题，将课堂探究与实际生活、跨学科知识相联系。例如，在学习浮力之后，教师可以引导学生思考浮力在航海、航空等领域的应用，甚至可以将探究延伸到气体浮力的原理，引发学生对气球和飞船等事物的兴趣。这种跨学科的延伸有助于学生认识到物理知识的实际应用价值，并增强他们在其他领域探究的兴趣。

在整个总结和反馈阶段，教师的角色至关重要。教师不仅要在点评中提供具体的改进建议，还要善于激发学生的求知欲，帮助他们巩固所学的知识点，拓宽视野。教师的肯定与引导可以为学生的探究活动画上一个圆满的句号，同时激励他们在未来的学习中继续保持对科学探究的热情。通过这一阶段的总结与反馈，学生在科学探究中获得了成就感与进一步探索的动力，为他们的持续学习奠定了坚实的基础。

第四节 物理课堂自主探究学习的有效性

一、物理课堂自主探究教学模式的效果

（一）学生对物理课的学习兴趣、动机、信心有所增强

在采用自主探究教学模式之前和之后，笔者对学生进行了一系列问卷调查。调查结果揭示了以下趋势：在自主探究教学模式实施后，对物理课程表现出喜好的学生比例有所上升；认为物理课程“难学”的学生比例有所下降，尽管这种变化不是非常显著。这种现象可能与物理学科的特性、学习内容的难度、评价标准和方法以及学生先前的学习经历等多种因素有关。学生对物理课程的学习价值有了更深入的理解，这表明他们对物理学习的动机有了显著的提升。此外，由于自主学习能力得到了加强和提升，学生在自学物理方面的信心也显著增强了。

（二）学生学习物理的方式和习惯有所改善

随着学生对物理学习的看法的转变，他们开始感受到物理学习的乐趣，并认识到其重要性，这种变化激励了学生在学习物理时采取新的方法和养成良好的学习习惯，这两方面都得到了明显的提升。学生学习方式和习惯的改善主要体现在以下三个方面：首先，学生在学习物理时表现出更高的积极性和探究精神，更多的人开始进行课前预习和课后复习，并且更愿意参与讨论和探索问题；其次，学生在解决问题时采用了更多样化的方法，除了与老师和同学交流外，还主动查阅书籍和上网搜索信息；最后，学生对自主学习和探究式学习方式持较高的认可度。

（三）学生自己探究问题的能力提高了

在对学生自主探究能力提升的调查中发现，教学模式的改革显著增强了学生的探究意识，并在不同程度上提升了他们的探究学习能力。这种能力的提升，自然而然地促进了学生创新能力的增长。调查主要围绕三个维度展开：学生如何解决他们感兴趣的复杂问题；他们是否对老师的观点提出质疑；他们对自己自主探究能力的评价。

通过自主探究教学模式的实践和初步成效，学生逐渐克服了对自主学习和科学探究的神秘感和恐惧感，他们的学习能力和自信心得到了显著提升。这种学习模式有效地激发了学生探究学习的热情和积极性。

（四）学生的自我评价意识增强了

随着自主探究教学模式的深入实施，学生的自我评价过程已经从简单的完成任务转变为积极的自我反思。许多学生开始自觉地在其学习笔记中添加注释和后记，记录下自己的思考、感受和疑问，并通过这种方式与自己和教师进行对话。

相较于传统的教学模式，自主探究教学模式在知识传授的效率上可能并不占优势。尽管自主探究式教学能够使学习变得更有意义，但这种模式无疑需要学生投入更多的时间。因此，它在促进学生对物理知识和技能掌握方面的效果虽然积极，但是可能不那么显著。

然而，在实施自主探究教学模式中，学生投入的时间是自愿和主动的，这个过程能够显著提升学生的学习兴趣、自觉性和各种能力；而在传统的传授式教学中，学生的学习往往是被动接受的，仅仅是为了应对考试而解题，忽视了兴趣和能力的培养。因此，从学生长远发展的角度来看，自主探究教学模式具有极高的价值。

由于学校考试主要考核学生对知识和技能的掌握，而对于学生在学习积极性、主动性以及学习的品质、态度、方法、能力等方面的变化难以进行量化评估，很多学校可能会忽视对学生自主探究能力的培养。在这方面，许多学校在加强学生创新能力培养方面还有很大的提升空间。

二、物理课堂自主探究教学模式的几个问题

（一）自主探究式教学是未来物理课堂教学的必然方向

在物理教学中，重视“自主”和“探究”不仅是适应新课程改革的要求，也是物理教学自身改革的必然趋势。

新的物理课程标准强调在教学中培养学生的探究性和自主性。这不仅是我国传统教学模式改革的必然要求，也是适应新时代人才培养标准的需要。在某种程度上，科学探究的理念和方法是科学技术的核心。目前许多教师仍然主要采用传授式教学，将学科知识和技能的传授视为教学的主要甚至是唯一目标，但是这种做法显然过于注重知识的传递，而忽视了科学体验、科学态度和科学价值观在学生全面和持久发展中的重要性。因此，物理教学必须重新思考其教育功能，确立包括“知识、技能、方法、过程、情感、态度、价值观”在内的全面的教育。

（二）因地制宜、因材施教

自主探究教学模式的一个显著特征是灵活性。在教学中，需要根据具体的教学环境和

条件灵活地创设教学情境，根据学生的实际能力灵活地设计探究活动，并且根据学生的初始水平进行灵活的多层次评估。自主探究教学模式摒弃了学生被动接受知识的传统方式，更加重视学生在学习过程中的主体作用，将理解和掌握科学思想和科学方法与知识学习放在同等重要的位置，其优势一目了然。

学生的学习自主性和探究能力各有不同，这不仅取决于学生的认知水平，还受到学习内容难易程度等多种因素的影响。在教学设计中，应充分考虑学生的实际情况和教学内容的需要，恰当地进行选择和调整，并注意与其他教学方法的结合使用。

没有任何一种教学模式或方法能够适用于所有课程。由于教学内容、时间、条件等方面的限制，不可能也没有必要在所有教学中完全采用自主探究教学模式。自主探究教学模式应成为理科教学的一种理念，而不是一种僵化的模式。

（三）自主探究教学模式实施的重要前提——民主、平等、合作、和谐的学习环境

在传统的教学模式中，教师扮演着知识传递和解答疑惑的角色，地位相对较高，学生往往和教师保持一定的距离。然而，自主探究教学模式要求打破这种传统的师生关系，建立一种民主、平等、合作、和谐的师生关系以及轻松愉快的教学氛围，以缩小师生之间的距离，这样才能有效地进行自主、互助、探究式的教学。师生之间的平等和民主不应仅限于表面，而应体现在教师和学生精神上的一致和谐，这与传统教学方式有显著不同，因此教师需要在思想观念上实现根本性的转变。师生关系和教学方式的改变不仅是优化教学过程的一部分，也是提升师生人格修养、科学态度和价值观的过程。因此，自主探究教学模式是师生共同成长和进步的过程。

（四）正确把握自主探究教学模式中教师与学生的角色和职能

在自主探究教学模式中，教师的角色是组织者和引导者，学生则是探究和学习的中心。教师必须清晰地认识到自己在教学中的职责，避免对学生的自主探究过程进行不必要的中断，不应越俎代庖，同时也不应忽视学生在学习过程中遇到的困难。教师应准确地定位自己作为引导者的角色。此外，需要注意的是，尽管自主探究教学模式强调学生的主动探究，但是物理规律和结论的发现是众多科学家长期努力的结果，这些探究活动依赖于科学家的高素质、科学素养。因此，探究式教学并不是让学生完全脱离教师，像科学家那样重新发现和创造，这种做法既不符合学生的心理发展特点，也可能严重打击学生的学习热情，否定教师在教学中的重要性。

（五）客观地看待探究式学习和接受式学习的关系

通常情况下，探究式学习与接受式学习各有优势：在过程与方法的理解、科学态度和创新能力的培养方面，探究式学习胜过接受式学习；而在课堂知识获取的效率和对知识体系的理解上，接受式学习则更具优势。考虑到学生的长期发展和全面成长，接受式学习的局限性十分明显；然而探究式学习也对时间和空间有较高的要求。鉴于目前教学过于侧重知识传授的现状，积极推广教学中的自主性和探究性是十分必要的。将自主探究作为教学的核心理念，并根据具体情况进行多种教学方法的综合运用，将成为理科教学改革的主要趋势。

三、实施自主探究教学模式的困难

（一）传统的教学观念与习惯根深蒂固

从传统教学方式转变到自主探究教学模式，不仅仅是教学方式的更新，更重要的是教学理念的深刻变革。教师需要从传统的“教书匠”角色转变为教学活动的组织者、指导者和协助者，从单纯关注学生知识的积累转向关注每个学生的全面成长。实施自主探究教学模式，不只是改变教学技巧，更是对教育思想和观念的根本性改革。这对教师来说是一个巨大的挑战。由于传统观念和方法的深远影响，教师在教学实践中可能会不自觉地回归旧有模式，这在教学改革中是一个常见的陷阱。

自主探究教学模式不仅要求教师在思想上实现转变，也要求学生在学习观念和态度上做出改变。由于学生长期以来习惯于被动的教学方式，如听讲、记忆和大量练习，他们已经适应了教师的“填鸭式”教学，导致在自主探究学习方面缺乏意识、方法和主动性，对教师的依赖性很强。在自主探究教学模式下，学生可能会对新学习方式感到迷惘，产生畏惧和抵触情绪，甚至对新的教学模式持怀疑态度。这需要教师的正确引导，帮助学生在新教学模式中找到乐趣，建立自信。

（二）现行教材编写内容跟不上自主探究教学模式的需要

当前的高中物理教材强调了学科知识体系的系统性，重视对现有知识的熟练掌握，因此包含了大量物理习题以加强知识的学习。然而，这些习题往往显得单调且难度较大，与日常生活实际相去甚远。在处理物理概念和规律时，现行教材倾向于直接呈现理论，缺乏探究精神，未能为学生提供足够的发现、探究和创造的空间，导致许多物理问题失去了探究的价值和必要性。教材对物理知识体系的系统性结构的强调，导致了对物理实验和探究方法学习的忽视，使得学生难以从教材中体会到物理学的思想和方法，物理实验也往往是方法明确、步骤清晰的验证性实验，学生所做的只是模仿和重复。

（三）学校教学环境和条件难以满足学生科学探究的需要

尽管现在许多学校配备了图书馆、网络资源、实验室等现代化教学设施和设备，但是鉴于学校人数众多，人均资源分配极为有限。特别是实验仪器和加工设备的种类不够齐全，数量也不够充足，当学生提出的实验方案无法找到相应的器材时，就难以继续进行，导致一些探究学习计划无法实施。这是自主探究教学实施的一个关键物质瓶颈。此外，由于人口激增和教育资源的有限性，目前大部分学校的班级规模都很大，通常有五六十人，有些甚至达到七八十人，这种大规模的班级设置限制了学生在自主探究学习中的交流机会。

（四）评价方式和教学时间是制约教学改革的瓶颈

传统教学评价主要着眼于学生掌握的知识和技能的量，这些可以通过简单的定量标准来衡量。相比之下，自主探究教学模式更注重学生的探究体验、科学方法的学习和科学价值观的培养，这些方面难以通过定量标准来评价，因此，在物理教学中，往往会忽略对学生科学探究体验、方法、态度和价值观的培养。目前，学校对学科教学的评价仍然以知识和技能的掌握程度为核心，留给教师在改革教学评价方面的自主空间有限。这种评价机制在一定程度上限制了多种评价方式在自主探究教学中的运用。

以知识和技能为核心的评价体系要求教师花费大量时间来完成教学任务，而学生的自主学习和探究活动同样需要充足的时间，这导致教学时间安排成为一个突出问题。

物理自主探究教学模式是基于建构主义学习理论、主体教育理论和新课程理念，并借鉴了“发现学习”“自主学习”“研究性学习”“合作学习”“探究式教学”等现代教学理论的研究成果，结合学校的教学条件、学生的认知水平和教材特点构建的。物理自主探究教学模式的建立也参考了笔者多年来在物理教学中实施“自学指导”“问题探究”“能力培养”等教学改革的实践经验。

在物理教学中实施自主探究教学模式，已经在提高学生学习兴趣和动机、增强自主学习和探究学习的意识、改善学生学习方式和习惯、提升学生自主学习和科学探究能力以及对未来教学理念和方法的影响等方面取得了预期的成效。在这种教学模式下，学生表现出积极、主动、活泼、协作和自信的态度，有利于他们的全面和持久发展。

然而，自主探究教学模式在实施过程中也遇到了一些制约因素，如师生观念转变不足、教材内容更新滞后、教学条件不完善、评价体系改革困难等，这些问题和矛盾需要进一步研究和解决。

第五章　物理课堂的分层教学模式

第一节　分层教学模式理论

一、分层教学模式的理论依据

分层教学的理念源于古代，我国早期便提倡“因材施教”，这便是分层教学的一个早期体现。然而，直到最近，分层教学才逐渐发展为一套系统的教学理论。国外学者，如心理学家和教育家布卢姆以及苏联教育家巴班斯基等，提出了“掌握学习理论”和“教学最优化理论”，他们从不同角度阐述了人们获取知识的方式，并强调教师应采用分层教学的方法进行教学。随后，苏联教育家苏霍姆林斯基提出了“人的全面和谐发展”的理念，其核心在于实现人的全面和谐发展。具体步骤包括：

（1）多方面教育相互配合。

（2）个性发展与社会需求相适应。

（3）给学生留出可自由支配的时间。

（4）尊重儿童，尊重自我教育。

分层教学模式是基于以上教学理论，根据学生的实际水平，在教学过程中进行有针对性的教学。分层教学模式在以上理论的基础上，不断地完善和发展。

二、分层教学模式的优点

（一）促进全体学生进步

分层教学考虑到学生在学习新知识前的个体差异，因此，根据不同因素将学生分为不同层次，然后进行针对性教学。这种方法避免了课堂上部分学生完成作业后无事可做的情况，同时让所有学生都能感受到学习的成就感，从而增强他们的学习信心。

（二）提高课堂教学效率

首先，教师针对不同层次的学生设计各自的教学目标和练习，确保每个层次的学生都能体验到成功的喜悦，这有助于优化师生关系，提高合作和交流的效率；其次，教师在备课过程中预先估计了各层次可能遇到的问题，并做了充分准备，使得实际教学目标更明确、针对性更强，从而增加了课堂教学的容量。总的来说，分层教学有助于提高课堂教学的质量和效率。

（三）增强教师综合能力

通过对不同层次学生的有效教学组织，灵活运用不同层次的教学策略，分层教学极大地提升了教师的组织调控能力和应变能力。分层教学本身以及学生在教学过程中提出的挑战，都有助于教师综合能力的全面提升。

三、分层教学模式的环节

分层教学模式在实施过程中一般包括四个环节，以下是对这四个环节的具体描述。

（一）学生编组

学生编组是分层教学的基础工作。为了提高教学的针对性，教师需在充分了解学生的知识背景、思维能力和心理特点的基础上，将学生分为不同层次。这样的分组有助于为每个层次的学生量身定制教学计划和制定合适的教学目标，确保教学活动能够满足每个学生的个性化需求。

（二）分层备课

分层备课是针对不同层次学生准备不同难度和形式的课程内容。教师需根据学生的分组情况，设计不同难度的教学课程，以适应不同学生的学习能力。如果条件允许，教师还可以为不同层次的学生准备不同的教学资源和课程形式，以最大化教学效果。分层备课是分层教学得以实施的前提，教师必须在深入理解教学大纲和教材的基础上，明确每个层次的教学目标。

（三）分层授课

在分层备课完成后，便进入了分层授课环节，这是分层教学的核心。教师需要精确掌握各层次学生的标准，确定授课的起点，并妥善处理知识点的衔接，以降低教学难度，使学生在学习过程中感到顺畅，避免出现学习断层。

总之，通过这三个环节的紧密配合，分层教学能够有效地针对学生的个体差异，提供更加个性化的教学服务，从而促进每个学生的全面发展。

（四）分类指导

在分层教学的过程中，教师采取差异化的方法来指导不同层次的学生，这是实施分层教学策略的核心。教师的辅导应当根据学生的个性、能力和需求进行个性化设计，真正实现“因材施教”的教育理念。除了课堂上的差异化教学外，教师还应通过作业批改、组织课外活动学习小组等辅助手段，加强对学生的个别指导，助力学生从较低层次向较高层次的跃迁，实现学生整体素质的提升，并在此基础上发展学生的个性化和特长。

分层教学应顺应学生的心理认知规律，在教师的引导下，让学生对新知识进行探索和学习。由于学生的基础知识、对知识的理解能力、智力水平和学习方法等方面存在个体差异，他们对知识的吸收和理解程度也不尽相同。如果教师采用单一的教学方法，可能会导致“优等生吃不饱、中等生吃不好、学困生吃不了”的局面。优等生可能会对教师失去信心，认为课堂无法满足他们的学习需求，转而自行拓展知识，但缺乏教师的合理指导；中等生可能不愿意与教师进行交流；而学困生则可能因为害怕学习而产生抵触情绪，难以吸收新知识，这样的教学将陷入恶性循环。

因此，教师在实施分层教学时，必须充分考虑到学生的个体差异，通过多样化的教学策略和个性化的辅导，确保每个学生都能在适合自己的学习环境中取得进步，从而激发他们的学习兴趣，增强他们的学习动力，促进他们的全面发展。

第二节　课堂分层教学的方法与策略

一、分层教学模式的不同种类

在当代教育改革的大背景下，物理教育的创新与实践日益受到重视。分层教学模式作为教学改革的重要成果之一，已经在教育实践中展现出强大的生命力和显著的优越性。随着教学理念的更新和技术的进步，分层教学模式不再局限于传统意义上的单一模式，而是衍生出多种适应不同教学环境和需求的变体。这些分层教学的形式，不仅丰富了物理教学的手段，也为因材施教提供了更多可能性，更好地满足了学生个性化学习的需求。

（一）课堂分层教学模式

在物理教育的创新实践中，课堂分层教学模式扮演着至关重要的角色。这种模式依据学生在不同学科上的能力和知识水平，将他们分配到不同的课堂中进行学习。作为一种新兴的教学策略，课堂分层教学模式融合了明显的分层特征和隐性的分层要素。教师通过调查研究、观察学生的实际表现，了解每个学生的学业基础、知识掌握程度和学习现状。在此基础上，教师采用小组合作学习的方式，促进学生之间的互助合作和相互激励，同时也为每个学生提供了展示自我和发展潜能的机会。分层教学并非一成不变的，而是可以根据学生的学习进度在不同的时间点进行调整，这种调整可能是学期级别的，也可能是月度或周度级别的。这种灵活的分层机制不仅对学校管理提出了新的挑战，也增加了教师的工作量。此外，由于学生在不同学科之间的能力差异可能较大，分层教学是针对学科而非学生个人的，这意味着同一个学生在某些强项学科可能处于较高层次，而在其他弱项学科可能处于较低层次。因此，基于学科的分组通常会导致学生在不同科目上处于不同的层次。

（二）班内分层教学模式

前面所述的课堂分层教学模式，尽管其在教学实践中具有显著的优势，但是在很多学校中实施起来却面临着不小的挑战。由于多数学校无法打破现有的行政班级制度，因此，在全校范围内推行分层教学存在一定的难度。然而，即便在一个班级内部，学生的学术水平和理解能力也是参差不齐的。若仍采用统一的教学目标，显然不利于发挥教学的最大潜力。班内分层教学模式则是一种在保持现有班级结构不变的前提下，为不同层次的学生提供适宜学习任务的策略。这种策略体现在课下作业、教学评价和检测反馈等方面，都是根据学生的不同层次来定制的。

具体的实施步骤包括：首先，识别并了解学生之间的差异，然后根据这些差异进行分组；其次，针对每个层次的学生设定相应的学习目标；再次，确保教学内容能够适应所有学生的需求，实现个性化教学；从次，通过定期的阶段考查，对学生的学习成果进行分类考核；最后，采用发展性评价体系，以促进学生持续进步。相比课堂分层教学模式，班内分层教学模式在实际操作中更具可行性，能够在不改变班级组织结构的前提下，有效提升教学效果。

（三）分层走班教学模式

在新的学期开始时，通过举行评价性考试，根据学生的学业基础和现有知识水平，将他们分成几个不同的层次，并在此基础上重新组建行政班级。这些新班级的管理方式与传统的行政班基本一致，但采用了“走班”教学模式。这种模式的核心理念是，根据学生在不同学科上的基础知识和掌握程度，将他们分配到不同的班级进行学习。“走班”从表面上看，是一种大范围的分层教学方式，其特点在于将学生按照学业基础进行分层，并将原本同一层次的学生群体细分为多个不同层次的群体。教师在这种模式下面对的是学业基础相近、能力相当的学生，这使授课更加有针对性，无论是在设定教学目标、选择教学内容还是组织教学实施方面，都显示出更高的教学效率。这种模式不仅能够缓解“学习困难生”的挫败感，还能够为“学习优等生”提供更广阔的学习视野和知识深度，从而实现让各个班级的学生都能享受到教学乐趣的目标。

二、课堂分层教学实施的原则

（一）可接受性原则

巴班斯基提出的教学原则强调教师在布置教学任务、准备教学内容和选择教学方法时，必须充分考虑到学生的基础知识和接受能力。这样做的目的是确保学生在思维、体能和精神上得到适当的挑战，同时避免过度压力和负担。在分层教学实践中，教师需要针对不同层次学生的实际情况进行教学设计，这样才能有效地提高学生的知识水平，唤起他们的学习兴趣，激发他们的学习热情，培养他们掌握良好的学习方法和提升认知能力。为了确保每个学生都能够根据自己的起点水平设定合适的学习目标，并最终实现学习目标，教师首先需要全面、精确地了解学生的现状。这包括对学生智力因素和非智力因素进行全面的调查。例如，通过摸底考试了解学生的学习成绩和基础，通过个别交谈、问卷调查、家访、座谈会等方式了解学生的个性特点、学习偏好、优势和劣势。收集了这些信息后，教师可以更准确、科学地划分学生的层次，为实施分层教学做好充分准备。

（二）递进性原则

在实施分层教学时，教师应遵循递进性原则，避免将分层误解为简单地为学生“贴上标签”。分层的真正目的是区分学生的学业基础，为不同基础的学生提供适宜的学习任务和目标。在分层教学过程中，教师需要采取恰当的方式和方法，以避免对学生自尊心的伤害。在物理教学中，教师应深刻理解“分层是手段，成长是目标”的理念。如果教师能够运用多种评价方法，并适时更新评价体系，更多地给予学生鼓励性、肯定性和激励性的评价，那么学生的持续进步将是教育者的最终愿望。

（三）全体性原则

分层教学的宗旨是让每个学生都能展现自己的优势，通过个性化的途径达成个人目标，确保每个学生都能体验到成就感和进步的喜悦，促进他们健康成长。在教学中，需要平衡集体与个体、同步教学与分层教学、固定班级教学与灵活走班教学之间的关系。在授课时，教师要考虑到全体学生，确保教学设计和安排能够满足中等水平学生的需求。对于中等及中等偏下水平的学生，教学计划应包含逐步提升的梯度，使他们能够在自己的能力范围内挑战自我；而对于成绩优异的学生，教学重点应在于启发和引导，为他们提供进一步发展的空间。这样的教学策略旨在为大多数中等及偏下水平的学生创造适宜的学习环境，同时也为成绩优异的学生提供提升自我的机会。最终目标是确保学生的发展既有坚实的基础，又没有上限，从而将传统的部分学生关注转变为全面学生关注，以促进全体学生的整体发展。

（四）动态性原则

心理学研究指出，人们对事物的态度虽然具有一定的稳定性，但会因周围环境和内心情绪的影响而发生变化。不同的成长阶段自然展现出不同的特点，因此，对学生实施的分层教学不应是固定不变的，而应是一个不断变化、具有明显阶段性特征的动态过程。教师需要不断地对分层教学进行调整，这种调整可以基于学生的反馈、课堂教学的结构以及不同阶段的学习内容。同时，教师应针对学生的实时状况，动态地调整所划分的层次，确保调整及时且准确。通过分层练习、分层考试、分层指导和分层评价，可以激发学生的内在动力，促使他们都能取得显著的进步。

（五）主体性原则

实施分层教学的核心在于激发学生的自主学习能力，而不仅仅是停留在理论探讨或教师的预设计划上。教学计划需要具体而详尽。例如，分层教学模式的关键在于执行，包括分层教学的具体环节设计和对学生的具体要求，都应当得到有效执行。只有当学生积极参与，真正成为学习的主人，教学才能真正生效。

在制定分层教学目标时，需要依据物理教学大纲、教材内容、考试要求以及新课程所提出的挑战，这不是一个简单的过程，而是需要通过深入的研究和讨论来确立。教师在教学过程中应持续学习，根据实际教学情况不断调整教学模式，以实现教学效果的最大化。

第三节　高中物理课堂分层教学模式的实施

一、高中物理课堂分层教学模式的实施条件

课堂分层教学模式在高中物理教学中的实施，能够有效应对学生学习能力和知识基础的差异，提升教学效果。然而，实施这一模式的前提要满足一定的条件，以确保不同层次的学生都能获得适合自己的学习机会。以下是课堂分层教学模式在高中物理课堂中顺利实施的重要条件。

（一）学生的层次划分

课堂分层教学模式的第一步是对学生进行合理的分层，根据学生的学习能力、物理知识基础、学习偏好等因素，将他们划分为不同的学习层次，以便设计出针对性的教学内容和活动。

1. 根据学科成绩

学生的物理成绩、理解能力、基础知识掌握情况等，通常是分层的重要依据。教师可以通过测验成绩、日常表现等方式，初步了解每位学生的物理基础，并将他们划分为基础层、拓展层和挑战层等不同层次。例如，基础层可以包含那些理解物理概念较慢、需要更多巩固的学生；拓展层适合具备一定理解能力且愿意接受更多挑战的学生；挑战层则适合那些在物理学科中表现优异、具备较强思维能力的学生。

2. 根据学习风格

除了学科成绩外，学生的学习风格和偏好也应纳入分层考虑。部分学生可能更倾向于动手操作，喜欢通过实验探究物理知识；而另一些学生则更适合理论学习，偏好从逻辑和计算中理解概念。教师可以通过观察学生的课堂表现和交流反馈，了解每位学生的学习偏好，并在设计分层教学活动时加以考虑，使不同层次的学生都能在适合的方式中学习物理知识。

（二）教师的准备

课堂分层教学模式对教师提出了更高的要求，教师需要具备灵活的课程设计能力和课堂管理能力，才能保证不同层次的学生在课堂上获得有效的学习体验。

1. 课程设计能力

教师在分层教学中需要根据学生的不同层次，对同一知识点进行多层次的课程设计，将内容划分为基础、拓展和挑战等不同的层次。以电学教学为例，教师在基础层可以讲解电流、电压等基本概念；拓展层则加入更多计算和应用性问题；而在挑战层可以进一步讨论电学原理的复杂应用，如复杂电路的分析。教师要对物理知识有全面的把握，并具备将知识进行多层次拆分的能力，以便提供适合各层次学生的教学内容。

2. 课堂管理能力

分层教学在课堂管理上也更具挑战，教师需要在课堂中兼顾不同层次学生的需求，确保各层次学生都能充分参与学习。比如，教师在安排小组活动时，可以按分层划分小组，或者混合搭配，使得学生既能进行同层次的讨论，又能从不同层次的合作中相互启发。教师需具备敏锐的观察力和灵活的应变能力，能够随时关注课堂上不同层次学生的反应，适时调整节奏，使所有学生都能在课堂上获得充实的学习体验。

（三）资源与设备支持

课堂分层教学的顺利实施离不开充足的教学资源与设备支持。多样化的教学工具可以帮助教师更好地满足不同层次学生的学习需求。

1. 多样化的教学资源

不同层次的学生需要不同的教学资源来支持学习。基础层的学生可能需要更多的直观教学资源，如视频演示、实验操作、图表等，以帮助他们加深对物理概念的理解；而拓展层和挑战层的学生可能需要更高层次的资源支持，如复杂的实验器材、多媒体演示、物理模拟软件等，以便他们更深入地探索物理原理和实验数据分析。通过多种教学工具和资源的合理组合，教师能够更灵活地安排教学内容，满足不同学生的学习需求。

2. 评价反馈机制

在分层教学中，教师需要建立一个有效的评价和反馈机制，通过定期评价了解学生的学习情况，并根据反馈调整教学内容和目标。评价机制包括课堂表现评估、阶段性测试、实验报告评审等方式。通过这种动态评价，教师可以及时掌握每个层次学生的学习进展，发现他们的知识缺漏和进步，并据此调整分层教学安排，使学生始终保持适当的挑战和学习动力。此外，反馈机制还可以帮助教师了解分层教学的有效性，并为后续教学改进提供依据。

二、高中物理课堂分层教学模式的实施步骤

为了在高中物理课堂中有效实施分层教学模式，需要教师按照一定的步骤进行科学的设计和组织。分层教学模式的实施大致可以分为课前准备、课堂实施以及课堂反馈与总结三个阶段，每一阶段都有其关键的任务和目标，以保证学生在适合的层次上获得最大的学习收益。

（一）课前准备阶段

课前准备是分层教学模式成功实施的基础，教师需要在这一阶段对学生进行合理的分层，并设计符合不同层次需求的教学内容和目标。

1. 学生能力评估

在分层之前，教师需要对学生的学习能力、物理基础和理解能力进行评估。教师可以通过前测、期中期末成绩分析、日常观察以及与学生沟通等多种方式了解学生的实际水平和需求。通过这些评估手段，教师可以初步确定哪些学生属于基础层、拓展层或挑战层，为后续的教学内容设计提供参考。

2. 教学内容分层设计

在学生层次划分完成后，教师需要根据不同层次学生的需求，精心设计分层的教学内容。基础层学生的教学内容应注重基本概念的掌握和基本知识点的理解；拓展层的内容可以适当增加知识点的应用和深度；而挑战层则可以加入更具复杂性的内容和高阶思维问题，让学生在已有知识的基础上进行进一步的探索。比如，在“力学”单元中，基础层可以专注于理解基本力学概念；拓展层可以探讨力的合成与分解问题；而挑战层可以进行多力平衡的探究和相关实验。

3. 分层教学目标设定

为每个层次的学生设定适合的学习目标是确保分层教学有效的关键。基础层学生的目标应集中在掌握核心概念和基本技能；拓展层的目标应侧重于知识的灵活应用；而挑战层则鼓励学生具备较强的分析能力和综合解题能力。教师明确每个层次的学习目标后，能够为学生提供清晰的学习方向，使他们在学习中有的放矢。

（二）课堂实施阶段

在课堂实施阶段，教师将根据学生分层情况开展差异化的教学活动。通过有针对性的导入、分层教学活动和个性化指导，确保每个层次的学生都能积极参与课堂并获得相应的学习成果。

1. 导入环节

教师在课堂开始时应当通过引导性问题或情境创设来吸引不同层次学生的兴趣。教师可以设计一些开放性的问题或展示生活中与物理知识相关的情景，以便所有层次的学生都能产生探究兴趣。例如，在“电学”单元的导入环节，可以通过展示常见电器的工作原理，吸引学生的关注，引导他们带着疑问进入学习。导入的目的在于让所有层次的学生都能对本节课的内容产生兴趣，从而为后续的分层活动做好准备。

2. 分层教学活动

在分层教学活动中，教师应根据不同层次学生的特点设计具体的学习活动。基础层的学生主要关注基础知识的掌握和简单题目的练习，确保他们能够理解基本概念；拓展层的学生则进行更具应用性的问题探讨，教师可以安排一些具有情境性的问题，使他们能够结合实际情况进行思考；挑战层的学生则可以参与更复杂的实验探究或进行更深入的理论分析，通过分析多因素问题、解决综合性难题等活动，进一步提升学生的物理思维和分析能力。例如，在“光学”模块，基础层学生可以学习光的基本反射和折射；拓展层学生可以探讨折射率对光速的影响；挑战层学生则可以研究更复杂的光学成像。

3. 个性化指导

在课堂实施阶段，教师需要对不同层次的学生提供针对性的个性化指导。对于基础层学生，教师可以多关注其对基本知识的理解，及时解答他们的疑问；对于拓展层学生，教师可以鼓励他们提出自己的见解，并进行知识的多角度应用；对于挑战层学生，教师则可以引导他们进行更高难度的问题解决，培养其独立思考和探索的能力。教师在这一阶段的个性化指导能够让学生在适合自己的节奏中学习，并获得针对性反馈。

（三）课堂反馈与总结阶段

课堂反馈与总结是分层教学的最后一个阶段，在这一环节，教师可以对学生的学习成果进行评价，帮助他们巩固所学知识，并调整后续的分层教学安排。

1. 分层讨论与分享

在教学活动结束后，各层次的学生可以进行分层讨论和分享活动。每个层次的学生可以在小组内或班级范围内交流学习成果，这不仅能够让学生总结自己的学习过程，也可以通过相互学习、取长补短，获得不同的见解。例如，基础层学生可以分享他们对核心概念的理解；拓展层学生可以分享实际问题的解决方法；挑战层学生则可以展示他们的实验设计或复杂问题的解答过程。这样的分享活动能够促进学生之间的互动，增强不同层次学生的学习兴趣和信心。

2. 教师总结

教师在学生分享完成后，应当对各层次学生的表现进行点评，并总结本节课的关键知识点。教师的总结可以从每个层次的角度出发，突出基础层的核心概念，梳理拓展层的应用技巧，并强调挑战层的综合能力。通过分层次总结，教师不仅能够帮助学生巩固知识点，还可以帮助学生发现知识的全面性与层次性。

3. 即时反馈与调整

课堂总结之后，教师可以根据课堂反馈和学生表现对分层教学安排进行即时调整。通过课堂观察、学生的学习反馈和作业完成情况等，教师可以了解学生在课堂中的收获和不足。例如，若发现基础层学生对某一概念仍有疑惑，教师可以在下一堂课中加强这一知识点的讲解；若拓展层学生表现出较强的理解力，教师可以适当增加内容的难度。即时反馈与调整能够确保分层教学的动态适应性，满足学生不断变化的学习需求。

三、课堂分层教学模式的评价与反思

在高中物理课堂分层教学模式的实施过程中，建立有效的评价机制和反思体系是确保教学效果的重要环节。评价不仅是对学生学习情况的反馈，也为教师提供了改进教学的依据。教师通过多元化的评价方法、学生的反馈以及自我反思，能够不断优化课堂分层教学模式，使其更好地适应不同层次学生的需求。

（一）多元化评价机制

分层教学模式的评价需要多角度、多层次，以全面衡量学生的学习进展。通过过程性评价和成果性评价，教师可以深入了解学生在分层教学中的表现和进步情况。

1. 过程性评价

在分层教学中，过程性评价尤为重要。教师可以在课堂活动中观察学生的参与情况、思维表达和小组合作等表现，通过记录和反馈了解学生在学习过程中的表现。例如，教师可以在课堂上观察基础层学生对基础知识的掌握程度，拓展层学生在问题讨论中的理解能力，以及挑战层学生在高阶任务中的分析能力。通过过程性评价，教师能够实时获取学生的学习状态，发现教学过程中存在的不足，并及时提供指导，确保学生在合适的层次稳步前进。

2. 成果性评价

成果性评价是通过测试、实验报告和项目展示等形式，对学生的学习成果进行量化评估。不同层次的学生在学习内容和目标上各不相同，因此，成果性评价的内容和标准也应有所区分。例如，基础层学生的评价可以聚焦于基本概念的掌握和简单题目的正确率；拓展层学生的评价可以加入对应用题的理解和解决能力的考核；而挑战层学生的评价则注重复杂问题的解题思路、实验分析的准确性等。通过成果性评价，教师能够全面了解学生在分层教学模式下的学习效果，帮助学生发现自己在知识掌握上的优势与不足，从而不断优化学习策略。

（二）学生反馈

学生反馈是评估分层教学模式是否适应不同层次学生学习需求的重要依据。通过收集学生的意见和建议，教师能够更清楚地了解分层教学的实施效果，并及时调整教学设计。

教师可以在学期中或学期末通过问卷调查、课堂讨论、个别访谈等方式，了解学生对分层教学的看法。问卷调查可以涵盖对课堂内容难度、课堂活动形式、教学效果等方面的反馈；课堂讨论则是让学生分享在分层学习中的感受，表达对课程内容和学习节奏的意见。通过这些反馈，教师可以了解不同层次学生对课堂内容的适应性。例如，若基础层学生反映学习内容太难或理解有困难，教师可以在后续课程中适当降低难度或增加内容讲解的细致性；若挑战层学生反馈内容过于简单或缺乏挑战性，教师可以增设更具挑战的任务，以更好地满足学生的需求。

学生反馈还可以帮助教师发现分层教学模式中的不足之处。例如，部分学生可能感到分层教学中的小组合作或活动形式对自己的学习没有帮助，或部分学生认为分层教学中存在忽视个别差异的问题。通过了解这些问题，教师能够进一步改进分层教学模式，使其更贴合学生的实际需求。

（三）教师的自我反思

教师的自我反思是分层教学模式不断改进的重要环节。通过对教学过程的反思，教师能够发现课堂管理、分层设计、教学互动等方面的不足，从而逐步完善分层教学的实施方案。

1. 反思分层设计

教师可以对自己在分层教学中的课程设计进行反思。比如，反思不同层次内容的难易程度是否合理，是否符合学生的认知规律；基础层、拓展层和挑战层之间的衔接是否自然；课堂活动的形式是否适合各层次学生的学习需求等。通过这种反思，教师可以发现设计上的问题，进一步优化分层内容，使分层教学的效果更为显著。

2. 反思课堂管理方式

分层教学对教师的课堂管理提出了更高的要求，教师需要在教学中平衡不同层次学生的需求。教师可以反思课堂管理是否充分照顾到每一层次的学生，特别是基础层学生是否获得了足够的关注、挑战层学生是否获得了充分的思维空间。如果发现课堂上有个别学生未能获得有效的学习机会，教师可以在后续教学中做出调整，确保每个学生都能从分层教学模式中获益。

3. 反思教学成效

通过对教学成效的反思，教师可以了解分层教学的成效及其对学生学习态度、学习成就的影响。例如，教师可以通过观察课堂参与度、学生的学习进步情况以及分层教学的整体反馈等方面，反思教学模式的有效性。如果发现分层教学对学生的学习积极性和成就感有明显提升，教师可以继续在教学中应用这一模式；若发现模式效果欠佳，教师则可以思考分层模式中的问题，并进行调整。通过多元化的评价机制、学生的反馈以及教师的自我反思，高中物理课堂分层教学模式能够不断优化，逐步适应不同层次学生的学习需求。这不仅能够提升课堂教学的有效性，还能够激发学生的学习兴趣和潜力，为学生的物理学习提供持续改进的支持。

第四节　物理课堂分层教学模式的发展趋势

一、我国分层教学研究

自 1977 年大学恢复招生考试之后，我国开始广泛推行分层教学。那时，由于各种客观因素，学生之间的学习水平存在较大差异，因此，中学普遍采取了按照能力分班的教学方式，这在当时有效地满足了学生的个性化需求。然而，分层教学如果处理不当，可能会带来一些不良后果，这在当时也有所体现。能力分班可能导致低水平班级的学生感到自卑，而高水平班级的学生可能产生自满情绪，故分层教学遭到了一些批评。教育部门对这种教学模式产生的负面影响给予了关注，并在 1982 年 1 月 21 日的《关于当前中小学教育的几个问题的通知》中明确指出，初中各年级和通过选拔录取的高中生的文化程度差异已基本消除，初中不应再按文化程度分快慢班，按能力分班的教学方式也因此进入了一个低潮期。

二、分层递进教学在我国的实施

分层递进教学的理念最早是由上海市教育科学研究所的“初中学习困难学生教育的研究”课题组所提出的。1993 年，上海市教科所在其重点课题“适应学生个别差异教学的教学策略研究”中，提出了一种名为“分层递进教学”的科研成果。该研究的主要创新点是在班级授课制的框架下，针对学生的个别差异，采用一系列教学策略，如学生分层、目标分层、分层施教、分层评价、矫正、调节和分层提高等，以开展课堂教学活动。这一研究的实验对象是飞虹中学的学生。实验结果显示，实验组学生在知识技能的掌握、学习方法和态度上与对照组学生存在显著差异，说明不同层次的学生都在原有基础上得到了提升和发展，教学效果显著。然而，该成果的实验和推广范围仅限于初中数学教学，并未扩展到物理学科。

课题组认为，教学过程中的主要矛盾在于教学要求与学生学习可能性之间的不匹配。分层递进教学的目的是调和这两个因素，使它们相互适应，从而促进教学过程的顺利进行。研究还总结了实施分层递进教学的一些关键要点：

（1）根据学生的学习可能性水平，将全班学生分为不同层次。

（2）根据各层次学生的学习可能性，制定相应的分层教学目标。

（3）根据分层教学目标，进行区别化的分层教学。

（4）及时给予反馈，进行分层评价。

（5）进行矫正和调节，确立新的教学目标。

分层递进教学的实施步骤主要包括教学目标分层、学生分层、按层进行教学、作业分层、评价分层。这些步骤共同构成了一个循环往复、逐步提升的教学体系，旨在满足不同层次学生的需求，促进他们的全面发展。

三、高中物理教学开展分层教学的情况

近年在新课改的影响下，选择物理课程的高中生在逐渐下降。这种下降不仅体现在学生的知识基础上，还反映在学生的学习兴趣、学习习惯、行为以及心理状态等方面。如果不对传统的教学方法进行改革，不仅组织课堂教学会变得异常困难，而且还会对学校乃至整个职业教育体系的发展产生不利影响。这种情况对职业院校的教学改革提出了新的挑战和课题。

在这样的背景下，许多学校开始进行旨在提升课堂教学效果的分层教学研究。分层教学模式的实施，对于适应我国高职教育的现状和高中生的特点，是极为必要的。这主要体现在以下几个方面：

（1）高中生的学习背景和基础知识的差异性较大，分层教学可以帮助教师更有效地针对不同水平的学生制订教学计划，确保每个学生都能在原有基础上得到提升。

（2）高中生的学习兴趣和动机各不相同，分层教学可以通过提供不同层次的学习内容和活动，激发学生的兴趣，增强他们的学习动力。

（3）高中生的学习习惯和行为特点多样，分层教学可以更好地适应这些差异，帮助教师采取个性化的教学方法，促进学生良好学习习惯的形成。

（4）高中生的心理状态和情感需求各异，分层教学可以帮助教师更好地关注每个学生的情感变化，提供适当的心理支持和辅导，促进学生的心理健康。

总之，分层教学模式的实施，对于提高高职院校的教学质量，满足高中生的个性化学习需求，促进他们的全面发展，具有重要的实践意义。班内分层教学模式的核心在于将一个自然班级中的学生在某些方面按照相似性划分为不同的“层次”，然后针对这些层次进行教学。这种方法既能够照顾到学生个体之间的差异，又能够将因材施教的理念具体化到教学实践中，同时还能够克服传统快慢班分流分层教学模式的一些局限。

职业院校在实施快慢班分流分层教学模式时面临的一些局限性主要体现在以下几个方面：

（1）教学模式的简化。传统的快慢班分流分层教学模式通常基于学生的入学成绩或学校的入学测试成绩，将学生分为快班和慢班两个层次。这种划分方式可能忽视了学生的个性化需求和潜能，导致教学模式过于简化。

（2）缺乏宽松和平等的学习环境：学习过程是一个需要学生主动参与、有目的、有策

略的信息加工过程。学生的认知活动和非认知因素，如动机、兴趣、情绪、意志等，都对学习成功至关重要。在快慢班教学模式中，学生往往承受着心理负担和社会压力，难以在宽松和平等的环境中学习，这影响了因材施教的效果。

鉴于物理教学任务繁重且课堂教学时间有限，单靠课堂教学难以满足教学大纲的要求，教师需要引导学生课后积极开展合作活动。在实际教学中，一些教师发现，尽管分层班的教学内容和方式相对容易安排，但由于学生来自不同班级，相互之间不熟悉，班级的凝聚力和向心力较弱，导致一些活动难以开展，教学效果并不理想。因此，班内分层教学模式在提高教学效果和促进学生全面发展方面具有重要的实践价值。

第六章　信息时代的物理课堂教学模式

第一节　信息技术对物理课堂教学模式的影响

一、现代信息技术的概念

现代信息技术主要涉及以计算机为核心的先进技术，它结合了教学技术、通信技术和传播技术，具备处理、编辑、存储和展示多种媒体信息的能力。这些媒体信息通常涵盖文本、图形、图像、视频、动画和声音等多种形式。现代信息技术通过对这些媒体信息进行数字化处理，使得集成的多媒体信息在本质上具备了多样性、集成性和交互性等特点，同时在表现形式上展现出新颖性、艺术性和趣味性等特质。这些特点使得多媒体信息能够以一种全新的、图文并茂的、声形辉映的、生动逼真的方式呈现，从而充分发挥现代信息技术的独特优势。

通过运用现代信息技术，教育领域得以实现更加丰富和高效的教学方式。教师可以利用多媒体技术将抽象的物理概念和原理以直观、形象的方式展示给学生，帮助学生更好地理解和掌握知识。同时，学生也可以通过多媒体技术进行自主学习和协作探究，提高学习兴趣和效果。此外，现代信息技术还可以实现远程教育和资源共享，打破教育的时空限制，为学生提供更加丰富和多样的学习资源。因此，现代信息技术在物理教育中的应用具有重要的意义，有助于提高教学质量，促进学生的全面发展。

（一）现代信息技术在物理教学中的功能

在现代物理教学中，科技的应用具有以下几个显著的特点：

第一，现代教学强调教学情境的创设。利用现代信息技术的综合处理能力，教师可以将文本、图像、声音、动画、视频等多媒体信息融合在一起，创造出有声有色、形象生动的教学环境。这样的教学情境能够激发学生的好奇心，引导他们主动探索，从而为物理学习提供一个充满疑问、兴趣和挑战的舞台。

第二，现代科技使得物理教学中抽象概念的具体化成为可能。通过信息技术的编辑能力，教师可以将复杂的物理过程以宏观模拟的形式展现，或者将宏观场景以微观的方式呈现，甚至将瞬息万变的过程定格分析。这样的教学方法能够帮助学生将抽象的物理概念转化为具体形象，将动态过程静态化，从而更好地理解物理原理，并学会自主学习。

第三，现代技术为师生之间和学生之间的交流提供了便捷的途径。利用信息技术的交互性，教师可以及时收集学生的学习反馈，并根据这些反馈调整教学节奏和进程，实现更加个性化的教学。这种交互性不仅加强了师生之间的沟通，也促进了学生之间的合作学习。

第四，现代科技通过对教学信息的优化处理，帮助学生构建有序的认知结构。通过信息技术的应用，学生可以在学习过程中将无序的知识有序化，将低级的认知提升到高级水平，从而提高学习效率。

第五，现代科技的共享性为物理教学带来了丰富的教学资源。通过将信息技术和网络技术相结合，教师和学生可以共享网络上的多媒体教学资源，使教学过程从课堂的封闭性走向开放性，从而拓宽教学视野，实现教学效果的最优化。

（二）当前信息技术在物理教学中应用的现状

计算机技术在物理教学中的应用本应带来革命性的变革，但实际上，在利用计算机辅助教学的过程中，现代物理教学出现了一些偏差。这些问题主要体现在以下几个方面：

首先，教师在应用计算机技术时，并没有从根本上改变教学方式。所谓的“课件”在很多情况下仍然延续了传统的讲授型教学模式，多媒体 CAI（计算机辅助教学）仅仅是将原本不形象的内容形象化，让不生动的教学内容变得生动。例如，通过计算机模拟让电子的运动可视化，或者展示波的传播过程中每个质点的运动方式。

其次，计算机在教学中的应用往往只是取代了传统“黑板”的功能，使得教学过程更加具体化、细致化和人性化。虽然这种方式提供了更加丰富的教学手段，但它并没有真正突破传统的教师讲、学生听的传递式教学模式。因此，计算机辅助教学往往只是传统教育的一种补充、完善和发展，有时甚至使得灌输式教学更加高效。这种现状导致信息技术在教学中的应用走进了误区，许多现代技术的物理教学已经迷失了方向，造成了教育资金的浪费。

这些问题表明，尽管计算机技术具有巨大的潜力改变物理教学，但是教师在应用这些技术时需要更加深入地理解其教学原理，以及如何有效地整合这些技术到教学实践中，以实现教学方式的根本变革，而不仅仅是表面的技术更新。

二、信息技术环境下的物理课堂教学的变革

在当今信息技术迅猛发展的时代，物理课堂教学正经历着一场深刻的变革。信息技术

的广泛应用为物理教学带来了全新的视角和教学手段，不仅颠覆了传统的教学模式，还极大地提升了教学效果，丰富了学生的学习体验。信息技术的介入，打破了物理教学中长期存在的时间、空间和资源限制，使得教学方式更加灵活、多样，为学生的学习带来了前所未有的便利和可能性。

首先，信息技术的应用为物理课堂注入了丰富且多样化的教学资源。教师可以通过网络平台，获取海量的多媒体教学资料，包括虚拟实验、三维动画、互动视频、在线测评等。这些多媒体教学资源能够将传统教学中较为抽象的物理概念，通过生动的图像和动态模拟，转化为直观、形象的内容呈现，让学生更加轻松地理解复杂的物理原理。以三维动画为例，传统的平面讲解往往难以完全展示复杂物理现象的动态过程，而三维动画则能逼真地再现这些过程，帮助学生深入理解原理背后的科学机制。此外，虚拟实验室的应用使得学生可以随时随地进行实验模拟，不再受限于物理实验室的场地、设备和时间。这种新型的实验教学形式不仅提高了学生的实验参与度，还显著提高了实验教学的灵活性和效率。

其次，信息技术为物理课堂的互动性和教学反馈提供了更多的可能性。以往的课堂互动主要依赖于教师与学生面对面的提问和答疑，而信息化工具的应用打破了这种传统互动方式的局限。通过电子白板、在线答题系统、互动教学平台等工具，教师可以实时获取学生的学习反馈，快速了解学生的知识掌握情况。借助这些智能工具，教师能够根据学生的即时反应，灵活调整教学内容和进度，确保每个学生都能够跟上课堂节奏。这种基于数据的个性化教学，使得物理课堂不再是一种单向的知识传递，而是一个多向互动、动态调整的学习过程。同时，学生的参与感和主动性也在这样的互动教学中得到了显著提升，学习兴趣与动力得以增强。

最后，信息技术的应用为物理教学的个性化发展提供了有力支持。在传统教学中，教师往往难以针对每个学生的个体差异进行有效的差异化教学。而借助学习管理系统（LMS）或在线学习平台，教师可以根据每位学生的学习进度和能力水平，提供个性化的学习资源和任务，真正实现因材施教。例如，学习管理系统能够自动分析学生的学习数据，为每个学生定制学习计划，并推送适合其学习能力的内容和练习，帮助学生查漏补缺。这种自主学习模式也使学生能够根据自身的学习节奏灵活安排学习时间和内容，极大地提高了学习效率和自主学习的能力。

总的来说，信息技术环境下的物理课堂教学变革，正在推动教学方式从“以教师为中心”向“以学生为中心”转变。信息技术丰富了教学资源和手段，拓宽了物理学习的途径，使得教学的趣味性、互动性和个性化水平大幅提升。未来，随着信息技术的持续发展和教育理念的不断创新，物理课堂教学将更加智能化、个性化，进一步提高教学质量，全面提升学生的综合素养。这场变革不仅仅是教学工具的更新，更是教学理念和教学模式的深层次革新，必将为未来的物理教育带来深远影响。

第二节　信息技术环境下物理教学模式研究

一、信息技术环境下物理教学模式的理论基础

现代物理教学模式主要在学、传、教三方面受到理论知识的影响，下面从三大方面介绍信息技术环境下物理教学模式受到的影响。

（一）学习理论

学习理论主要有四个方面的理论：行为主义学习理论、认知主义学习理论、建构主义学习理论、人本主义学习理论。

1. 行为主义学习理论

行为主义学习理论认为，学习是一个在现有行为基础上习得新行为的过程，它关注的是通过实践行为来培养习惯性行为。这种理论在解释学习时，侧重于可观察的行为，并认为行为的后果，无论是愉快的还是痛苦的，都会影响个体行为的改变，或者促使个体模仿他人的行为。

在信息技术环境下的物理教学模式研究中，行为主义学习理论提供了一些指导性的见解。尽管行为主义学习理论因其片面强调外显行为而忽视内部心理过程，以及简化了社会语言文化刺激对人的影响的复杂性而受到批评，但它对于简单行为和技能的学习仍具有一定的实用性。

在信息技术环境下的物理教学模式研究中，教师可以从行为主义学习理论中吸取以下精华：

首先，课前通过多媒体技术给予学生多样化的刺激，有助于学生做好学习准备。这种刺激可以激发学生的兴趣，为后续的学习打下良好的基础。

其次，在教学过程中，可以利用信息技术向学生提供及时且多样化的反馈。通过发现学生的优点并给予鼓励，可以激发学生的学习热情；同时，发现学生的不足并予以指正，可以防止学生偏离学习方向。

最后，对于简单的操作技能和记忆性知识的学习，可以采用基于“程序教学”原理的计算机辅助教学方式。这种方法通过逐步引导和强化，可以帮助学生有效地掌握知识和技能。

综上所述，虽然行为主义学习理论有其局限性，但是在信息技术环境下的物理教学模式研究中，教师可以借鉴其合理的部分，结合现代技术手段，制定更加有效的教学策略，以提高学生的学习效果。

2. 认知主义学习理论

在认知心理学视角下，学习被视为个体与环境互动的过程，人的大脑活动可以被理解为信息加工的步骤。人类为了生存，必须与周围环境进行信息交流；作为认知的主体，人们不断地相互交换信息。在这个过程中，人们扮演着信息的寻求者、传递者和创造者的角色，认知过程本质上就是信息加工的过程。在处理信息时，人们需要像通信中的编码和解码一样，根据自身需求进行转换和加工。

认知主义学习理论强调，在学习或记忆新信息、新技能时，不能忽视内在的心理过程。在实践教学中，认知理论指导教师进行教学过程设计，以及教会学生学习的方法。

在认知学习环境下，物理教学模式的研究对信息技术的指导意义主要体现在以下三个方面：

首先，教师在教学前需对教学内容和学生特点进行深入分析，精心选择教学内容和教学媒体，建立学生原有知识与新知识之间的联系，即设计信息化的引导性材料，为学生进行深层次的信息加工奠定基础。信息技术在这个过程中可以为教师提供丰富的教学资源。

其次，当学生遇到困难时，教师不应直接提供答案，而应利用学习加工工具引导学生自主探究和尝试，主动调整认知结构，从而更深入地理解知识。

最后，信息技术环境下中学物理教学模式重视信息加工工具（如概念图工具）的运用，帮助学生在信息加工工具的辅助下梳理认知结构，发现并填补认知结构中的空白，在巩固知识的同时提高学习加工能力。

综上所述，认知主义学习理论为信息技术环境下的物理教学模式提供了有力的指导，有助于提高教学质量和学生的学习效果。在实际教学中，教师应充分运用信息技术，关注学生的认知过程，引导他们进行有效学习。

3. 建构主义学习理论

建构主义学习理论主张在教师的指导下，学习者成为学习的中心，强调学习者的认知主体地位，同时也不忽视教师的指导作用。教师在这里扮演的是意义建构的促进者，而非仅仅是知识的传递者和灌输者。学生作为信息加工的主体，是意义的主动建构者，而不是被动接受外部刺激的对象。

建构主义学习理论的基本观点包括：

（1）学习是一种意义建构的过程，新知识的建构同时也伴随着对原有知识的改造和重组。人们对事物的理解与其自身的认知结构密切相关。学习者在新知识的学习过程中，并非通过教师的直接传授获得知识，而是通过个体对知识单元的经验解释，将知识内化为自己的内部表述。知识的获得是学习个体与外部环境交互作用的结果，外部世界的知识既可以被同化到原有的认知结构中，也可以通过顺应机制改变已有的认知结构。

（2）学习是一种协商活动的过程，学习的发展依赖于学习者原有的认知结构。由于学习者从不同的角度解释知识，因此，只有通过社会性的“协商”和时间的磨合，才能达到更加丰富和深刻的共识。教学评价应侧重于学生的认知过程，而不仅仅是学习结果。

（3）学习是一种真实情境的体验。最佳的学习情境不是简单抽象的，而是在真实世界的情境中，这样的学习更为有效。学习的目的不仅是让学生理解知识，更重要的是让学生能够运用所学的知识去解释现实世界中的问题。在真实情境中，学习者如何运用自身的知识结构解决实际问题，是衡量其学习是否成功的关键。

建构主义学习理论对信息技术环境下中学物理教学模式研究的指导可以总结为以下几点：

（1）在信息技术环境下的中学物理教学设计中，应注重学生的主动参与式学习活动，强调学习者的主动性。

（2）应重视学科教学的整体性知识的获得，注重综合性学习的设计和综合性能力的培养。利用信息技术促进高层次学习结果的培养，如问题解决学习、学习策略、智力能力、创新学习、思维品质的培养以及态度和情感方面的培养。

（3）尊重学习者在学习过程中的个别差异，从关注学习结果转变为关注学习过程。强调“学习伙伴”的重要性，利用信息技术创设无时空限制的小组协作学习环境。

（4）教师在信息技术环境下的教学中，要由学习过程的控制者和主宰者转变为学习的促进者、指导者，信息资源的设计者，群体的协作者，课程的开发者，学生的学习顾问和研究者。

4. 人本主义学习理论

人本主义思想通常涵盖了对自由和自治的坚定信念，它认为人类拥有超越遗传、环境和个人历史限制的能力，能够做出有意义的选择。这种思想强调个体的价值和特殊群体的需求。

人本主义学习理论对物理教学模式研究的指导意义体现在以下几个方面：

（1）以人为本的原则。在教学过程中，应将学生的需求放在首位，重视学生在教学活动中的主体地位。多媒体计算机技术不应被视为规范和约束学生的工具，而应被视为促进学生充分发展和自我完善的一种手段。

（2）从实际经验到一般原理的原则。在教学中，应首先向学生展示大量的实际经验和具体的操作方法，然后再引导学生总结出一般性的原理。这种思想对于多媒体教学课件的结构设计具有重要的指导意义。

（3）以学生为主体原则。在进行多媒体计算机辅助物理教学时，应充分考虑学习者的主体地位，激发他们主动参与学习过程，为学习者提供适当的活动空间和时间，以便他们能够自主地探索和构建知识。

综上所述，人本主义学习理论为物理教学模式提供了深刻的指导，强调学生的主体性和个性化需求，以及在教学中充分利用多媒体计算机技术来促进学生的发展。在实际教学中，教师应运用这些原则，设计出更加符合学生需求的教学策略，从而提高教学效果和学生的学习体验。

（二）传播理论

教学过程本质上是一种信息传播的活动。在这个过程中，教学信息的传播遵循以下步骤：首先，传播者（如物理教师）会对所要传达的信息进行深思熟虑，并对这些信息进行编码，将其转化为可以通过某种媒介传递的信号；其次，通过媒体（在多媒体计算机辅助教学中，多媒体计算机作为一种整体媒体）将这些信号通过适当的信道传播出去。最后，接收者则通过自己的感官接收这些信号，并通过译码过程将这些信号转化为可理解的信息，最终达到理解的目的。在进行多媒体计算机辅助教学时，应当借鉴现代教育传播理论的观点，以便在课堂教学中更有效地传播信息。

现代教育传播理论带来了以下几点启示：

（1）传播过程一般包括三个环节：确定传播的对象、信息传播的准备和信息传播的实施。在准备阶段，需要明确传播的目的和提出一系列传播任务；在实施阶段，包括信息的开发和收集、传播信息的加工与筛选，以及信息对大众思维和情感的影响、引发精神状态的变化或行为的反应。

（2）根据信息传播效果的分析，需要及时调整传播进程或进行补救。传播效果的衡量主要关注两个指标：影响范围和影响深度。

（3）传播模式包括互动模式、拉斯尔模式（“五 W 模式”）、罗杰斯—休梅克的创新模式和大众传播模式。这些模式对于构建多媒体计算机辅助教学的新模式具有重要的参考价值。

因此，在设计和实施多媒体计算机辅助教学时，应当充分考虑这些传播理论的原则和模式，以便更有效地进行信息传播，提高教学质量和学生的学习效果。

（三）教学理论

当前教学模式的改革旨在摒弃传统的以教师为中心的教学模式，转而构建一种既能发挥教师主导作用又能充分体现学生学习主体作用的新型教学结构。这一改革不仅仅是表面上的调整，而是涉及教学模式、教学内容、教学手段和教学方法的全面变革。

传统的以教师为中心的教学模式具有以下特征：

（1）教师作为知识的传授者，是主动的施教者，负责监控整个教学活动的进程。

（2）学生作为知识传授的对象，是外部刺激的被动接受者。

（3）教学的多媒体被视为辅助教师教学的演示工具。

（4）教材是学生的唯一学习内容，是学生知识的主要来源。

这种模式的优点在于它有利于教师主导作用的发挥，便于教师组织和监控教学活动，便于师生之间的交流，从而有利于系统地传授科学知识，并充分考虑情感因素在学习过程中的重要作用。然而，它的严重弊端在于过度依赖教师控制课堂，忽视了学生的学习主体作用，不利于培养具有创新思维和能力的人才。

改革后的以学生为中心的教学模式具有以下特征：

（1）学生成为信息加工的主体，是知识的主动建构者。

（2）教师转变为课堂教学的组织者和指导者，成为学生建构知识的帮助者和促进者。

（3）教学媒体成为促进学生自主学习的认知工具。

（4）教材不再是学生唯一的学习内容，学生通过自主学习从图书馆、互联网等途径获取大量知识。

这种教学模式的发展是伴随着 20 世纪 90 年代以后多媒体和网络技术的日益普及，特别是基于 Internet 的教育网络的广泛应用而逐渐兴起的。它强调学生的主体性和自主学习能力，旨在通过技术手段和教学方法的创新，为学生提供更加丰富和灵活的学习体验，从而培养出具有创新精神和实践能力的人才。

二、物理教学模式的现代特征

随着现代教育理念的不断发展和信息技术的广泛应用，物理课堂教学模式呈现出许多新的特征。这些特征不仅改变了传统的教学方式，也极大地提升了教学效率和学生的学习体验。物理课堂逐渐从单一的知识传授转向了多维度、互动化、个性化的教学模式，使学生能够更加主动地参与学习过程。

第一，多媒体和信息技术的广泛应用是现代物理课堂教学的重要特征之一。传统的板书教学逐渐被多媒体课件、三维动画、虚拟实验等现代技术手段所替代，复杂的物理概念和抽象的理论通过图像、视频、模拟实验等方式得到更直观的呈现。借助信息技术，教师可以展示给学生难以观察到的物理现象，如粒子运动、光的干涉、天体运动等，让学生能够更深刻地理解物理规律和原理。此外，虚拟实验室的引入打破了传统实验的场地和时间限制，学生可以随时进行实验操作，极大地提高了学习的灵活性和实操能力。

第二，以学生为中心的教学模式成为物理课堂教学的核心理念。与传统的“教师讲，学生听”的单向传授不同，现代教学模式更加注重学生的主动参与和自主学习。通过小组讨论、项目学习、问题探究等方式，教师鼓励学生积极参与课堂活动，培养他们的批判性思维、动手能力和团队协作精神。在这种模式下，教师的角色从知识的传授者转变为学习的引导者，帮助学生在自主探究中掌握知识。这种以学生为中心的教学模式，不仅增强了学生的学习兴趣，还促进了他们综合能力的提升。

第三，个性化学习与因材施教是现代物理教学的重要发展方向。每个学生的学习能力和兴趣不同，现代教学模式通过信息技术和数据分析，实现了对学生个体差异的精准把握。教师可以利用学习管理系统（LMS）或在线平台，根据学生的学习进度、能力水平和学习习惯，为其提供定制化的学习资源和任务；学生也可以根据自己的学习需要，自主选择学习内容和节奏，形成自主学习的良性循环。这种个性化学习方式极大地提高了学生的学习效率，真正实现了因材施教的教学目标。

第四，课堂互动和即时反馈的加强是现代物理教学的重要特征之一。借助电子白板、在线答题系统等智能教学工具，教师能够实时捕捉学生的学习状况，快速调整教学策略。学生通过这些工具，可以随时参与课堂答题、互动讨论等活动，增加了学习的互动性和趣味性；教师可以根据学生的答题数据和反馈情况，及时发现学生的知识盲点，进行针对性的指导，确保每个学生都能够跟上教学进度。即时反馈的应用不仅提高了教学的精准度，还有效增强了学生的学习动机和课堂参与感。

第五，跨学科融合与实践应用是现代物理课堂教学的新趋势。随着 STEAM（科学、技术、工程、艺术和数学）教育理念的推广，物理课堂不再局限于学科内部的知识传授，而是注重与其他学科的融合和实际应用。例如，物理与计算机、工程、数学等学科的结合，可以让学生在物理学习中掌握编程、数据分析等技能，培养其解决实际问题的能力。这种跨学科的教学方式不仅拓宽了学生的知识视野，也增强了他们将物理知识应用于实际生活的能力。

总的来说，现代物理课堂教学模式的特征集中体现了信息技术的应用、学生主体地位的提升、个性化教学的实现、课堂互动和及时反馈的加强以及跨学科融合的趋势。这些特征推动了物理教学的创新与发展，使物理课堂更加灵活、互动和富有成效。未来，随着教育理念的不断深化和技术手段的进一步发展，物理课堂教学模式将会更加多样化和智能化，全面提升学生的学习效果与综合素养。

第三节　信息时代物理教学模式的应用

一、信息技术环境下的高中物理教学的优越性

在现代信息技术环境下，高中物理教学较之于传统的物理教学，有着无可比拟的优越性，具体表现如下。

（一）多媒体计算机辅助教学可以突破物理教学中的重点和难点

在物理教学中，存在着一些课堂实验无法直观展示的物理现象，这些现象可能是宏观的、微观的、极快的或极慢的物理过程。例如，分子运动的扩散过程和布朗运动、原子的结构、核反应过程等。由于常规教学受到时间、空间和实验条件等因素的限制，学生往往无法获得直接的感性认识，导致理解不够深入。然而，通过计算机技术的应用，可以突破这些限制，进行逼真的模拟，灵活地放大或缩小物理场景，将这些物理过程生动形象地展现给学生，从而促进学生对这些现象的认识和理解。

此外，即使是那些可以通过实验演示的物理过程，如带电粒子在电场磁场中的加速、偏转、回旋，刚体碰撞过程中的微小形变，电磁振荡中电流方向的改变，电场能和磁场能的转化，电磁波的发送与接收，光电效应中光子与光电子的运动，电磁感应中磁通量的变化等，这些过程的讲解往往也较为困难。利用多媒体计算机技术，可以将这些不可见因素通过形象化的仿真和模拟展现出来。例如，将微小形变放大、用移动箭头代表电流、用有方向的曲线代表磁感应线和电场线等。这样，学生可以直观地看到这些不可见因素及其变化规律，实现从无形到有形、从抽象到形象的转变，从而降低思维难度，提高教学效果。

多媒体计算机技术还可以用来展现思维过程。许多思维方法可以通过多媒体手段让学生有更直观的认识。例如，在讲解运动的合成与分解时，通过将平抛运动向水平方向和竖直方向投影，可以说明平抛运动等效于一个匀速运动与自由落体运动的合成。这样的演示将抽象的思维方法和思维过程以生动形象的方式描述出来，使得学生能够更容易理解和接受。

（二）信息技术可优化物理教学内容的呈现和教学过程

多媒体计算机技术的超文本功能为物理课堂教学内容的最优化提供了可能。教师可以根据教学需求，将包含不同媒体信息的各种教学内容整合成一个有机的整体。同时，也可以根据教学内容的具体要求，将包含不同教学要求的各种教学资料组合成一个有机的整体。这种整合方式有利于教师对教学内容进行科学和合理的组织与管理，从而实现教学内容组织和管理的最优化。

通过利用多媒体技术进行教学，可以将文字、图像、声音、动画、视频等多种元素融为一体，创设出接近现实的教学情境。这样的教学方式使得教学内容更加直观和形象，教学过程更加生动和活泼。这不仅能够激发学生的学习热情，还有助于学生对教学内容的理解和掌握。多媒体技术教学通过提高教学过程的直观性和互动性，有助于提高教学效率和教学质量。

此外，多媒体计算机技术的应用还可以提供丰富的学习资源和工具，如虚拟实验室、模拟实验、互动式问题解答等。这些工具和资源可以为学生提供更加灵活和个性化的学习体验，使学生在学习过程中能够主动探索和实践，培养其创新思维和解决问题的能力。通过多媒体技术的应用，可以有效地提升物理教学的效果和质量，为学生的全面发展和成长提供有力支持。

二、信息技术环境下中学物理教学模式的思考

计算机和多媒体技术在物理教学中的应用已经对教学模式产生了深远的影响，但在实际运用信息技术教学的过程中，仍然存在一些问题。

（1）动态教学过程被“电子化”。动态教学是指教师根据教学的难易程度、学生的接受程度以及授课中遇到的问题，及时调整教学内容和进程。然而，在实际教学中，教师过度依赖预先准备好的电子课件，忽视了根据课堂实际情况灵活调整教学进程的重要性。

（2）网络或课件切入时机和方式不合理。多媒体网络课件是为了教学需要而引入的，但在实际教学中，教师为了追求课件的“丰富性”而忽略了课堂整体效果，往往引入过多的元素，如音响效果、光照变化等，从而分散了学生的注意力。

（3）信息量过大，滞留时间短，不利于记忆。教师使用课件教学，减少了板书时间，节省了课堂教学时间。然而，有些教师没有充分利用这些时间来优化教学效果，而是增加了教学内容的信息量，给学生带来了负担，不利于学生记忆和理解。

（4）硬件不匹配，影响教学效果。学校可能缺乏必要的技术设备或硬件设施，如高性能的计算机、投影设备等，这可能导致教学过程中出现技术问题，影响教学效果。

尽管信息技术为物理教学提供了更为优越的学习环境，并且在信息技术迅猛发展的今天，它给教育带来的变革是必然的。然而，我们也不能完全依赖信息技术，认为它是万能的。在信息技术环境下的高中物理教学同样如此。教师应当合理运用信息技术，结合传统的教学方法和学生的实际情况，以达到最佳的教学效果。

三、优化信息技术支持下的物理教学

利用好信息技术辅助物理教学应该做到以下两点。

（一）传统教学和信息化教学的整合

在物理教学中，将传统教学和信息化教学有效地整合是一项重要的任务。现代信息技术在许多方面拥有其他媒体无法比拟的优势，但同时也存在一些不足。传统教育方法经过长期的演化和改进，也积累了自身的优点。因此，教师需要将现代信息技术辅助的教学方法融入传统教学方法中，实现两者的有机结合，以便充分发挥各自的优势，达到更好的教

学效果。

首先，在内容上实现整合。教师需要精心选择信息内容，对于那些传统方法难以展示的物理过程，可以辅以现代化的多媒体技术，利用其优势，极大地提高学生的学习兴趣，增强教学的感染力，从而获得良好的教学效果。

其次，在时间上实现连接。在教学过程中，教师要把握好传统教学和信息教学的时间过渡，避免出现教学“冷场”的情况。合理安排教学时间，使学生在两种教学方式之间能够顺畅过渡，保持学习的连贯性和兴趣。

最后，在空间上实现连接。传统教学主要使用黑板等简单道具，而信息技术教学中使用的道具较为复杂。在各种教学道具的切换中，要注意空间上的连接，避免让学生产生不适应感。合理布置教学空间，使学生在学习过程中能够自然地适应不同的教学环境，更好地参与教学活动。

总之，将传统教学和信息化教学相整合，需要教师在内容、时间和空间上做好连接和过渡，充分发挥两种教学方式的优势，为学生提供更加丰富、高效的学习体验。在此基础上，还可以根据学生的实际情况和需求，不断调整和优化教学策略，进一步提高物理教学的质量。

（二）教师做好指导者的角色，掌握好信息技术使用的量与度

在课堂教学活动中，教师扮演着主导者的角色，而学生则是学习的主体。在信息技术的辅助下，教师应当充分发挥其主导作用，引导学生通过讨论、肢体语言和生动有趣的讲解来深化对教学内容的理解。这种互动和人际交流是任何电子媒体都无法替代的。

教学课件的设计应当简洁明了，避免简单地重复教师所教授的内容。教师应将主要精力集中在引导学生发现、分析和解决问题上，并适时调整课堂气氛，使其保持活跃。这样，学生可以在互动和探究中更好地理解和吸收知识。

信息技术的引入为教育提供了现代化的教学手段，改变了传统的教学方式。在信息技术环境下实施高中物理的探究式教学，应当是对传统教学的有力促进。虽然传统教学存在一些弊端，但教师仍应从中吸取有益的部分，为信息技术环境下的物理教学服务。

同时，教师在教育中运用信息技术时，更应关注教学过程和教学效果的研究，探索如何应用教育技术构建新的教学模式，使其与传统教学相辅相成。只有这样，教师才能将中学物理教学改革推向一个新的高度，为学生提供更加丰富、高效的学习体验。通过整合传统教学和现代信息技术，教师可以构建一个更加灵活、互动和高效的教学环境，满足学生多样化的学习需求，培养他们的创新思维和解决问题的能力。

第四节　信息技术与物理课堂教学整合模式

一、信息技术环境下的探究式课堂教学模式

在信息技术迅猛发展的背景下，探究式课堂教学模式成为一种备受推崇的教学方法，尤其是在科学学科如物理、化学、生物等领域。信息技术的应用为探究式教学注入了新的活力和手段，使得教学更加高效、互动和个性化。信息技术与探究式教学相结合，不仅丰富了教学资源，还改变了教师与学生的角色，极大地提升了学生的学习体验和能力。

第一，信息技术丰富了探究式教学的资源和手段。在传统的探究式教学中，学生通过实验、讨论、问题解决等方式来探究知识。但受限于实验条件、资料来源和课堂时间，传统探究式教学存在一定的局限性。信息技术的引入打破了这些限制。通过互联网，教师和学生可以轻松获取海量的学习资源和数据资料，如科学数据库、学术论文、仿真实验、虚拟实验室等。这些资源不仅让学生能够更深入地研究特定问题，还提供了多样的实验方法，使学生能够在虚拟环境中开展复杂的实验，获得真实的实验体验。

第二，信息技术增强了探究式教学的互动性和协作性。在探究式教学中，学生的互动和协作是重要的组成部分。借助信息技术，学生可以通过在线平台进行小组合作，分享观点和研究成果，进行实时讨论和反馈。例如，学生可以通过网络会议、协作式文档编辑工具，进行跨时间和空间的合作，解决复杂的课题问题。这种互动不仅限于课堂内，也延伸到了课堂外，促进了探究学习的延续性。同时，智能教学工具如在线测评系统、互动答题平台等也可以帮助教师实时捕捉学生的学习动态，及时调整教学策略，以促进学生的探究学习过程更加深入和有效。

第三，信息技术支持了个性化的探究式学习。探究式教学强调学生的自主性和个性化学习。每个学生在学习过程中有不同的兴趣、能力和学习需求，信息技术通过学习管理系统（LMS）和个性化学习平台，可以为学生提供定制化的学习路径。教师可以根据学生的学习数据和反馈，为不同学生制定个性化的探究任务和研究课题，满足学生在探究过程中的不同需求。学生也能够自主选择学习资源和课题，掌握学习的主动权，从而激发他们的学习兴趣和创造力。这种个性化的探究式教学模式，不仅增强了学生的学习动力，还极大地提升了学生的学习成效。

第四，信息技术促进了探究式教学的即时反馈和评价。在探究式教学过程中，学生的学习和探究过程需要得到及时的指导和反馈。信息技术通过在线评估工具、智能答题系统、学习分析平台等手段，可以实时为学生提供反馈信息。学生可以通过这些工具，了解

自己在探究过程中的优点和不足，并根据反馈进行调整和改进；教师也可以根据系统生成的学习数据，了解每个学生的学习进度和探究成果，提供针对性的指导。这种即时反馈机制不仅提高了学生的探究效率，还使探究学习更加有针对性和方向性。

第五，信息技术推动了跨学科探究式教学的发展。信息技术不仅限于单一学科的应用，它还为跨学科的探究式教学提供了广阔的平台。在信息技术环境下，学生可以将物理、化学、生物、数学等多学科知识进行整合，解决现实生活中的复杂问题。例如，学生可以通过编程与数据分析工具，在物理探究中运用数学模型，或在生物探究中使用大数据分析方法。这种跨学科的探究式教学，不仅拓宽了学生的知识面，还提升了他们解决实际问题的综合能力和创新思维。

总而言之，信息技术环境下的探究式课堂教学模式充分利用了现代科技的优势，使探究学习更加高效、互动、个性化和跨学科化。这种教学模式打破了传统教学的时空限制，提供了更丰富的学习资源和更多样化的学习方式，极大地提升了学生的学习体验和能力。未来，随着信息技术的不断进步，探究式教学模式将进一步发展，为学生的综合素质和创新能力的提升提供更为广阔的空间和机会。

二、多媒体环境下探究式教学模式的技术支持

（一）丰富的多媒体教学资源支持

在多媒体环境下，探究式教学模式得到了技术手段的有力支持，尤其是多媒体教学资源的丰富性为探究性学习提供了更加多样化的工具和途径。这些资源不仅拓宽了学生的学习视野，还为他们的探究过程提供了便利和灵活性，使教学更加高效。

1. 仿真实验与虚拟实验室

仿真实验和虚拟实验室为学生提供了安全、可重复的实验环境，使得探究式学习更加灵活。传统的物理实验往往受到实验设备、材料和场地的限制，某些实验甚至由于安全原因无法在课堂上进行。虚拟实验室通过计算机仿真技术，让学生能够在虚拟的环境中进行复杂实验，模拟真实世界中的物理现象，打破了时间和空间的束缚。学生可以在不受物理条件限制的情况下，自由重复实验步骤，观察实验的变化过程，验证自己的假设和推论。这种形式的实验不仅保障了实验的安全性，还让学生能够进行反复操作，促进他们对知识的深度理解。

2. 视频与三维动画资源

视频和三维动画资源的使用极大地增强了探究式学习中的可视化效果。利用多媒体技术，复杂的物理现象或抽象的概念能够通过动态视觉效果生动地呈现给学生。例如，天体

运行、原子结构、光的折射和干涉等难以通过传统教学手段直观展示的内容，借助三维动画技术，学生可以直观地观察到这些现象的动态过程。视频资料也可以帮助学生更加深入地理解教学内容，结合实际生活中的物理应用，通过观察和分析视频中的实际案例，学生能够将所学知识与生活实践结合起来，增强他们的理解和应用能力。这种动态的视觉体验不仅提升了学生的学习兴趣，还能帮助他们更好地掌握复杂的概念和原理。

3. 在线图书馆和数据库

在线图书馆和数据库为探究式教学提供了广泛的资源支持，拓宽了学生的知识面以及提升探究能力。在传统教学中，学生获取信息的渠道较为有限，依赖于课本或教师提供的资料。而在多媒体环境下，学生可以通过在线图书馆和数据库轻松获取海量的学习资料，包括前沿的科学研究成果、学术论文、实验数据等。这些资源的获取使学生在探究过程中可以依据更加广泛且权威的资料展开深度研究。例如，学生可以查阅最新的物理实验结果，或者通过查找历史文献，追溯某一物理现象的发现过程，深入了解其理论基础。在线数据库的便捷性和全面性使得探究式学习不再局限于课堂，学生可以在课外时间继续查阅资料，丰富他们的知识储备，从而使探究过程更加充实。

（二）增强课堂互动与协作

在多媒体环境下，探究式教学的一个重要特点是增强了课堂的互动与协作。信息技术为师生之间、学生之间的沟通和合作提供了更多的工具，使得课堂互动更加灵活、即时，促进了探究性学习的深入展开。通过这些技术手段，学生的课堂参与感得到增强，团队协作能力也得到了更好的培养。

1. 智能白板与互动答题系统

智能白板和互动答题系统是多媒体课堂中促进互动的重要工具。智能白板不仅仅是传统黑板的升级，它还可以通过触屏技术与多媒体设备相连接，显示课件、视频、图像等教学内容。更重要的是，智能白板允许师生之间进行实时互动，学生可以在白板上进行问题解答，绘制物理图表，或进行虚拟实验操作。这种直接参与的方式大大增强了学生的课堂参与感，鼓励他们积极参与课堂讨论和探究活动。教师也可以借助智能白板在课堂上灵活调整教学进度，根据学生的反馈即时进行教学策略的调整，使得探究式学习更加灵活和高效。

互动答题系统也是促进课堂互动的重要技术工具。在课堂教学中，教师可以通过互动答题系统向学生实时推送问题，学生可以通过手持设备或电脑即时作答。这种答题系统不仅能够迅速捕捉学生对知识点的掌握情况，还能够为教师提供即时的反馈数据，帮助教师快速了解学生的学习效果。通过这种互动形式，学生在课堂上不是被动接受知识，而是成为课堂的主动参与者。同时，答题系统还能营造一种竞赛氛围，增强学生的学习动力，进一步促进他们在探究过程中的参与度。

2. 在线协作平台

在线协作平台为学生提供了一个高效的合作和沟通渠道，尤其在探究式学习中发挥着重要作用。这类平台通常具备实时讨论、文档协作、项目管理等功能，支持学生进行小组合作和远程讨论。例如，学生可以在平台上共享实验数据、共同编写实验报告、分配任务等，便于团队合作开展探究活动。无论是在课堂内还是在课外，学生都可以通过在线协作平台随时讨论研究问题、分享学习成果，并对团队的工作进行及时反馈和调整。

此外，在线协作平台还打破了时间和空间的限制，允许学生在不同时间或地点开展协作学习。特别是在一些跨校区、跨区域的合作项目中，在线协作平台能够使学生跨越地理障碍进行合作探究学习。例如，在物理探究实验中，学生可以分别负责不同的数据采集或理论分析部分，通过平台将各自的研究成果进行整合，最终完成一个完整的探究项目。这种远程协作不仅提高了学生的团队合作能力，还让他们学会如何在分工合作中完成复杂的探究任务。

（三）个性化学习与自适应技术

在多媒体环境下，个性化学习与自适应技术的发展极大地提升了探究式教学的灵活性和针对性。通过这些技术手段，教师可以根据学生的学习需求和进度，为每个学生提供量身定制的学习路径和任务，真正实现因材施教。这种个性化学习模式让学生能够按照自己的节奏掌握知识，同时也帮助教师更好地指导每个学生的探究过程。

1. 学习管理系统（LMS）

LMS 在个性化学习中发挥着核心作用。它通过智能技术，为学生提供个性化的学习路径，确保每个学生在探究式学习中得到适合自己的学习资源和任务。LMS 能够根据学生的学习进展、学习习惯和个体需求，推送定制化的教学内容和材料，帮助学生以最佳的方式理解和消化知识。

在传统教学中，教师通常很难对班级中每个学生的学习进度进行全面把控，而 LMS 可以实时记录和追踪每个学生的学习过程。基于这些数据，教师可以针对学生的学习薄弱点提供个性化的补充材料，如额外的视频讲解、仿真实验或相关课外阅读材料，帮助学生深入理解和巩固知识。与此同时，学生也能够通过 LMS 自主选择适合自己的学习内容和时间，自主调整学习节奏，增强学习的灵活性和自主性。

此外，LMS 还支持个性化探究任务的分配。例如，在物理课程中，系统可以根据学生的兴趣和学习成绩，为他们提供不同难度或不同方向的探究课题，确保学生能够在符合自己能力和兴趣的领域进行深度探究。通过这种方式，学生的学习体验得到了极大的提升，学习效果也更加显著。

2. 智能学习分析工具

智能学习分析工具是支持个性化学习和自适应教学的重要技术手段。这类工具通过大数据和算法，分析学生的学习行为、成绩表现和知识掌握情况，为教师提供精准的学习进展报告。这种数据分析的结果为教师制定个性化的教学策略和探究任务提供了科学依据。

在探究式教学中，智能学习分析工具能够通过对学生在线学习数据的分析，发现每个学生的优势和劣势。例如，系统可以通过学生的答题记录、作业提交情况和课堂表现，评估其对某些概念的理解是否到位。如果发现某个学生在某一章节或实验环节存在知识盲点，智能学习分析工具可以提醒教师对该生进行个性化的辅导，或通过系统自动为该学生推送相关的学习资源进行巩固。这种实时的数据反馈和分析，极大地提高了教学的针对性和效率。

同时，智能学习分析工具也有助于为学生设计个性化的探究任务。在探究项目中，学生需要解决不同层次的问题，而智能系统能够根据学生的学习历史，匹配最适合其能力水平的任务。例如，对于进度较快、掌握较好的学生，系统可以分配难度较高、挑战性强的探究题目；而对于需要更多帮助的学生，系统则可以提供循序渐进的任务，确保每个学生都能在适合自己的节奏中推进探究式学习。

（四）即时反馈与评价系统

在探究式教学模式中，即时反馈与评价系统起着至关重要的作用，它们不仅帮助教师更好地掌握学生的学习进展，还为学生提供了自我反思和改进的机会。通过这些技术工具，教师能够快速调整教学策略，学生也能在学习过程中获得及时的反馈，优化自己的探究过程，确保学习效果的最大化。

1. 在线测评系统

在线测评系统为探究式学习提供了实时评价的功能，帮助学生和教师随时了解学习成果和知识掌握情况。在传统的教学模式中，评价通常集中在考试或期末测评，反馈时间较为滞后，学生难以在学习过程中及时纠正错误。而在多媒体环境下，在线测评系统允许学生在学习的过程中通过在线答题、测验或自我评价工具，实时获得自己的学习成果反馈。

通过在线测评系统，学生可以根据每一章节或每个实验任务的完成情况，了解自己的理解和掌握程度。例如，在完成物理实验模拟或相关探究任务后，学生可以立即通过系统进行自我评价，查看自己的答案与正确答案的差距，并根据系统的提示发现自己在探究过程中的不足。这样的即时反馈能鼓励学生进行自我反思，帮助他们在后续的学习中调整探究策略和方法。这种即时评价的方式，让学生在完成每个学习环节时，都能够明确下一步的学习重点，从而不断提升学习效果。

在线测评系统还可以支持教师对学生的进度进行实时监控。教师可以通过系统查看每个学生的评价结果，发现整体或个别学生的学习难点，并针对性地调整课堂教学内容或个性化辅导计划。这种双向反馈机制让教师和学生都能随时调整探究过程，使学习更加高效和有针对性。

2. 教师即时反馈工具

教师即时反馈工具是支持教师在探究式教学中快速、有效调整教学策略的重要手段。通过这些自动化系统，教师能够基于学生的学习表现即时进行教学调整，确保每个学生都能在适合自己的节奏中推进学习。

在探究式教学中，学生的表现差异较大，而即时反馈工具可以帮助教师迅速发现这些差异。例如，教师可以通过系统获取每个学生的作业、实验或课堂活动的表现数据，分析学生对知识的掌握情况。基于这些数据，教师能够判断学生在哪些环节存在理解问题或技能不足，并即时进行干预。系统可以自动推荐相关的资源或补充材料，帮助教师根据不同学生的学习需求分配适当的探究任务。

此外，教师即时反馈工具还允许教师灵活调整探究式教学的进度。例如，如果发现某些学生在探究过程中遇到普遍性的困难，教师可以通过系统即时推送相关的指导或练习，帮助学生更好地掌握知识点。而对于进度较快的学生，教师也可以通过系统提供更具挑战性的探究任务，激发他们的学习潜能。这种灵活、即时的反馈机制确保了每个学生都能在自己的学习节奏中得到有效的指导。

即时反馈工具的另一个重要功能是促进师生之间的互动和沟通。教师不仅可以通过系统为学生提供个性化的反馈，还可以与学生进行在线沟通，讨论探究过程中的问题和改进方向。这种快速、有效的互动机制增强了探究式教学的互动性和参与度，帮助学生在自我探索的过程中获得更多的支持。

第五节　信息技术与物理网络教学模式

信息技术对物理教学模式产生了深远的影响，渗透到各种传统的教学模式中，从而产生新的探究式教学模式。

一、网络环境下的探究式教学模式

在网络环境下的高中物理探究教学模式中，学生在资源丰富的网络课堂中，根据既定的学习目标，自主地运用多种媒体进行学习，并与教师和同学进行协作交流。学生可以根据自己的学习兴趣和认知水平，自主选择不同的学习路径。通过探究的方式，学生可以自行确定学习节奏，自主检测和评价学习成果，自我纠正学习中的错误，自主改进学习方法，直至实现学习目标。在这种模式下，教师与学生之间建立了一种新型的平等协作关系，学生之间也形成了一种平等的互动关系。

网络的便捷性使得生生之间以及师生之间的交流变得更加频繁和高效，从而促进了探究式教学的有效实施。多媒体网络教学环境由教师机、学生机、服务器和控制台组成，可以实现点对点、点对面的通信。这种教学方式满足了学生自行选择学习方式和内容的需求，为学生提供了个性化教学或自主学习的空间，充分体现了学生在课堂学习过程中的主体地位，逐渐形成了一种师生关系的网状结构。

多媒体网络教学的作用主要体现在以下两个方面：

（1）多媒体网络促进了学生之间的交往、沟通和合作，以及教师对学生学习活动的监控和反馈。

（2）多媒体网络为学生提供了丰富的学习资源，使他们能够突破教材作为知识主要来源的限制，利用各种相关资源来丰富封闭的、孤立的课堂教学，极大地扩充了教学知识量。

通过这种方式，学生不再局限于学习教材上的内容，而是能够拓宽思维，接触各种学术观点，培养理解学术观念、掌握学科知识的能力以及获取和利用信息资源的能力。这种教学模式的实施，有助于培养学生的综合素质，为他们未来的学习和生活打下坚实的基础。随着网络技术的不断发展，网络环境下的高中物理探究教学模式将在教育领域发挥越来越重要的作用，为物理教育注入新的活力。

二、“演示—模拟—探究”教学模式

“演示—模拟—探究”教学模式是一种基于演示实验的教学方法，它通过计算机模拟实验现象的物理过程，从而加深学生对实验现象的理解和记忆，促进学生识别实验现象发生及变化的条件。在此基础上，学生再进行抽象概括，形成概念规律或找出物理现象的共同特征。这种模式相较于演示实验后直接进行抽象概括的效果更为显著。

在演示实验中，学生往往处于观察者的角色，他们的观察具有滞后性和被动性。实验现象转瞬即逝，或者不够清晰，这容易导致学生观察困难，难以形成鲜明丰富的表象。而计算机模拟实验能够有效解决这一问题，它通过模拟实验现象，让学生在虚拟环境中反复观察、操作，从而优化学生的学习过程。

该模式可以有多种变式。例如，可以进行多次演示实验和模拟实验，以加深学生对实验现象的理解；也可以利用计算机呈现问题情景、物理模型等，作为对演示实验和模拟实验的补充。通过这种方式，学生可以在实际操作中掌握物理知识，提高解决问题的能力。

总之，“演示—模拟—探究”教学模式在物理教学中的应用，有助于提高教学效果，培养学生的实践能力和创新思维。随着计算机技术的不断发展，这种教学模式将在教育领域发挥越来越重要的作用，为物理教育注入新的活力。在教学过程中，教师应根据学生的实际情况，灵活运用各种教学手段，激发学生的学习兴趣，引导他们主动探究，从而提高教学质量，促进学生全面发展。

三、“讨论—探究”教学模式

“讨论—探究”教学模式的过程主要包括以下几个步骤：首先，学生针对特定问题进行观察和阅读，以了解问题的背景和相关知识；其次，学生分组进行讨论，分享各自的观察和思考；再次，各小组向全班汇报讨论成果；从次，学生将讨论得出的结论应用于实际问题，进行练习和巩固；最后，教师对学生的讨论和探究过程进行点评和指导，以促进学生的深入理解和能力提升。

为了成功开展信息技术支持下的教学，学生需要具备一定的信息技术知识和学科基础知识，同时具备良好的认知能力和积极的学习态度。这意味着学生需要有一定的知识储备，才能完成教师布置的各项活动任务。

在物理教学中采用探究式教学模式，改变了传统知识的传输方式，更加注重培养学生的创新精神和实践能力。随着教学改革的不断深入和信息技术的发展，探究式学习在高中物理教学中的应用将越来越广泛。

基于信息技术的探究式教学模式，强调学生在探究过程中的体验和参与。学生的学习过程从被动接受转变为主动参与、积极探索，不断建构和整合自己的认知结构。教师在这个过程中扮演指导者和点拨者的角色。各种教学媒体成为教师和学习者共同掌握的工具，既是学生获取知识信息、掌握技能的认知工具，也是交流和讨论、共同进步的沟通工具。学生在探究活动中不仅获得了知识，更重要的是学会了学习与研究的方法、过程和手段，这是一种终身学习能力，将为他们的长远发展奠定坚实的基础。在信息技术与学科课程进一步融合且信息技术日益普及的今天，相信这一教学模式将受到越来越多教育学者的关注和重视。

第七章　高中物理课堂的研究性学习

第一节　高中物理课堂的研究性学习概述

课程教材改革的重要方向之一是实现学生学习方式的转变，这一转变是以学生的发展为核心，旨在适应每个学生的成长需求，它是提高课堂教学质量的关键因素。学生学习方式的转变主要表现在以下几个方面：以探究为主线，强调学生的主动参与和亲身体验，以及通过问题讨论、专题研究、项目设计等形式来实施学习。这种学习方式的实施途径主要有两条：一是在课内外教学活动中实施研究性学习；二是构建研究型课程。

在当前的物理教学中，学生的学习方式主要是接受性学习，包括有意义的接受性学习。这种学习方式有其合理性，一方面，接受式学习是教育过程中的一个基本环节。在学生的成长过程中，家长和教师会告诉他们应该做什么，不应该做什么，而对于“为什么”的问题，则是在后续的学习中逐步探讨的。例如，在物理教学中，通过比较大杯水和小杯水的多少，引出质量（实际上是引力质量）的定义，并告诉学生如何使用天平来测量物体的质量，学生需要接受这些知识，至于为什么是这样的，将在以后的学习中进一步讨论研究。另一方面，间接经验同样重要，学生不必也不可能亲自经历所有事情，这样可以避免走弯路，提高学习效率。然而，如果只是接受性地进行学习，学生可能会感到枯燥和乏味，这也不利于培养学生的创新精神和实践能力。因此，在物理教学中，适时、适度地实施研究性学习显得尤为重要。当然，研究性学习并不是一种全新的学习方法，提倡研究性学习，也并不是要否定接受性学习，这两种学习方式并不是对立的，而是相辅相成的，它们对学生的发展有着不同的价值，对每位学生而言，两者都是必要的。在物理教学中提倡研究性学习的目的，就是希望学生的学习方式能够发生根本性的转变，从而促进教师教学模式的转变，有效地提高教学质量，提升学生的综合素质。

一、物理教学中研究性学习的主要特点

物理课程目标涵盖了“知识与技能”“过程与方法”“情感态度与价值观”三个关键维度。在物理教学中，研究性学习的实施应当紧扣物理课程目标，根据物理教学的实际情

况灵活进行。例如，物理教学中的研究性学习应当具有一定的开放性，但由于教学目标和课时的限制，这种开放性必须是“有控制的开放”。因此，研究性学习在物理教学中的实施，既要强调目标的约束性，也要控制开放的度，确保学习活动能够有效地支持教学目标的实现。

在基础型课程的学习中，所有学生都需要掌握共同的知识点，但不同能力水平的学生来说，参与研究性学习的深度和层次可以有所不同。特别是在科学探究这一物理学习内容中，不同学生可以采取不同的探究方法，从不同的角度出发进行研究。在研究性学习活动中，教师应当重视学生对学习过程的参与以及对科学探究过程的体验，注重学生对科学方法的感悟。例如，在研究电流与电阻的关系时，有的学生可能会通过移动滑动变阻器滑片来记录不同位置下的电流表示数，而另一些学生可能会通过更换定值电阻来观察电流的变化。这两种方法虽然有所不同，但是都能得出符合教学要求的结论，体现了学生在探究过程中的创新和实践能力。

《普通高中物理课程标准》中规定的具体目标是学生在完成学业后必须达到的目标。学生可能在一节课或一个单元的学习后就能达到这些目标，也可能需要更长的时间。这一目标的达成是一个过程，需要全员参与和关注学习过程，强调层次性和过程性。因此，物理教学中的研究性学习特点之一是全员参与，注重学习过程，强调层次性和过程性。

在物理教学中，通过突出科学探究来培养学生的创新精神和实践能力，使物理学习的过程成为探究的过程。在探究活动中，鼓励学生主动参与，乐于探究，勤于动手。探究活动的重点在于让学生体验科学过程，感悟科学方法。

在物理教学中，虽然教师可以提前预设一些研究性学习的内容，但是具体的研究进程是无法预先确定的。研究性学习的过程是师生在持续探索中不断开发和生成的，教师需要为内容的生成提供必要的铺垫。教师要依据教学目标，有目的地提供情境，提出有利于探究的问题，提供一定的时间和空间，让学生在探究活动中有所探索、有所思考、有所交流。因此，创设探究情境，强调自主探究是物理教学中研究性学习的另一个主要特点。

二、物理教学中研究性学习的主要作用

在物理教学中，研究性学习的实施具有三个主要作用：首先，它有助于学生更好地理解物理概念的建立和规律的形成过程，这一点反映了知识与技能维度的教学目标。其次，通过研究性学习，学生能够亲身体验科学过程，深刻感悟科学方法，这体现了过程与方法、情感态度与价值观维度的教学目标。在制定研究性学习活动的教学目标时，教师需要充分考虑这两个方面的作用。最后，研究性学习能够促进物理课堂教学效率的提高，提升教学活动的整体效果。

提高课堂教学效率是教学活动的一个永恒主题，也是课程改革的重要动力之一。在课堂中，采用研究性学习方式来进行物理概念、规律的学习以及物理实验的探索活动，通常会比单纯的教师讲授需要更长的时间。因此，一些教师可能会认为这种学习方式在概念和规律的学习上效率较低。这种观点在一定程度上限制了研究性学习在物理教学中的广泛应用。

然而，应该如何理解研究性学习在物理教学中对于提高课堂教学效率的作用呢？从单纯的接受和复述知识的角度来看，在有限的教学时间内，研究性学习方式获得的知识可能较少，效率似乎较低。但是，教学目标是多维度的，教师应该认识到，通过研究性学习方式进行物理概念和规律的学习，学生不仅获得了知识，还通过知识载体体验了概念形成的过程，规律得出的过程，感悟了科学方法，并全面体现了教学目标。这种学习方式尤其注重在“能力”“方法”“价值观”方面的提升，使学生在获取知识的过程中，获得传统学习方式无法达到的效果。

因此，尽管研究性学习在物理教学中可能会占用更多的时间，但它能够带来更深层次的学习体验和认知发展，从而在长远来看，提高了物理课堂教学的效率和质量。通过这种方式，学生能够更全面地掌握物理知识，培养科学思维和创新能力，这对于他们的终身学习和未来发展具有重要意义。

三、物理教学中研究性学习的主要类型

在物理教学中，研究性学习可以归纳为三种主要类型：第一类是片段研究；第二类是主题研究；第三类是专题研究（项目设计）。每种类型都有其独特的特点和适用场景。

片段研究通常持续十分钟左右，它可以是课堂教学的一个片段，也可以是研究过程中的某些环节。这种研究类型注重知识的形成过程，周期较短，可以是课堂教学的一部分，也可以延伸到课外。例如，研究电流与电阻关系的案例就属于片段研究。

主题研究则通常占用一节课的时间，有时可能是一个单元的学习，根据需要也可以适度延伸到课外。这种研究类型强调全班学生围绕同一主题进行探究，学生可以从不同的角度出发，采用不同的方式进行研究。蚂蚁运动速度的测定案例就是一个主题研究的例子。

专题研究（项目设计）则是第三类研究性学习，它强调应用知识并产生新知识的过程。这种研究类型的学习周期相对较长，可以从几天到数周不等。例如，对“振动”专题的研究，学生需要自学相关内容，分组确定研究课题，然后自主开展研究，并完成多媒体展示课件。在课堂上，学生交流研究内容和结果，并最终完成研究报告，提出新的问题。

课堂教学是学习的重要场所，也是实施研究性学习的重要形式，但并非唯一形式。在物理教学中，片段研究和主题研究主要以课堂教学为主，并适度延伸到课外。因此，这两种类型是物理课堂教学中开展研究性学习的重点。而专题研究则以课外为主，课内仅作为

交流反思的平台，它为研究型课程提供了一个新的增长点，是连接研究型课程的桥梁。通过这种方式，学生能够在课外的时间深入探索和研究物理问题，提高他们的科学探究能力和创新思维。

四、物理教学中研究性学习的实施

（一）主要过程

在物理课堂教学中实施研究性学习，强调学生的自主性、探究性和合作性。这种学习方式要求学生在现代信息技术的环境中开展学习，这本身也是一种学习方式的转变。物理教学中的研究性学习，以信息技术为支撑，以问题为切入点，以探究为重点，以主题、专题（项目）为主要载体，以实现课程目标为主要目的，以小组合作学习为主要形式，以教师的点拨指导为主要反馈调控手段。

具体的实施过程可以分为三个阶段：实施准备、探索实践、交流反思。

在实施准备阶段，教师需要为学生提供必要的资料和信息环境，确保学生能够在课堂上顺利进行研究性学习，并充分展示他们的自主探究过程。教师可以根据需要，将主题、专题（项目）的研究方向提前告诉学生，让学生在课前做一些必要的准备，如拟订初步方案、准备器材等，以便课堂上学生之间的讨论和交流更加充分和有针对性。例如，在主题研究“蚂蚁运动速度的测定”中，研究时间为一节课，教师将研究内容告诉学生，学生需要自行准备方案和器材，这些前期准备为课堂上的研究奠定了基础。

探索实践阶段可以用“想”“做”“说”三个字来概括。在“想”的阶段，学生面对问题情境，进行思考，提出猜想和假设，并制订研究计划和设计方案；在“做”的阶段，学生根据设计方案进行探究，并通过分析归纳得出结论；在“说”的阶段，学生针对探究过程和结论，构建交流平台，加强小组成员的合作与交流，通过交流来加强自信，学会合作与分享，并通过“说”对“想”进行梳理和评估，以进一步完善“想”。因此，“说”是实施过程的关键。

在交流反思阶段，物理教学中开展研究性学习的主要形式是小组合作学习，主要目的是体验。因此，交流与合作是基础，反思是关键。这里的交流与探索实践中的交流有所不同，它指的是小组间的交流，目的是小组间相互学习，通过相互交流来反思自己的探究过程和结论，以完善和提高探究活动的质量。

在实施研究性学习时，不应过分追求探究过程的完整和系统，而应关注探究活动对促进学生学习方式转变的帮助，以及能否达到使学生主动学习的目的。通过这种方式，学生能够更加主动地参与学习，提高他们的科学探究能力和创新思维。

（二）教师对研究性学习的指导

在物理教学中的研究性学习是旨在达成特定教学目标的活动。为了开展这种学习活动，教师需要创造合适的问题情境，并提供相关的资料和信息环境。学生在教师的指导下，通过合作交流、自主探究和实践体验的方式，在探究过程中获得经验和结论。在这个过程中，教师的指导作用至关重要，主要表现在以下两个方面：

首先，教师需要为学生顺利开展研究性学习创造必要的外部条件。这包括准备资料、器材，预设信息环境，引导学生选题，以及帮助学生排除他们无法自行解决的困难等。通过这些准备工作，学生能够在一个有利于探究的环境中展开学习。

其次，在研究性学习的实施过程中，教师需要关注教学目标的落实，引导学生进行研究，指出学生的误区，并把握研究方向。在教学过程中，教师应当善于发现和挖掘最有价值的探究点，并通过指导作用，充分激发学生的思维。这些“最有探究价值的地方”可能出现在学生回答问题不完整、不科学的地方，也可能出现在学生用不同方式解决同一问题的过程中，或者出现在学生对课堂教学中发生的某一事件产生疑惑或兴奋的表情时。这些时刻最容易激发学生的自主性和能动性，是研究性学习价值体现的地方，同时也是检验教师指导策略是否得当的时机。

例如，某位教师在讲解“简谐振动”时，使用传感器、数据处理器、计算机等组成的数字化信息化实验系统（简称 DIS 实验）来研究音叉、弹簧振子等的振动。通过计算机屏幕上显示的正弦或余弦曲线图像，学生归纳出简谐振动的图像特征。当教师在讲解过程中忘记关闭实验系统，导致讲话的声音被传感器捕捉并在屏幕上显示不同的图像时，大多数学生的注意力都被屏幕上的图像吸引，而不是教师讲课的内容。这个时刻就是探究过程中最有价值的时机之一。如果教师能够抓住这个时机，适时引导学生开展研究性学习，就能够显著提高学生学习的质量。通过这样的教学策略，学生不仅能够获得知识，还能够培养他们的科学思维和创新能力。

在研究性学习活动中，教师的关注点应当始终围绕教学目标，不仅要确保知识与技能目标的达成，更要重视过程与方法、情感态度与价值观等更高层次的目标。在实际教学中，教师应避免空洞的说教，而是要让学生真切感受到这些目标的实际意义。例如，在“蚂蚁运动速度的测定”这一主题研究中，教师发现学生在记录实验数据时比较草率，没有设计合适的记录表格。针对这一问题，教师可以在学生汇报实验方案和结果时，特别设立“记录方式”这一环节，并借此机会对学生进行科学态度的教育，这样的教育是有效的，有助于学生养成良好的实验习惯。

这也要求教师在教学实施过程中，根据课堂教学的实际情况进行灵活调整，而不是机械地执行课前设计的教案。这一点在指导学生进行研究性学习时尤为重要。

教师在研究性学习中的指导策略是否恰当，将直接影响学习活动的质量。因此，教师需要根据不同的教学情境，采取相应的指导策略，以凸显教师在研究性学习中的关键作用。例如，在进行主题研究时，教师应紧密围绕主题，根据学生的认知结构和经验，提前准备一些提示卡，将学生在探究过程中可能遇到的困难写在提示卡上。这样，当学生在探究活动中遇到困惑或无法继续时，教师可以及时提供指导，确保学生的探究活动能够顺利进行。

提示卡主要有两个作用：一是帮助教师在探究活动展开时，对各小组的反馈情况进行调控和指导，避免在指导一个小组时忽视了其他小组的活动；二是帮助教师识别问题是普遍存在的还是个别现象。如果某个内容的提示卡被广泛使用，说明这是一个共性问题，教师需要加强集中指导；反之，则是个别问题。需要注意的是，提示卡并不能涵盖学生所有的疑难问题，因此，提示卡的制作需要一个积累的过程。通过这样的指导策略，教师可以确保自己的指导既不过度干预也不失位，成为学生进行研究性学习的有力支持。

（三）研究性学习资源的开发

有人担忧，目前可用于研究型课程的课题数量有限，物理学习中的研究性学习内容也日益减少。这种担忧可能源于多种原因，但主要可能是因为缺乏对研究性学习资源的开发意识，以及不善于利用现有的研究性学习资源。课程资源在研究性学习中的重要性不言而喻，它是开展研究性学习的基石。那么，如何有效地开发研究性学习资源？应该开发哪些类型的资源？

为了开展研究性学习活动，教师应当积极开发经过处理的资源（半成品），而不是原始的资源。例如，可以通过挖掘教材资源，开发教学过程资源，将信息技术作为资料来源，以及重视教师和学生的经验等途径来开发资源，并大力提倡项目设计。这些项目应具备必要性、选择性、层次性和持续性等特点，并且随着项目实施过程的推进，研究内容可以不断地深入挖掘和生成。

具体来说，要开发的项目应围绕同一主题，不同年级的学生可以从不同角度入手，同一年级不同基础的学生可以选择适合自己的研究内容。整个探究活动的设计应当是系统的，避免研究之间的断裂，确保每项研究都具有连续性。在项目设计中，应着重关注学生的探究过程，以及在这一过程中学生的讨论、交流等表现，其次才是完成项目任务的多少。

例如，在“肥皂泡的研究”这一项目中，具体的分层实施过程可以是：收集有关肥皂泡的资料，观看有关肥皂泡的表演；制作肥皂泡，进行表演交流；描述制作肥皂液和肥皂泡的过程；寻找产生肥皂泡的规律；研究稳定的肥皂泡为什么总是球形的；进一步研究稳定的肥皂泡是不是严格的球形；认识液体表面张力和黏滞性；研究肥皂泡表面呈现的光学现象。

这个项目所需的时间长度由学生自己决定。不同的学生可以根据自己的实际情况，选择全部或部分内容进行探究，也可以分几次完成整个项目。从中可以看到，选择性包含了丰富的内容。在物理学习中，不仅要给学生提供选择的机会，还要教会学生如何选择，这也是一种学习方式的转变和能力的提升。通过这样的项目设计，学生不仅能够获得知识，还能够培养科学探究能力和创新思维。

（四）研究性学习中的交流与合作

在研究性学习活动中，交流与合作扮演着至关重要的角色，它可以采取两种主要形式：一是教师与学生之间的交流与合作；二是学生与学生之间的交流与合作。

教师与学生之间的交流与合作，其关键在于教师能够提供具有特定目的的问题、情境、资料和信息环境等。教师提供的情境应当能够激发学生的争议和交流，从而促进学生的深入思考和探究。

学生与学生之间的交流与合作，主要体现在小组内部成员之间以及不同小组之间。例如，在小组探究活动完成后，各小组可以相互交流，分享他们确定最终实验方案的过程。这种交流非常关键，它不仅可以展示小组各成员的思维过程，还可以展现小组内部学生之间的争议、意见的综合等。这既体现了小组的协作性，又展现了个人的能动性，并为各小组之间的相互学习和提升提供了平台。重视探究活动中的交流与合作环节，有助于提高总结反思环节的质量，进而促进研究性学习活动的有效开展。

需要指出的是，在当前的研究性学习活动中，交流与合作环节的具体操作仍然需要进一步研究和完善。例如，教师需要探索如何激发学生进行讨论和交流的欲望，以及当一位学生在交流发言时，如何有效地促使其他学生认真倾听，从而确保交流环节的顺利进行。通过这些措施，可以进一步提升研究性学习活动中交流与合作的效果，促进学生之间的互动和学习。

（五）研究性学习中的问题设计

例如，在“蚂蚁运动速度的测定”这一主题研究中，当各小组完成实验探究后，教师针对测得的有差异的蚂蚁爬行速度值（速度范围为 0.3 ~1.2 cm/s）提出了一系列问题：各小组最后测得的蚂蚁爬行速度各不相同，有些差异很大，这是什么原因造成的？这是一个具有深刻探究价值的问题。教师在提出问题后，应给予学生充分的时间和空间进行思考，而不应急于在课堂上立即讨论得出答案。有些教师可能会直接分析并给出答案，这种做法实际上是一种遗憾。教师可以将问题保留下来，作为后续学习的接口（实际上这是一个跨学科的问题，可以延伸到其他学科中去，这是研究性学习的一个新的生长点），让学生在课后继续他们的研究工作。这也表明研究性学习的过程就像一条长链，一环扣一环。从这个角度来看，课堂正在延伸、扩展，课堂上的实验探究仅仅是一个起点，实验过程中暴露出的新问题是链条中的环，它是连接课后或后续课堂研究的桥梁。这有力地说明了问题在研究性学习活动中的重要性。因此，要重视研究性学习中的问题设计，尤其是在最有探索价值的地方，提出问题引导学生思考，这样才能引导学生深入、持续地开展研究。提出问题的途径有多种。例如，可以从课堂、教材的学习中提出问题，可以从解决社会生活中迫切需要解决的问题中提出问题，可以从司空见惯、习以为常的事例中提出问题，可以通过触类旁通、类比借鉴的方式提出问题；可以通过逆向思维的方式提出问题，可以从别人的研究成果中发现问题，提出质疑。通过这样的问题设计，可以激发学生的探究兴趣，促进他们深入思考和科学探究能力的提升。

五、物理教学中研究性学习的评价

学习过程中缺乏评价是不完整的。在研究性学习活动中，对学生研究情况的及时和恰当评价是活动能否持续进行的关键。更新评价观念、提出有效策略和评价方法是评价活动能否科学、有效地发挥导向和激励作用的重要保证。在研究性学习活动中，学生的主动学习和探索是一个关键因素，学生的活动形式、时间、交流情况、课内外联系等都是评价时需要关注的方面。评价不仅要关注学生的发展过程，还要突出对学生的情感态度与价值观的评价。要善于发现不同学生的长处，积极实践对学生个性特长的评价，避免用统一标准来评价每位学生。提倡在开展研究性学习活动前，先制定评价标准，这些标准可以根据不同学生（小组）的情况有所差异，力求多样化，以便让每位学生在研究性学习活动中获得成功，真正实现“让课程适应每一位学生的发展”的目标。

在具体操作时，要根据制定的评价标准，通过自评、互评和综合评价等方法对实施过程中的各个环节进行恰当的评价，突出“关注方面”的目标达成度。如何突出“关注方面”呢？这里可以通过一个事例来体会。在某一主题研究的研究性学习活动中，某班分成若干小组，学生以小组为单位进行探究活动：(1) 甲小组在组长的主持下，实验探究前先讨论方案，然后确定每位成员的职责，小组中有的人负责操作、有的人负责读数、有的人负责记录……当实验过程中出现故障时，全组成员集体进行讨论故障产生的原因，教师巡视到该小组时也参与他们的讨论。在小组各成员的努力及教师点拨下终于排除了故障，继续实验，最后通过分析实验数据，归纳得出结论，但所用实验时间比其他小组长。(2) 乙小组 A 学生设计实验并进行操作，然后分析实验数据，得出结论，完成实验探究报告。其余学生中，只有 B 学生参与部分操作，其余都是作为观众看 A 学生做实验，只是最后大家都在实验报告上署了名。在探究活动后，教师对甲、乙两小组进行评价：甲组等第高于乙组，评价结果不一样的原因是：甲小组虽在实验探究过程中遇到一些困难，用时比其他组长，但经过小组合作与交流，克服困难完成了探究活动；乙小组虽顺利完成了实验，但基本上是A学生单独操作完成的。在探究活动中，合作与交流方面体现不够。这位教师对甲、乙两小组进行评价时，关注点是学生在研究性学习活动中，相互间的合作与交流环节，他充分运用评价的导向功能，鼓励学生乐于合作、善于合作的团队精神。通过这样的评价，可以引导学生更加重视合作与交流，培养他们的团队协作能力和科学探究精神。

第二节　教师对研究性学习的指导策略

在指导学生开展研究性学习的过程中，教师应充分考虑学生的认知特点、物理学科学习与教学的固有规律，依托物理学科本身富含的可供研究性学习的材料，设计结构化的探究活动来实施。教师的基本指导策略可以通过以下操作来体现。

一、课题确立阶段教师的指导策略——选择课题在前，课题论证紧随

（一）指导学生选题

研究性学习课题的生成，既可以由学生独立选择课题，也可以由指导教师指定研究方向，学生根据自身的兴趣和专长来选定课题。无论哪种情况，都应该遵循一个基本的流程：调查现状（收集资料）—分析现状（分析资料）—提出问题。学生选立的课题应更多地侧重于对现状的分析和归纳，而不是单纯的推导和演绎。只有通过分析和归纳，学生才能发现真正有价值的课题，进而进行创新。

为了指导学生进行课题选择，一位教师提出了以下几种方法：

（1）从课堂教学中发掘课题。例如，课题"'220 V，100 W'和'220 V，40 W'灯泡串联接入220 V电路中发光情况的研究"，就是学生对课堂练习中的一道题目产生了疑问，进而提出的研究课题。

（2）从理论学习和文献资料中发掘课题。例如，课题"关于汽车防抱死技术原理的研究"是学生在阅读科技杂志后，基于对技术原理的好奇心而提出的课题。

（3）从生活热点中发掘课题。例如，课题"家用电磁炉与传统灶具的比较研究"是学生一次在使用电磁炉作为加热工具的火锅店用餐后，受到社会上电磁炉热潮的启发而提出的课题。

（4）从学校生活中发掘课题。例如，课题"热水瓶盛水量多少与保温性能关系的研

究”是住宿学生针对热水瓶中热水经过长时间放置后保温性能差异的问题而提出的课题。

（5）从成功的科学和科技应用研究中发掘课题。例如，课题“游客集散地人员统计器的开发研究”是在学生熟悉电子集成块功能的基础上，结合生活中遇到的实际问题而提出的研究课题。

通过这些方法，学生可以更加有针对性地选择课题，这不仅有助于提高他们的研究兴趣，还能够培养他们的科学探究能力和创新思维。同时，这样的课题选择过程也能够让学生更好地理解科学研究的实际应用，增强他们对科学知识的兴趣和认同。

（二）课题论证

确定研究的界限。在学生提出课题的初步分析阶段，教师应引导学生对课题的可行性、安全性和创新性等方面进行深入探讨和评估，在此过程中，教师的任务主要是鼓励和支持。在此基础上，学生需要找到课题的关键点和切入点，明确为了完成这项研究需要采取的具体行动。

进行文献检索。文献检索的目的是了解该课题是否已经被研究过，以及相关研究的最新进展。即使是相同的课题，在不同的环境和条件下，其研究过程和结果也可能有所不同。教师可以指导学生参考这些文献，特别是关注自己课题的独特之处，或者是那些尚未被充分研究或解决的问题，以此为基础继续深入探究。

通过这样的过程，学生不仅能够对课题有一个全面的认识，还能够学习到如何有效地进行科学研究和文献检索，这对于培养他们的独立研究能力和科学素养具有重要意义。同时，这种研究方法也鼓励学生进行创新性思考，找到课题的独特价值和研究空间，从而提高研究性学习的效果。

二、方案设计阶段教师的指导策略——组建团体在前，制订课题计划紧随

（一）引导学生组建适合该课题研究的合作团体、小组

开展“物理小课题研究”活动与传统的课堂教学有显著区别，它的开放性远远超过了常规课堂，真正实现了学生自主学习。在这种活动中，学生以小组的形式分散在各个地方，独立进行课题研究。这对教师来说是一个巨大的挑战，因为教师在保证学生自由的同时，还要提供足够的空间和时间让他们自由发挥。因此，在“物理小课题研究”活动中，组织工作至关重要，应该从以下几个方面来实施：

首先，要重视课题小组组长的挑选和培养。课题小组组长不仅是研究活动的权威，还

是组织者和领导者。可以说，组长的人选直接关系到课题研究的顺利进行和最终成果的取得。通常情况下，课题的提出者自然成为组长。

其次，由于不同的课题具有不同的研究特点，有的侧重实验探究，有的侧重理论文献查阅，有的侧重总结，有的则是多方面并重。因此，在组建研究小组时，需要根据课题的特点来挑选合适的组员，并对每个组员进行明确的分工，以确保每个人都能在研究中发挥自己的优势。

通过这样的组织工作，可以确保“物理小课题研究”活动的有效开展，同时也能够培养学生的自主学习能力、团队合作精神和科学探究技巧。这对于提高学生的综合素质和创新能力具有重要意义。

（二）指导学生制订课题实施计划

在确立了优秀的课题和组建了匹配的研究小组之后，接下来的关键步骤是制订一个详尽的课题实施计划。这个计划的制订应当基于对课题相关资料的彻底分析，明确课题实施的各个阶段及其具体任务，包括每个阶段应该采取哪些行动、完成哪些目标，并且为每个阶段设定一个明确的完成时间表。计划还应当包括实施研究所需的设备、仪器等物质条件支持，以及选择合适的收集和处理数据的方法。此外，对于同一问题的多种探究方案，需要进行科学的评价和选择，以确保研究方案的有效性和高效性。

在制订计划时，还需要考虑到可能出现的意外情况，并为此预留一定的灵活时间和空间，以便在遇到问题时能够及时调整研究计划。同时，计划中应当包含定期的进度评估和反馈机制，以确保课题的进展符合预期，并及时调整研究方向和方法。

通过这样的计划制订，可以确保课题研究的有序进行、提高研究效率，同时也培养了学生的规划能力和应对复杂问题的能力。这对学生来说是一种宝贵的学习经验，有助于他们成长为具有独立研究能力和创新精神的科学家。

三、实验探究阶段教师的指导策略——实验研究在前，分析总结紧随

（一）物理小课题的实验研究

根据课题的不同性质，教师应指导学生采用适宜的研究手段和方法，这些方法包括实验方法、仪表仪器的使用、应用软件的操作等。例如，对于需要进行实验验证的课题，学生可能需要学习如何设计和进行实验，以及如何使用实验室中的仪器和设备。对于需要数据分析的课题，学生则需要掌握相关的数据处理软件和技巧。

教师还应指导学生通过多种途径获取研究所需的资料和数据。这包括图书馆的文献检索、互联网资源的研究、实地考察、调查问卷等。学生需要学会有效地收集信息，并对其进行分析和整合。

此外，教师需要确保学生能够熟练地使用基本的测量工具、实验仪器和设备。对于一些新的工具、仪器和设备，学生可以通过阅读说明书来学习如何使用。在这个过程中，教师的作用是提供必要的指导和支持，帮助学生克服使用新工具时可能遇到的困难。

同时，教师应指导学生如何规范地记录研究活动。这包括按时间顺序记录研究的主要情况，如参与的人员、活动的时间地点、活动的过程、采集的数据证据以及对数据证据的加工和分析。这样的记录不仅有助于学生回顾和反思研究过程，也是撰写研究报告的重要依据。

通过这些指导，学生不仅能够掌握必要的研究技能，还能够培养良好的科研习惯和严谨的科学态度，这对于他们的学术成长和未来的科学研究生涯都是至关重要的。

（二）实验数据的初步分析及阶段性总结

教师应指导学生通过观察、实验和调查等科学方法，搜集相关的证据，并对这些证据进行评估和适当的筛选。在这一过程中，学生需要学会如何运用数学方法或计算机技术来处理和分析数据，以便从中提取有价值的信息。

同时，教师应指导学生如何运用多种表达方式，如文字、数字、图形、图像、表格等，来整理和呈现数据，以反映数据之间的内在联系。在这个过程中，学生需要遵循科学原则，对不同解释和观点进行客观的评价，以找出最合理的解释。

此外，教师还需指导学生如何整理资料、分析数据，并从中得出阶段性的结果。这包括对数据进行分类、归纳和总结，以及运用统计学等方法对数据进行分析，以便得出科学、合理的结论。

通过这些指导，学生将掌握如何运用科学方法进行研究，并能够独立地整理、分析和呈现数据，这将有助于培养他们的独立研究能力和创新思维。同时，学生还将学会如何遵循科学原则进行客观评价，提高他们的科学素养。这对于他们的学术成长和未来的科学研究生涯都是至关重要的。

四、研究总结阶段教师的指导策略——成果总结在前，交流评价拓展紧随

（一）整理资料、撰写成果

在学生完成前一阶段的研究，并收集、整理、分析数据以及总结阶段性成果之后，教师应及时指导学生撰写结题报告。结题报告通常应包括以下几个部分：背景及意义（或问

题的提出)、研究目的内容、研究方法、研究过程、研究结论。此外，学生还应分享他们在研究过程中的一些心得体会。这不仅有助于他们自身的反思，也能为其他同学提供宝贵的经验。

在指导学生撰写结题报告时，教师应确保学生对整个研究过程进行深入和全面的回顾与总结。这包括对收集的资料和信息的处理、筛选，以及对研究结论的得出，目的是获得更高质量的研究成果。

在课题研究实施过程中，学生可能会通过各种渠道收集大量的资料和信息。这些资料如果不经过科学的筛选和处理，将很难从中得出正确的结论和观点。因此，教师可以指导学生运用数据统计分析法，特别是对于实验中获得的科学数据，可以利用 Excel 等工具建立图表，进行归纳整理。通过这样的方法，学生可以更直观地得出一些有用的结论，并能够更好地理解和解释他们的研究结果。

通过这样的指导和实践，学生不仅能够提高他们的写作能力和数据分析能力，还能够加深他们对科学研究方法的理解和掌握。这对于他们的学术发展和未来的科学研究都是非常重要的。

（二）组织学生交流课题成果

成果交流是学生课题研究中的一个关键环节，它不仅是对研究成果的展示，也是对研究过程和成果的一种检验。在这个过程中，学生可以分享他们的发现，同时也能够从他人的反馈中学习和成长。在进行成果交流时，可以先从小范围的交流活动开始。例如，可以让两个课题小组之间进行互相交流。这样的交流可以让学生在较小的范围内先练习和适应，同时也有助于建立一个支持和鼓励的学习环境。

即使是小范围的交流，也应该遵循一定的规范和程序。首先，可以由其中一个小组的成员来叙述他们的研究问题、目的意义、主要分工、研究思路、研究过程以及所取得的成果。这样，其他小组的成员可以对他们的研究有一个全面的了解。

接着，可以由导师和另一个小组的成员组成答辩小组，对叙述的内容进行提问和答辩。这样的互动不仅能够帮助学生更好地理解和掌握研究成果，还能够培养他们的口头表达能力和应对问题的能力。同时，通过答辩的过程，学生也能够学会如何接受和利用反馈，这对于他们的学术成长和未来的科学研究都是非常重要的。

（三）总结评价、拓展课题

评价机制在课题研究中起着至关重要的作用，它可以分为自评、组评和师评三个层面。在这里，特别强调师评的重要性。教师在对学生及其小组进行评价时，应当努力做到公平和公正，以激励和肯定为主，同时在提出问题时要有针对性，避免空泛和笼统。

在师评中，教师可以从以下几个方面进行综合评价：

首先，评价学生在研究过程中的态度是否认真，是否表现出责任心、合作精神和团队意识。这包括学生在面对困难和挑战时的坚持和解决问题的能力，以及他们在团队中如何与他人协作，共同推动研究的进展。

其次，评价学生的实验技能是否熟练、研究方法是否灵活。这涉及学生在实验操作中的准确性和规范性，以及他们在面对不同问题时是否能够灵活运用合适的研究方法，包括实验设计、数据收集和分析等。

再次，评价学生是否具有研究的自主性和创新性。这包括学生在研究过程中是否能够独立思考，提出新的观点或解决方案，以及他们是否能够创新地应用现有的知识和技能，以新的方式来探索和解决问题。

最后，评价研究的成果是否具有现实意义和作用。这涉及研究成果的科学性和实用性，以及它们是否能够对现实世界产生积极的影响，无论是理论上的贡献还是实践中的应用价值。

通过这样的评价，教师不仅能够给予学生及时的反馈和指导，还能够鼓励他们继续保持积极的研究态度，提高他们的研究能力，并为他们的学术成长和未来的科学研究奠定坚实的基础。

参考文献

［1］杨昌彪．高中物理教学设计［M］．成都：西南交通大学出版社，2021.
［2］魏羽飞．基于STEAM教育视野的高中物理课堂教学构建［M］．北京：世界图书出版公司，2020.
［3］王家山．高中物理教学与解题研究［M］．上海：上海社会科学院出版社，2020.
［4］李靖．高中物理核心内容及其教学策略［M］．长春：吉林人民出版社，2021.
［5］徐奇智．原子物理高中物理［M］．合肥：中国科学技术大学出版社，2020.
［6］孙明杰，杨泽伟，杨继增．高中物理分层教学的有效性探究［M］．长春：吉林人民出版社，2020.
［7］石涛．情境源于生活：高中物理情境化教学之我见［M］．长春：吉林人民出版社，2022.
［8］王永元．中学物理课堂问题化教学研究［M］．苏州：苏州大学出版社，2020.
［9］徐成华．高中物理教学研究［M］．上海：上海社会科学院出版社，2017.
［10］陈允怡．STEM教育与高中物理教学的融合探索［M］．广州：华南理工大学出版社，2020.
［11］任虎虎．指向深度学习的高中物理教学研究［M］．合肥：中国科学技术大学出版社，2019.
［12］张修江，何帮玉．物理创新性教学与高效课堂［M］．长春：吉林人民出版社，2019.
［13］王志和．高中课堂中的文化数学［M］．北京：阳光出版社，2020.
［14］浙江省教育厅教研室．“学为中心”的高中物理教学［M］．杭州：浙江教育出版社，2018.
［15］何赛君，等．深度学习探究：以高中物理为例［M］．杭州：浙江科学技术出版社，2022.
［16］董万宾．高中课堂教学设计汇编：数学篇［M］．北京：北京邮电大学出版社，2018.
［17］周后升．高中学生物理学科核心素养发展研究及教学实践［M］．广州：广东高等

教育出版社，2019.
[18] 袁舟华．信息技术与物理课堂教学结合［M］．延吉：延边大学出版社，2018.
[19] 袁勇．高中物理合作学习任务设计［M］．成都：西南交通大学出版社，2019.
[20] 成建．诗意的物理教学［M］．中国海洋大学出版社，2018.
[21] 赵建军．中学物理教学与研究［M］．济南：山东教育出版社，2018.
[22] 田序海．核心素养视野下的高中物理有效教学研究［M］．济南：山东科学技术出版社，2018.
[23] 卢尚建．高中物理课堂有效教学研究［M］．兰州：甘肃教育出版社，2013.
[24] 阎金铎，乔际平，教育部师范教育司．高中物理课堂教学设计［M］．上海：上海教育出版社，2000.
[25] 王克田．走进名师课堂高中物理［M］．济南：山东人民出版社，2010.
[26] 张寿光．课堂探究的艺术高中物理［M］．青岛：青岛海洋大学出版社，2010.
[27] 青春，周昌鲜．高中物理教学中实验创新的理论与实践［M］．成都：四川大学出版社，2017.
[28] 白志峰．追课实录 高中数学课堂内外教育教学探索［M］．北京：北京理工大学出版社，2018.
[29] 张箭．物理课堂教学手段优化组合的探究与实践［M］．北京：光明日报出版社，2017.
[30] 刘丽，许诩．高中物理课堂教学实录［M］．呼和浩特：远方出版社，2003.
[31] 杨宝山．高中物理教学评价［M］．长春：东北师范大学出版社，2005.
[32] 杨晓青，邓友斌，王涛．在物理教学中实现有效教学的策略研究［M］．长春：吉林大学出版社，2019.
[33] 黄晓春，沈庆荣．高中物理有效教学实用课堂教学艺术［M］．北京：世界图书出版公司，2009.
[34] 李炳煌．中小学课堂教学诊断［M］．长沙：湖南教育出版社，2018.
[35] 邬云文．中学物理教学理论与方法［M］．北京：北京邮电大学出版社，2017.
[36] 孟建玲，杜士杰，袁继文．物理课程教学新思维［M］．兰州：甘肃教育出版社，2017.